JN096200

杉本敏夫 監修

最新・はじめて学ぶ社会福祉

貧困に対する支援

金子 充・田中秀和・中村 健・立花直樹

編著

ミネルヴァ書房

シリーズ刊行によせて

　この度，新たに「最新・はじめて学ぶ社会福祉」のシリーズが刊行されることになった。このシリーズは，もともと1998年に，当時岡山県立大学の教授であった故大島侑先生が監修されて「シリーズ・はじめて学ぶ社会福祉」として始まったものであった。当時，現監修者の杉本も岡山県立大学に勤務しており，一部の執筆と編集を担当した。そのような縁があって，その後，杉本が監修を引き継ぎ，2015年に「新・はじめて学ぶ社会福祉」のシリーズを刊行していただいた。

　この度の新シリーズ刊行は，これまでの取り組みをベースに，ちょうど社会福祉士の新しく改正されたカリキュラムが始まることに対応して新しいシラバスにも配慮しつつ，これからの社会福祉について学べるように改訂し，内容の充実を図るものである。また，これまでのシリーズは社会福祉概論や老人福祉論といった社会福祉の中核に焦点を当てた構成をしていたが，今回のシリーズにおいては，いままで以上に社会福祉士の養成を意識して，社会学や心理学，社会福祉調査等の科目もシリーズに加えて充実を図っているのが特徴である。

　なお，これまでの本シリーズの特徴は，①初心者にもわかりやすく社会福祉を説明する，②社会福祉士，精神保健福祉士，介護福祉士，保育士等の養成テキストとして活用できる，③専門職養成の教科書にとどまらないで社会福祉の本質を追究する，ということであった。この新しいシリーズでも，これらの特徴を継続することを各編集者にはお願いをしているので，これから社会福祉を学ぼうとしている人びとや学生は，そのような視点で社会福祉を学べるものと思う。

　21世紀になり，社会福祉も「地域包括」や「自助，互助，共助，公助」と

i

いった考え方をベースにして展開が図られてきた。そのような流れの中で，社会福祉士や精神保健福祉士もソーシャルワーカーとしての働きを模索，展開してきたように思うし，ソーシャルワーカー養成も紆余曲折を経ながら今日に至ってきた。複雑多様化する生活問題の解決を，社会がソーシャルワーカーに期待する側面もますます強くなってきている。さらには，社会福祉の専門職である保育士や介護福祉士がソーシャルワークの視点をもって支援や援助を行い，社会福祉士や精神保健福祉士と連携や協働が必要な場面が増加している。それと同時に，社会福祉士や精神保健福祉士としての仕事を遂行するのに必要な知識や技術も複雑，高度化してきている。社会福祉士の養成教育の高度化が求められるのも当然である。

このまえがきを執筆しているのは，2021年1月である。世の中は新型コロナが蔓延しているまっただ中にある。新型コロナは人びとの生活を直撃して，生活の困難が拡大している。生活の困難に対応する制度が社会福祉の制度であり，それを中心となって担うのが社会福祉の専門職である。各専門職がどのような役割を果たすのかが問われているように思う。

新型コロナはいずれ終息するであろう。その時に，我々の社会や生活はどのような形になるのであろうか。人びとの意識はどのように変化しているのであろうか。また，そのような時代に社会福祉の専門職にはどのようなことが期待されるのであろうか。まだまだよくわからないのが本当であろうが，我々は社会福祉の立場でこれらをよく考えておくことも重要ではないかと思われる。

2021年1月

監修者　杉本敏夫

目　次

第Ⅱ部　貧困に対する支援の制度と体系

プロローグ

貧困に対する支援を学ぼうとしている方々へ

　本書は，社会福祉学で「公的扶助論」と呼ばれてきた領域の学びを深めることを目的として書かれたテキストである。ではなぜ公的扶助論ではなく「貧困に対する支援」なのかという説明からはじめておきたい。本書が「貧困に対する支援」というタイトルを冠している理由をしっかりと説明することで，これを学ぶ意味を確認することができる。その意味は，簡潔にいえば，私たちの「参加」が問われているという点から明らかにできそうである。

　公的扶助論は「貧困」という社会問題と，生活保護をはじめとする貧困に対する政策・支援の現状および課題を扱う分野として確立されてきた。「貧困に対する支援」は，公的扶助論をほぼ網羅しながらも，それとは少し異なる視点から学びの体系を形づくるものだといえるかもしれない。その視点こそが「参加」ということになる。

　この「参加」には2つの意味がある。1つ目に，貧困状態にある人々の「社会参加」を支援することに目を向ける必要があるという意味だ。そもそも貧困とは経済的に困窮することを意味しているので，その対策の中心が経済的な（金銭的な）保障であるのは当然のことである。そのこと自体は揺るぎないことであるが，「貧困に対する支援」は経済的保障だけでは終わらない。たとえば生活保護では，現金を給付するだけでなくソーシャルワーカーがさまざまな自立支援を行っている。生活や家族の相談，通院や服薬のサポート，健康管理，就労準備支援など，利用者の生活改善のために行うべき支援は山のようにある。これらも含めて「貧困に対する支援」ということになる。

　とはいうものの，現実の生活保護行政において，当事者のさまざまな自立を支援するソーシャルワーカーの役割は必ずしも十分に社会的に理解されてこなかったので，支援体制は万全なものとはいえなかった。加えて公的扶助は生活保護行政として公的に実施されるものなので，一般の市民が貧困状態にある

I

人々の支援に関わる機会はほとんどなかった。

　ところが近年「貧困」というものの捉え方が変化した。貧困とは最低限度の生活が送れないという経済的な困窮のみならず，地域やコミュニティから排除されていること，教育や就労の機会を得られないこと等もその意味に含めるべきだと理解されるようになったのだ。これらを「**社会的排除**」と表現することもある。

　そこで経済的な保障だけでなく，社会的排除に対する「包摂（インクルージョン）」や「参加」を保障することが重要だと認識されるようになった。たとえば生活保護を利用する方々が趣味や運動を通して仲間づくりや健康増進をめざすこと，あるいは作業所のような社会的就労の場に通うことで，社会やコミュニティへの参加を果たせるように支援すべきだと理解されている。

　さらにソーシャルワーカーが行う支援だけでなく，低所得世帯の子どもたちのために民間団体が食料を配給したり，地域で「子ども食堂」を開催したりすることも，やはり重要な「貧困に対する支援」だと見られるようになった。孤立した高齢者のために NPO が地域に居場所拠点を設け，住民交流によって孤立の解消を促すといった取り組みも試みられている。これらは一般の地域住民，ボランティア，民間団体によって実施される「貧困に対する支援」だといえるだろう。このように経済的保障だけでなく，そして政府・行政機関だけでなく，「参加」を促す多元的な「貧困に対する支援」が注目される時代である。

　ただしここで大切なことは，重点が「経済的な保障」から「参加の保障」に移行したという理解をすべきではないということである。貧困対策の柱は現在でも制度としての公的扶助であり，政府による経済的保障の役割を軽んじるべきではない。地域住民，ボランティア，民間団体が関わることのできる「貧困に対する支援」は公的扶助を補うもの，あるいは公的扶助を取り込みながら展開されるものだと考えるべきだろう。この点は次に示す「参加」の2つ目の意味につながっている。

　「参加」の2つ目の意味は，「貧困に対する支援」に対して私たち一般市民を含めて社会全体が関わっていく必要があるということだ。ここでいう参加は，子ども食堂や居場所づくりに直接参加するという意味だけでなく，社会全体で貧困状態にある方々や生活保護を利用する方々を見守り，生活保護行政や政府の社会保障政策の実施運営を注視していくという意味で捉えている。社会全体で公的扶助を含む「貧困に対する支援」の役割をしっかりと理解し，社会から

貧困をなくすよう一般の市民が行政を巻き込んで盛り立てていくことが求められている。

　こんにち，貧困は多様化しており，そして表面的には見えなくなってきている。たとえば，かつては働けないために貧困になると考えられてきたが，今では「働いていても貧困になる（ワーキングプア）」というのが一般化している。貧困はより身近なところに潜在化しており，あるいは不可視化されている（見えなくされている）のである。生活保護制度はこうした現代の貧困に十分に対応できているとはいえない状況にある。私たちの健康で文化的な暮らし，自由や権利の保障のために，政府が「貧困に対する支援」の基本である最低生活保障を実施すべきことは，もはや世界各国の共通理解となっている。人類が歴史的に獲得してきた遺産として，私たちは社会的な暮らしを保障される権利を有しているからである。

　つまり，貧困でありながら最低生活保障および社会参加の支援を得られない膨大な数の人々がいるという問題が横たわっている。私たちはいっそうこの問題に目を向け，その原因を探り，改善に向けてそれぞれにできることを実践していく必要があるだろう。それは，公的扶助が有効に機能するよう市民がもっとさまざまな場面や方法でその運営や改革に「参加」していく必要があるということだ。すべての人々の参加のもとで貧困に対する支援を組み立てていくという視点をもって，これからの公的扶助について考えてほしい。

　ところで，この「貧困に対する支援」は社会福祉士国家試験科目の一つとして位置づけられており，本書でもそれを意識している。社会福祉士国家資格の取得には「相談援助実習」もあり，多くの大学・短大・専門学校では公的扶助領域の実習現場で学ぶ機会が用意されている。実習では，貧困状態にある方々や生活保護等の支援を受ける方々と接しながら，個人の尊厳，権利，社会正義といった価値を大切にしたエンパワメントによるソーシャルワーク実践の意義について学ぶ機会が多くあるだろう。本書はこうした社会福祉士の学びを深めようとしている方々の声に応えようとし，個人の尊厳，権利，社会正義に配慮した「貧困に対する支援」とは何かを伝えたいと考えている。

　さらに本書は，社会福祉を学ぶ機会がほとんどないまま福祉事務所や各種の社会福祉の現場で困難な業務に向き合い，迷いを感じておられる方々，新任のソーシャルワーカーを勇気づけることに資するものでありたいとの思いで書か

れている。各章の執筆者は，専門職養成という視点のみならず，多くの人々に市民として「貧困に対する支援」に参加し，見守り役となってもらえることを意識して本書を書いている。ソーシャルワーカーをめざそうとしている方々だけでなく，何らかの形で「貧困に対する支援」に関わってみたいと考えている幅広い層を意識し，「大切なこと」は何なのかを自ら発見できるような学びの機会を提供しようと努めている。

　本書は「貧困に対する支援」に含むべき内容をコンパクトにまとめているが，網羅的な「知識詰め込み型」のテキストではない。各章は単に読みやすく平易にするという目標よりも，あえて執筆者の意図や問題意識がわかるように，それぞれの執筆者が考える「大切なこと」を示すよう工夫し，テキストとしての特色づけをしようと努めた。というのも，公的扶助の学びは政治的・規範的な要素を多く含むものだと考えているからである。つまり，貧困とは何か，生活保護の課題は何かといった議論からわかるように，価値判断を伴うテーマが多く扱われており，それを伝える者・学ぶ者の考えや視点がつねに問われる。この点こそが「貧困に対する支援」を学ぶことの奥深さ，おもしろさ，参加のしがいにつながっているだろう。こうした本書のコンセプトを貫徹しきれていない部分があるとすれば，その責任は編者にある。

　さまざまな参加を意識した「貧困に対する支援」を社会全体で展開していくために，本書が少しでも役に立てば幸いである。本書を読んで何か思うところがあったとすれば，それこそが読者の方々が「貧困に対する支援」に参加する第一歩を踏み出したことを意味するだろう。

　本書は比較的シンプルなレイアウトとなっていて，カラー刷りやビジュアルに凝っているわけでもない。ぜひアンダーラインを引いたり，余白に感想や疑問を書き込んだりして，「汚しながら」読んでいただきたい。そのような読み方もまた「貧困に対する支援」への参加の第一歩となるだろう。

第 I 部

貧困状態にある人の理解，
支援の意義・理念・歴史

第 1 章

貧困の概念と公的扶助の意義・範囲

　子どもの貧困，世界金融危機（リーマン・ショック），新型コロナウイルス感染症の拡大による失業や貧困等，近年貧困や生活困窮に関するニュースを目にすることが増えてきている。では，貧困とは，どのような状態を指すのであろうか。また，社会保障制度の中で公的扶助制度は，貧困状態にある人々を救済する制度と位置づけられているが，この役割を果たしているのだろうか。本章では，貧困を理解するために，いくつかの貧困概念を紹介したうえで，公的扶助の制度的位置や意義を整理する。最後に，「貧困・公的扶助とスティグマ」の問題を取り上げ，貧困に関する課題に関して理解を深めることにする。

1　貧困・低所得・生活困窮とは何か

　本書の内容が対応する「貧困に対する支援」という科目は，社会福祉士の旧カリキュラムでは「公的扶助論」や「低所得者に対する支援と生活保護制度」と呼ばれていた科目である。科目名にあるように，この科目では，「貧困」や「低所得」や「公的扶助」とは何かを理解することが重要である。また，貧困状態にある人や低所得者を支援するためには，「貧困」や「低所得」の状態にある人々を理解することも大切である。

　加えて近年，雇用の不安定化，長期的な経済不況，新型コロナウイルス感染症の感染拡大等により，貧困や格差・不平等に関する問題がますます深刻化している状況がある。加えて，「子どもの貧困」のように，貧困状態にある世帯の子どもたちやその支援についての社会の関心も高まっている。ここでは，この科目における重要な用語である「貧困」や貧困に関連する用語として「低所得」「生活困窮」について見ていくことにする。

　人によって，「貧困」という言葉を聞いてイメージするものは異なっている

だろう。ある人は発展途上国のスラムをイメージするかもしれないし，またある人はホームレスの状態にある人をイメージするかもしれない。「**貧困**」は，一般には「経済的に困窮していること」「お金がない状態」「個人もしくは家族が社会生活を営むために必要な資源（モノ・サービス）を欠く状態」などを表す。しかし，次に見るように，実際には，貧困の程度や範囲はさまざまで，さらに多岐にわたる生活上の問題や課題とつながっている。

　たとえば，貧困研究者の岩田正美は，『社会福祉辞典』の中で，「貧困」という項目を次のように記している。[(1)]

　　貧困は生活に必要な資料を欠いた状態であり，この欠乏がついには心身の荒廃状態や社会的排除などを招くことまで含んだ概念である。貧困は誰の目にも明らかに，「見える」形で繰り広げられている場合と，それが「見えない」形で進行している場合がある。前者はスラムに代表されるような貧困であるが，産業化や都市化などを含んだ経済社会の発展は，これを「見えない貧困」に変えていく傾向がある。このような貧困は，何らかの尺度で計測されなければ目に付きにくい。

　このように，貧困は多義的・多元的で，その定義や測定といった議論等とも関わりがある。貧困については，次の節でまた詳しく扱うので，ここでは関連する用語との違いについて見ていくことにする。

　たとえば，「**低所得**」という言葉は，「所得が低いこと」を指し，「**低所得者**」という場合には，所得が低い人のことを指す。「貧困」は所得以外の側面にも着目するのに対して，「低所得」という場合には，所得が低いという側面に着目した捉え方になる。また，所得が低いかどうかを判断するには基準が必要で，その基準によって，低所得かどうか，低所得者の数等も異なってくる。特に，生活保護の分野においては，「貧困」とは生活保護基準以下を指し，「低所得」は，生活保護に至らないけれど，生活に困窮しているボーダーライン層を示すことが多い。このように，貧困＝低所得，貧困者＝低所得者でないことを理解しておくことが重要である。

　では，「**生活困窮**」という言葉は，どうだろうか。一般には，「生活に困窮している」「生活に困っている」状態を指す。しかし，何に困っているのか，どういう状況を困窮している状態とするかは，この言葉だけでは不明確である。

この言葉は，古くは，1945（昭和20）年に閣議決定された「生活困窮者緊急生活援護要綱」の中でも使われているが，ここではさしあたり，2013（平成25）年に制定され2018（平成30）年に改正された「生活困窮者自立支援法」の第3条第1項で定められた「**生活困窮者**」の定義を見ていくことにする。

　　この法律において「生活困窮者」とは，就労の状況，心身の状況，地域社会との関係性その他の事情により，現に経済的に困窮し，最低限度の生活を維持することができなくなるおそれのある者をいう。

　「生活困窮者」といった場合，「低所得」と異なり，就労の状況等の事情を考慮し，最低生活が維持できなくなるおそれのある者と幅広く定義している。また，経済的に困窮している状況や最低限度の生活とはどのようなものなのかについては明確ではないが，最低生活が維持できない（おそれのある者を含む），生活に困窮しているという状況に重点を置いている。

　このように，「貧困」や貧困に関連する用語の「低所得」「生活困窮」もそれぞれ意味する内容が異なっており，測定基準等の議論とも密接に関わっている。

2　貧困の概念

　「貧困」は，大きく分けて，「絶対的貧困」と「相対的貧困」の2つの軸で捉えられる。「絶対的貧困」は，時代，国や地域，生活様式などを超えて，貧困を絶対的・普遍的なものとする考え方である。「相対的貧困」は，ある時代，国や地域における標準的な生活様式として相対的に比較し，許容できない状態を貧困として捉える考え方である。また，貧困をめぐる新しい考え方として，「社会的排除」という考え方も注目されるようになってきている。ここでは，そのような概念について詳しく見ていくことにする。

（1）絶対的貧困
　絶対的貧困は，一般には，人間が生存可能な最低限度の生活，つまり生理的・生物学的レベルで貧困を捉えようとする点に特徴がある。
　たとえば，ブース（C. Booth）は，19世紀の終わりに，イギリスの東ロンドンで貧困調査を行った。ブースは，貧困の問題を「階層」の問題として捉え，

職業や所得や生活水準などを総合的に判断し，労働者をＡ（最下層）〜Ｈ（最上層）までの 8 つの階層に区分をした。そのうえで，Ｄ〜Ｅの間に貧困線を引き，Ａ〜Ｄの階層を「貧困」とした。その結果，ロンドンの約 3 割（30.7%）が貧困線以下の生活をし，その原因は，個人の怠惰などではなく，低賃金，多子，不規則労働，疾病などであることが明らかになった[2]。

ブースの調査に影響を受けて，ラウントリー（S. B. Rowntree）は，イギリスのヨークという地方都市で，その地域の労働者世帯を対象に調査を行った[3]。ラウントリーは，特に家計支出の食費に着目して，貧困を測定しようと試みた。そして，貧困を「第一次貧困」と「第二次貧困」に区分した。「第一次貧困」とは，その総収入が，家族員の単なる肉体的能率を保持するための最小限度にも足りない状態とし，「第二次貧困」をその総収入が（もしその一部が他の支出に振り向けられない限り）単なる肉体的能率を保持するに足る家庭とした。ラウントリーは，この第一次貧困を示す水準を貧困ライン（貧困線）と呼び，栄養学の知見などを取り入れて最低生活水準を理論的に算定する方法を考案した。さらに，労働者の生活は，その一生において 3 度（少年期，中年期の初期，老年期），貧困線以下の生活をせざるを得ないという生活周期（ライフサイクル）を明らかにした。

ラウントリーの調査の結果，「第一次貧困」と「第二次貧困」にあたる人々が合わせて約 3 割弱（27.6%）と，ロンドンとほぼ同割合の人々が貧困線以下の生活をしており，そこには疾病，老齢，失業，低賃金，多子などの原因があることが明らかになった。

ブースやラウントリーの調査を通して，貧困は個人的原因ではなく，社会的原因に基づくものであるという捉え方へと，貧困観が変化していった。

このように，絶対的貧困とは，生存が不可能な状態を指し，ブースやラウントリーの貧困の概念もこの考え方に立っている。

（2）相対的貧困

相対的貧困は，ある特定の社会における標準的な生活様式と比較して許容できない状態として理解される。そのため，その状態は，時代や社会によって異なり，その社会の標準的な生活様式や習慣，活動に参加することが困難である状態を指す。

タウンゼント（P. Townsend）は，1960〜1970年代にかけて，貧困を捉える

新しい視点を提示した。タウンゼントは，貧困の意味や内容はそれぞれの社会における一般的な生活様式との比較によって相対的に決定されるという考え方を提示し，貧困を「**相対的剥奪**」という視点から次のように位置づけた。[(4)]

　　個人，家族，諸集団は，その所属する社会で慣習とされている，あるいは少なくとも広く奨励または認められている種類の食事をとったり，社会的活動に参加したり，あるいは生活の必要諸条件や快適さをもったりするために必要な生活資源を欠いている時，その社会のなかで貧困の状態にあるとされるのである。

　つまり，生活資源が平均的な人々に比べて極めて劣っているために，標準的な生活様式から締め出されている状態を「相対的剥奪」と位置づけた。つまり，タウンゼントは「相対的剥奪」という視点を通して，貧困の多様性や複合性を明らかにしたのである。このように，貧困は，生存可能かどうかのレベルで最低生活を捉える「絶対的貧困」と，タウンゼントのようにその社会で当たり前とされる諸活動に参加できるかというレベルで捉える「相対的貧困」の2つに分けて理解される。しかし，先進国においても，誰が見ても明らかに（絶対的に）最低生活を送ることができていないホームレスの状態にある人々が存在するように，「絶対的貧困」も解決しておらず，両方の視点から貧困を考えていく必要がある。

（3）社会的排除としての貧困

　貧困をめぐる新しい考え方として，近年注目されているのが，「**社会的排除（social exclusion）**」である。この考えは，1980年代以降欧米を中心に広く用いられるようになってきた。しかし，社会的排除の概念に関しては統一した見解はなく，これまでの貧困の概念と重複する部分もある。

　イギリスの社会学者のギデンズ（A. Giddens）は，社会的排除は，「社会的排除の中に，貧困が内包されるとはいえ，貧困よりももっと広い概念」とし，「より広い社会への完全な関与から切り離される過程」を指すとした。[(5)] つまり，「社会的排除という概念は，個人や集団が，住民の大多数に開かれている機会を個人なり集団が手にするのを妨げる，そうした幅広い要因に着目する」ことに特徴があるとした。

岩田正美も，社会的排除という捉え方の特徴として，以下の5点を挙げている。その5つとは，①社会の諸活動への「参加」の欠如に着目している点，②さまざまな不利の複合的な経験の中に生まれているとした点，③「ある状態」よりも排除の「プロセス」を強調した点，④（ゲットーのような特定の地域などの）空間的な排除に焦点を当てた点，⑤福祉国家の諸制度との関係に注目した点，である。この空間と制度という2つの側面は，排除という言葉をよく表現し，関連する不利の連鎖との関係も含んでいる点で社会的排除の主要な側面である。

　この社会的排除という考え方は，2000（平成12）年に厚生省（当時）から出された「社会的な援護を要する人々に対する社会福祉のあり方に関する検討会報告書」においても用いられた。この報告書では，社会福祉が従来対象としていた「貧困」に加えて，「心身の障害あるいは不安（社会的ストレス，アルコール等）」「社会的排除や摩擦（ホームレス，外国人，中国残留孤児等）」「社会的孤立（孤独死，自殺，家庭内虐待，暴力等）」などの視点から整理した。このような状態にある人々に対して，公的制度の柔軟な対応を図り，地域社会での自発的な支援の再構築を行うことが必要であると述べている。

　このように，社会的排除という考え方は，貧困にとどまらず，その社会で当たり前とされる諸活動への参加からの排除，排除のプロセス，その要因など，幅広く貧困を捉えていく必要があることを示唆している。

（4）社会的孤立

　最後に，さきほどの報告書でも取り上げられた「**社会的孤立**」について見ていく。社会的孤立という概念は，1970年代，ひとり暮らしの高齢者が誰にも看取られることなく死亡し，その遺体が死後数週間から数か月後に発見されるという事件が報道されるようになったことから次第に定着するようになった。また，『高齢社会白書』では，「社会的孤立」を「家族や地域社会との交流が，客観的にみて著しく乏しい状態」という意味で用いている。このような背景には，高度経済成長を経て，家族構造が変化し，地域のつながりが希薄化したことが挙げられる。

　たとえば，タウンゼントは，概念として孤独（loneliness）と社会的孤立（social isolation）を次のように区別している。社会的孤立とは，「家族やコミュニティとほとんど接触がないということ」で，客観的なものである。これに対し

て，孤独とは，「仲間づきあいの欠如あるいは喪失による好ましからざる感じ
をもつこと」で，主観的なものである。加えて，タウンゼントは，社会的孤立
状態にある人々と貧困との関わりについて，「社会的にも経済的にももっとも
貧しい人びとは，家庭生活からもっとも孤立した人びとである」と述べている。[10]

　このように，貧困は，社会的排除や社会的孤立など，その社会で当たり前と
される諸活動だけでなく，社会関係にも影響を与える。貧困から生じるさまざ
まな要因や側面についても考えていかなければならない。

3　公的扶助の意義と範囲

　貧困に対しては，さまざまな対策が行われてきた。20世紀に発展した福祉国
家では，ベヴァリッジ報告をはじめ，社会保障制度が整えられてきた。社会保
障制度とは，国家が主体となり，広く国民や住民生活を保障する制度的な仕組
みである。そして，それは，主として貧困者に対して生活を保障する救貧制度
と，主として労働者が貧困となることを予防する防貧制度の，2つの制度を中
心に構成されている。前者の救貧制度にあたるものは公的扶助制度，後者の防
貧制度にあたるものは社会保険制度と呼ばれる。

（1）社会保障制度の中での公的扶助

　日本において，「社会保障」という言葉は，1946（昭和21）年11月に公布され
た日本国憲法第25条に用いられたことを契機に一般化したとされている。この
憲法第25条は，「**生存権**」とも呼ばれ，その後の社会保障制度の法的根拠とも
なっている。

> 第25条　すべて国民は，健康で文化的な最低限度の生活を営む権利を有する。
> 　　国は，すべての生活部面について，社会福祉，社会保障及び公衆衛生の向上及
> び増進に努めなければならない。

　この憲法第25条で使われた「社会保障」という言葉は，明確な定義がされて
いたものではなかった。具体的に定義が示されたのは，1949（昭和24）年に内
閣総理大臣の諮問機関として設置された社会保障制度審議会による「社会保障
制度に関する勧告」（以下，50年勧告）であった。

表1-1　公的扶助と社会保険の違い

	公的扶助	社会保険
適用条件	保護を必要とする者が申請	強制加入
対　象	貧困者	労働者
費　用	無償（公費）	有償（保険料納付）
給付水準	最低生活ラインを下回る場合不足分を給付	所得に応じた比例または均一額を給付
給付期間	必要な条件を満たす限り無期	有期
給付の開始	貧困という事実が認定されて開始 資力調査が必要	あらかじめ定められた保険事故が発生すれば自動的に給付開始
受給資格	資力調査を受け貧困の事実が認定されることにより受給資格が生じる	所定の保険料を納付することにより，受給資格が発生
機能の相違	救貧的	防貧的

出所：岡部卓（2021）「公的扶助の概念」日本ソーシャルワーク教育学校連盟編『貧困に対する支援』中央法規出版，4〜6頁をもとに筆者作成。

　50年勧告の中で，社会保障制度とは，「疾病，負傷，分娩，廃病，死亡，老齢，失業，多子そのほか困窮の原因に対し，保険的方法又は直接公の負担において経済保障の途を講じ，生活困窮に陥った者に対しては，国家扶助によって最低限度の生活を保障するとともに，公衆衛生及び社会福祉の向上を図り，もってすべての国民が文化的社会の成員たるに値する生活を営むことができるようにすること(11)」と定義したうえで，このような社会保障の責任は，国家にあることを規定した。ここでいう国家扶助は，公的扶助のことを指し，公的扶助も社会保障制度の一つとして位置づけられている。

　その後，質量ともにさまざまな充実・拡大が図られたことにより，社会保障制度の目的は，50年勧告当時の貧困からの救済や貧困に陥ることの予防といった「生活の最低限度の保障」から，近年では「救貧」や「防貧」を超え，「広く国民に安定した生活を保障するもの」へと変わってきた。

（2）公的扶助と社会保険

　では，救貧制度である**公的扶助**はどのような特徴をもっているのだろうか。防貧制度である社会保険と比較してその特徴をまとめると，表1-1のように適用条件や対象に大きな違いがある。

　公的扶助制度は，国家が最低生活保障を目的として，貧困状態にあるものを

表1-2　社会保障制度の主な機能

①	所得再分配機能	所得格差・不平等などに対して是正を行うこと
②	ナショナル・ミニマム機能	国家が国民に対して最低限度の保障を行うこと
③	セーフティネット機能	国民の困難な事態を予防したり対処すること
④	生活と経済の変動安定化機能	国民生活の困難な事態（老齢等）による生活水準の低下を緩和し生活の安定を図ること 不況を防いだり景気回復を促すこと
⑤	社会的統合機能	格差の緩和や解消を図るとともに，社会保険などを通して国民の社会連帯を高めること

出所：岡部卓（2021）「公的扶助の概念」日本ソーシャルワーク教育学校連盟編『貧困に対する支援』中央法規出版，9〜11頁をもとに筆者作成。

対象に，貧困の事実認定を行うために資力調査を課し，公費を財源として行う制度である。**資力調査**（ミーンズテスト）は，収入と資産，および就労能力や家族関係などを調査することであり，「貧困」を確認する目的で行われる。日本では，公的扶助制度に相当する制度として，生活保護制度が挙げられる。

（3）公的扶助の意義

　社会保障制度上，公的扶助も社会保険も重要な役割を果たしている。そこでは，まず社会保険が貧困を予防する制度として存在し，社会保障制度や家族・親族等の私的扶養が十分機能しない場合に，貧困となった人々を救済する制度として公的扶助制度がある。社会保障制度は，さまざまな機能をもち，国民生活の安定や回復に寄与している。主な機能としては，①所得再分配機能，②ナショナル・ミニマム機能，③セーフティネット機能，④生活と経済の変動安定化機能，⑤社会的統合機能が挙げられる（表1-2）。

　公的扶助にとって最も重要な機能が，セーフティネット機能とナショナル・ミニマム機能である。以下で，詳しく見ていく。

　「セーフティネット（safety net）」とは，もともとはサーカスの空中ブランコなどで落下してもけがをしないように張られた網（ネット）を指しており，「安全網」と訳される。社会保障の分野でも，困難な状況になった場合に支えたり，そのような状況になることを防ぐようにする仕組みを指して使用される。

　日本において，第一のセーフティネットは，日常生活の中で生活の困難が生じた場合に対応するものであり，社会保険制度がこれに位置づけられる。第二のセーフティネットは，低所得者を対象とするものであり，生活保護基準と同

等かそれに近い所得水準の人々を対象とする諸制度が位置づけられる。具体的には，生活福祉資金貸付制度や求職者支援制度，生活困窮者自立支援制度などが挙げられる。第三のセーフティネットは，資力調査を課す貧困対策，具体的には生活保護制度が位置づけられる。特に生活保護制度は，「ラストセーフティネット（最後のセーフティネット）」と呼ばれ，既存の資源や人的資源では対応できなかったような生活上の困難を抱えた人々の支援を行う役割を果たしている。

　もう一つ重要な機能として，「ナショナル・ミニマム」機能が挙げられる。「ナショナル・ミニマム（national minimum）」とは，国家が国民すべてに対して保障すべき必要最低限度の生活水準を指しており，「国民最低限」と訳される。社会保障制度の重要な概念の一つであり，それぞれの国や社会において，その生活水準に応じた最低限度の生活保障水準がある。日本では，憲法第25条第1項で「すべて国民は，健康で文化的な最低限度の生活を営む権利を有する」と定められ，このナショナル・ミニマムを保障することが示されている。

　この生存権を具現化した生活保護制度でも，生活保護法第1条で「最低生活保障」と「自立助長」を目的としており，最低生活保障は，生活保護制度の最低生活水準（＝生活保護水準）であり，国民にどの程度最低生活を保障するかというナショナル・ミニマムを規定するものとなっている。この水準は，生活保護法第3条にあるように「健康で文化的な生活水準を維持することができるものでなければならない」とされ，人間として尊厳が維持できる健康で文化的な生活が充足される水準でなければならない。

（4）公的扶助の範囲（狭義・広義）

　公的扶助制度は，大きくは，資力調査を要件とする貧困者対策と，所得調査（制限）を要件とする低所得者対策の2つがある。

　日本における貧困者対策としては，資力調査を要件とする生活保護制度が挙げられる。また，低所得者対策としては，所得調査を要件とする社会手当，具体的には児童扶養手当や特別児童扶養手当が挙げられる。また，直接的に生活困窮の救済を目的としないが公的給付を提供する制度，具体的には，障害者総合支援法に基づく補装具の給付や戦傷病者戦没者遺族等援護法による給付などが挙げられる。生活福祉資金貸付制度，生活困窮者自立支援制度，公営住宅制度なども低所得者対策の一環として行われている。

表1-3　広義の公的扶助と狭義の公的扶助

狭義の公的扶助	・生活保護制度
広義の公的扶助	・社会手当制度（例：児童扶養手当） ・間接的に自立生活に寄与するような公的給付を提供する各種制度（例：障害者総合支援法に基づく補装具の給付） ・低所得者対策の一環として行われている各種施策（例：生活福祉資金貸付制度）

出所：岡部卓（2021）「公的扶助の概念」日本ソーシャルワーク教育学校連盟編『貧困に対する支援』中央法規出版，6～7頁をもとに筆者作成。

　公的扶助の範囲として上記施策を整理すると，狭義の公的扶助として生活保護制度があり広義の公的扶助として社会手当などを位置づけることができる（表1-3）。

　貧困・低所得状態になった人々を支援する制度としてこのような施策があり，それぞれの施策について理解することが重要である。

4　貧困や公的扶助をめぐる課題

　貧困や公的扶助をめぐる課題として，「貧困・公的扶助とスティグマ」をめぐる問題が挙げられる。ここではその点について考えてみる。

　公的扶助という言葉には，「扶助」という言葉が含まれている。扶助とは，貧困状態，つまり自らの能力で自分および自分の家族の生活を支えられない「依存」状態にある人に対し，多少とも生活に余裕のある人が援助を与えることを意味している[15]。つまり，「与える側」と「与えられる側」の両者があって成立する概念である。私的扶助であれ公的扶助であれ，一般に「与える側」と「与えられる側」との間に上下関係が成立しやすい。「与えられる側」は貧困者であることを自他ともに認め，自尊心を半ば喪失し，「与える側」の指示に従う立場が期待される。貧困者は，いわゆる**スティグマ**（stigma）を感じる。スティグマについては第4章でも詳しく見るが，もともとは社会的失格者の「烙印」を意味する概念である[16]。スティグマによって，貧困者は，周囲の人々から軽蔑のまなざしにさらされ，屈辱にまみれた社会生活を余儀なくされるのである。また，「与える側」も，相手に感謝や，服従を要求しがちである。貧困研究者の籠山京らもこのような問題に対して次のように指摘している[17]。

　税金を出している者から見ると，税金も出せないでいる者が同じ生活水準を確保するということは，感情的には納得できない，どうしても少し低い水準まで保障することになる。これがいわゆる**劣等処遇**である。生活保護制度で扶助されているひとびとは，いろいろな事情で十分には働くことが出来ない状態にあるのだから，同じ人間として，同じような最低生活が確保されるべきだといっても，それは理屈上のことで現実味に欠ける。この方法を扶助といって特別の概念で扱っているのも，このような全体の感情が土台になっているのであろう。

　このような貧困とスティグマの問題は，公的扶助，とりわけ生活保護制度にとって重要な問題である。特に，社会の産業化・近代化が進み，労働による経済的自立が望ましい生活様式として標準化していく過程で，独力で人並みの生活を維持できない状態（＝貧困）が，スティグマ化されることになった。
　その結果，「最後のセーフティネット」である生活保護にもスティグマがつきまとっているため，どれだけ生活に困窮してもその受給を自ら拒んだり，受給を開始してもその引け目から社会的に孤立する人も少なくない。この背景には，公的扶助に伴う資力調査に対する市民の抵抗感もある。
　生活保護を利用した経験をもつ和久井みちるも，貧困や生活保護に対するスティグマに関して次のように述べている。[18]

　　生活保護を利用している人たちは，その8割が病気，障がい，高齢な方たちです。（中略）生活保護を利用している人は，病気になったことさえも，悪いことをしたかのように言われてしまうのです。一流と思われていた会社が倒産することもよくあります。（中略）一番困っているのは，本人なのです。どうしてそのことを恥じる必要があるのでしょう。恥じなくてはいけないのは，困っている人々を嘲笑ったり，笑いものにしたりする人たちだとあたしは思っています。

　このように，貧困当事者自身も，スティグマを感じ，つらい思いを経験している。社会活動家の湯浅誠も，貧困状態に至る背景には，「五重の排除」があるとし，①教育課程からの排除，②企業福祉からの排除，③家族福祉からの排除，④公的扶助からの排除，⑤自分自身からの排除を挙げている。[19]中でも，ス

ティグマと関連するのは，自分自身からの排除である。

　何のために生き抜くのか，それに何の意味があるのか，何のために働くの
か，そこにどんな意義があるのか。そうした「あたりまえ」のことが見えな
くなってしまう状態を指す。第一から第四までの排除を受け，しかもそれを
内面化して「自分のせい」と捉えてしまう場合，人は自分の尊厳を守れずに，
自分を大切に思えない状態にまで追いつめられる。

　このように，貧困それ自体のみでなく，公的扶助の運用の場面で貧困当事者
が追いつめられてしまうことも少なくないのである。そのため，当事者自らが
問題改善を要求する声を上げることが非常に困難になっている。当事者による
運動も極めて限定的なものにとどまっており，問題は，「自己責任」のもとに，[20]
隠蔽されてきた状況がある。
　近年，日本弁護士連合会は，「生活保護」という名称や「扶助」といった用
語が，恩恵的であるといった誤解や，生活保護だけは受けたくないといった偏
見を生む原因になるとし，生活保護法を「生活保障法」へ，（生活保護受給者を
示す）被保護者を「利用者」に変更し，権利性を明確にするよう要望している。[21]
　公的扶助という制度があるにもかかわらず，スティグマや偏見によって，貧
困状態にある人々を救済できない，また貧困状態にある人々が追いつめられて
しまうという課題がある。公的扶助が，貧困者を救済するという本来の意義や
役割を果たすために，私たちは何ができるのか，考えてみる必要があるのでは
ないだろうか。

注
(1)　岩田正美（2002）「貧困」社会福祉辞典編集委員会編『社会福祉辞典』大月書店，
　　450頁。
(2)　阿部實（1990）『チャールズ・ブース研究——貧困の科学的解明と公的扶助制度』
　　中央法規出版。
(3)　ラウントリー，B.S.／長沼弘毅訳（1975）『貧乏研究』千城。
(4)　Townsend, P. (1979) *Poverty in the United Kingdom : A survery of Household,
　　Resource and Standard of Living*, p. 31.
(5)　ギデンズ，A.／松尾精文ほか訳（2009）『社会学　第5版』而立書房，379～401

頁。

⑹　岩田正美（2008）『社会的排除――参加の欠如・不確かな帰属』有斐閣，20～32頁。

⑺　厚生省社会的な援護を要する人々に対する社会福祉のあり方に関する検討会『「社会的な援護を要する人々に対する社会福祉のあり方に関する検討会」報告書』（https://www.mhlw.go.jp/www1/shingi/s0012/s1208-2_16.html　2021年 9 月12日閲覧）。

⑻　室田信一（2014）「貧困と社会的孤立」日本社会福祉学会事典編集委員会編『社会福祉学事典』丸善出版，242～243頁。

⑼　内閣府（2010）『平成22年版　高齢社会白書』（https://www8.cao.go.jp/kourei/whitepaper/w-2010/zenbun/pdf/1s3s_1.pdf　2021年 9 月10日閲覧）52頁。

⑽　タウンゼント，P.／山室周平監訳（1974）『居宅老人の生活と親族網――戦後東ロンドンにおける実証的研究』垣内出版，227頁。

⑾　社会保障制度審議会（1950）「社会保障制度に関する勧告」（http://www.ipss.go.jp/publication/j/shiryou/no.13/data/shiryou/syakaifukushi/1.pdf　2021年 9 月12日閲覧）。

⑿　岡部卓（2021）「公的扶助の概念」一般社団法人日本ソーシャルワーク教育学校連盟編『貧困に対する支援』中央法規出版，9～11頁。

⒀　⑿と同じ。

⒁　⑿と同じ，14頁。

⒂　清水浩一（1991）「公的扶助とは」西尾祐吾・清水浩一編『公的扶助論』相川書房，12頁。

⒃　西村貴直（2014）「貧困とスティグマ」日本社会福祉学会事典編集委員会編『社会福祉学事典』丸善出版，240～241頁。

⒄　籠山京・江口英一（1974）「経済的保障とサービス」『社会福祉論』光生館，127～128頁。

⒅　和久井みちる（2012）『生活保護とあたし』あけび書房，46～47頁。

⒆　湯浅誠（2008）『反貧困――「すべり台社会」からの脱出』岩波書店，60～61頁。

⒇　貧困当事者の運動の全国組織として「全国生活と健康を守る会連合会」があるが，全国の生活保護利用者数に比べると，会員数や活動などいまだ限定的である。

㉑　日本弁護士連合会（2019）「生活保護法改正要綱案（改訂版）」（https://www.nichibenren.or.jp/document/opinion/year/2019/190214_2.html　2021年 9 月12日閲覧）。

参考文献

圷洋一（2012）『福祉国家』法律文化社。

圷洋一ほか（2011）『社会政策の視点——現代社会と福祉を考える』法律文化社。

岩田正美・杉村宏編（2016）『公的扶助論——低所得者に対する支援と生活保護制度　第3版』ミネルヴァ書房。

岩田正美ほか編（2003）『貧困問題とソーシャルワーク——公的扶助論』有斐閣。

一般社団法人日本ソーシャルワーク教育学校連盟編（2021）『貧困に対する支援』中央法規出版。

金子充（2017）『入門　貧困論——ささえあう／たすけあう社会をつくるために』明石書店。

河合克義（2009）『大都市のひとり暮らし高齢者と社会的孤立』法律文化社。

厚生労働省（2017）『平成29年版　厚生労働白書』（https://www.mhlw.go.jp/wp/hakusyo/kousei/17/dl/1-01.pdf　2021年9月10日閲覧）。

杉村宏（2010）『人間らしく生きる——現代の貧困とセーフティネット』左右社。

杉村宏ほか編（2008）『よくわかる公的扶助——低所得者支援と生活保護制度』ミネルヴァ書房。

学習課題

① 「貧困」について自分のイメージや考えたことをまとめてみよう。

② 貧困や公的扶助に対する偏見やスティグマをなくすために，どのようなことができるのか考えてみよう。

第2章

貧困状態にある人と社会環境

　本章では，貧困状態にある人々の生活実態とこれを取り巻く社会環境について理解を深め，貧困がどのような形で現れるのか，またそれがどのような背景によって引き起こされるのかを学ぶ。第1章で貧困の概念・定義について学んだが，そのような理論的な説明に加えて私たちの日常にある貧困の現実を捉え，理解することがこの章の目的である。

1　貧困の現実を切り取る

　貧困状態にある人々を支援するにあたって，私たちの社会のどこかに「貧困者」という他者が存在するという漠然とした捉え方をしていては，当事者が経験する貧困問題にアプローチすることはできないだろう。そうではなく，社会生活の中で私たち自身がどのような貧困を経験することがあるのか，そしてなぜ貧困に陥ることになるのかを社会構造から理解しておくことが必要である。

　貧困の経験はさまざまな形で現れるものであり，もちろん人それぞれ貧困の中身は異なっている。つまり人の数だけ貧困の経験はあるということになるが，ここでは社会福祉学で一般に語られることの多い議論や統計を使いながら，貧困状態にある人々の生活実態の一端を切り取っていく。あわせて貧困の背景に関する社会構造について，社会福祉学的な視点から説明を加える。

　これらを整理するにあたって，「就労」「住居」「家族」「健康」「教育」「負債」という6つの枠組みを設けてみた。実際のところそれぞれは影響し合い，重なり合うものであるから，最終的には立体的に捉えることが求められるだろう。

2　就労の状況と背景

　働けないために収入を得られず，貧困に陥ることは多々ある。すなわち貧困は「就労」に関連して現れることが多いということである。なお，ここで「就労」とは賃金労働に就くことを意味している。

　現代社会は，就労をして，収入を得て自活することを前提にした社会である。そこで貧困状態に陥る人々の多くは，何らかの理由で働くことができずに収入を得られないか，収入が低いという状態にあると考えられる。以下では，貧困状態にある人々の就労の状況を，①収入を得るための仕事にありつけない「失業」と，②働いているにもかかわらず生活が困窮するほどに収入が低いことを意味する「ワーキングプア」という 2 つの視点から整理してみよう。

（1）失　業

　失業の実態は失業率という統計で理解されるのが一般的だ。総務省「労働力調査」（2020年平均）によると，日本の完全失業率は2.8%（前年は2.4%），失業者数は191万人であり，新型コロナウイルス感染症の影響によりそれ以前より若干増加した。

　失業率が約 3 %だと聞くと，残りの97%の人々は就労していると誤解してしまうかもしれない。しかし失業率の統計は，労働する意思と能力をもつとされる「労働力人口」に占める失業者の割合を表していることに注意が必要だ。すなわち，15歳未満，学生，専業主婦，高齢者等を除いた人々が分母になっているので，実際に「就労していない人々」は日本の人口の約半分くらい（約6000万人）にもなるのだ。

　「労働する意思と能力があるか」という点は非常に難しい問題である。意思があっても働く場がまったくない地域に住んでいるとしたら，働く意欲が失われてしまうこともあるだろう。また女性は仕事ではなく家事や育児をやるべきだという社会規範が強い地域では，そもそも就労意思が削がれてしまうかもしれない。このように，求人の状況，世帯の状況，地域性等によって変わってくるものなので，失業の統計に出てこない潜在的な失業者はもっと多くいると考えた方がよいだろう。

（2）ワーキングプア

　第二に「ワーキングプア」という状態がある。これは低賃金や不安定就労の結果として起こるものと見られており，「働ける人々が働いているにもかかわらず貧困状態にある」という社会問題として捉える必要がある。実際のところワーキングプアは「フリーター」と呼ばれるような非正規雇用（パート・アルバイト，派遣，嘱託等）で働く人々，あるいは請負労働を含む個人事業主（フリーランス）として働く人々が経験する問題となっている。それらは個人の働き方や努力の問題ではなく，賃金制度や雇用制度（最低賃金法，労働基準法，労働契約法，パートタイム労働法，労働者派遣法等）に関連して起こっている。

　ワーキングプアという状態にある人々の実態を把握するのは難しいが，非正規雇用で働く人々の割合や人数，そして収入の実態を把握することは可能である。総務省「労働力調査」（2020年平均）によると，非正規雇用率は37.2％であり，雇われて働いている人々の約4割弱は非正規雇用ということになる。人数でいえば約2000万人が非正規で働いている。さらに年齢別で見ると，15～24歳の49.2％，55～64歳の45.0％，65歳以上の76.5％が非正規雇用となっており，ワーキングプアが若年層と高年齢層に生じやすいことがわかる。

　また同調査によると，非正規雇用で働く人々の年収は，100万円未満が28.9％，100～199万円が27.9％となっており，合わせて約6割弱の人々が200万円に達しない年収となっている。

　家族とともに暮らしている非正規雇用者も多いため，収入だけで貧困であるかを判断することはできないが，その中に貧困状態で暮らしている人々が少なからずいることは容易に想像できるだろう。

　「官製ワーキングプア」という言葉があるように，行政機関や学校がいわば「積極的」に非正規雇用者を採用していることの是非も問われている。逆にいえば，行政機関や学校に雇用されていたとしても，ワーキングプアになることが十分にあり得るのである。また組織に雇用されている人々だけがワーキングプアなのではなく，請負労働を含むさまざまな個人事業主（フリーランス）も働きながら貧困に陥ることがある。

（3）劣悪な労働環境

　劣悪な労働環境に身を置くことは，貧困の現実の一つであるといえる。劣悪な労働環境といえば「3K（きつい，汚い，危険）労働」を思い浮かべるかもし

れないが，それは特定の職業・職種に発生するものではない。現代ではあらゆる業種に非正規雇用があり，ワーキングプアおよび劣悪な労働環境が問題になっている。

　ここでいう劣悪な労働環境の主な中身としては，長時間労働，深夜労働，サービス残業，休暇・休憩時間がとれない，社会保険に加入できないといった問題を挙げることができる。もっと見えにくいところでは，「マックジョブ（マクドナルド化された労働）」と呼ばれるような単純化・マニュアル化された非人間的な労働，経験の蓄積や職業能力の向上を見込めない「使い捨て労働」といった実態もあるだろう。労働環境の悪さから過労死や自殺につながることもある。

　ワーキングプアや劣悪な労働環境という問題は貧困と無関係であるように見えるかもしれないが，こうした就労に関連して発生する広い意味での「働きづらさ」や「生きづらさ」が貧困や社会的排除につながっているという点に目を向ける必要がある。

3　住居の状況と背景

　貧困状態にある人々のうち，「住居」に関わる課題を抱えていることは多くある。家賃や住まいにかかる生活インフラ設備（電気・ガスなど）の確保に多額の費用がかかる日本では「居住の貧困」もしくは「ハウジングプア」という問題が指摘されている。とりわけ都市部における家賃の高さと住居の質の悪さは目立っており，住居喪失のリスクも極めて高い。

　ハウジングプアという状態は，①「屋根がない状態」，②「屋根はあるが，家がない状態」，③「家はあるが，居住権が侵害されやすい状態」の3つから構成されると考えられている。現実には，①から③を行き来する人々が増えているのだが，ここではひとまずそれぞれを分けて整理しておこう。

（1）屋根がない（路上生活・野宿生活）

　ハウジングプアの①「屋根がない状態」とは，路上生活・野宿生活ということであり，いわゆる「ホームレス」の状態を意味している（ホームレス状態にある人々については第10章で詳しく取り上げている）。ホームレス状態にある人々といえば，古くから注目されてきた「ドヤ街の日雇い労働者」のような長期にわ

たって家を失った労働者がイメージされるかもしれない。だが現代では，むしろ②③のようなハウジングプア状態から転じて，仕事をもちながら帰る家を失う人々が増えているのが現実だ。

（2）家がない（ネットカフェ・宿泊所生活等）

「屋根はあるが，家がない状態」とは，ネットカフェ，サウナ，ドヤ，宿泊所，カプセルホテル，飯場，仮設住宅などの仮の施設や宿泊施設で暮らしている状態である。このような状態にある人々を「住居喪失者」と呼ぶこともあるが，それなら①も含めるべきであって，厳密な整理はされていない。

（3）居住権が侵害されやすい

「家はあるが，居住権が侵害されやすい状態」は見落とされがちである。たとえば，「ゼロゼロ物件」（入居時の敷金礼金が無料の賃貸物件）に居住するフリーターや日雇い労働者，会社名義の住居に住み込む契約社員などが当てはまるとされている。ゼロゼロ物件では，契約時に敷金礼金が無料になる代わりに家賃を1日でも滞納すれば，ただちに追い出されてしまうことがある。住み込みの契約社員は，土木建設業，食品加工業，農・漁業などの季節労働にも多く見られる。こうした仮の施設・宿泊所での暮らしは，犯罪，火災，災害のリスクが高く，「マイホーム」＝帰るべき家がないことによる精神的な不安感・挫折感の大きさは計り知れないだろう。

（4）劣悪な居住環境

以上の3つのレベルで捉えられる「ハウジングプア」に加えて，貧困状態にある人々の住居の状況として，「劣悪な居住環境」での暮らしにも注目する必要があるだろう。これは，住居が狭いこと（狭隘），老朽化や生活インフラ設備の不備が見られること（風呂が壊れていて入れない等），掃除がされていないこと（カビ，害虫，「ため込み」等による不衛生な状態を含む）などの側面から説明することができる。

帰るべき家がないことはもちろん，劣悪な居住環境での暮らしもまた，人の心を消耗させ，喪失感や疎外感を強める。自分自身の身辺をケアすることをあきらめてしまうこと，放棄してしまうことを「セルフ・ネグレクト」と呼ぶことがあるが，劣悪な居住環境がこうしたセルフ・ネグレクトに関係している場

合も多い。また，高齢者の一人暮らしでは，掃除やゴミ出しをすることが困難であったり，布団の上げ下げ，敷物の洗濯，電球の交換といった「ちょっとしたこと」が難しくてできないことがあるだろう。これらの蓄積から劣悪な居住環境がつくられることがある。

（5）高い家賃・住宅ローン

　収入に対して家賃や住宅ローンが高額なために生活費が圧迫されて貧困に陥るというケースもあるだろう。そのような状態であっても，転居にはまとまった資金が必要であったり，家を売ってもローンが残るため売却できなかったりするため，高すぎる居住費を支払い続けるしか選択肢がないことがある。毎月の高額な家賃やローンの支払いによって手元に残る生活費はわずかで持ち家であっても生活は貧しい，という人々は多く存在している。

　このように，日本で住居に関連した貧困が多く発生している背景には，住宅政策・住宅保障の問題が横たわっている。とりわけ公営住宅や低家賃住宅の供給があまりにも少ないこと，そして家賃を保障する制度（住宅手当）の整備が十分に行われてこなかったこと等によって「居住の貧困」が引き起こされている。

4　家族の状況と背景

　貧困と「家族・世帯」との関連性についてもさまざまな角度から説明ができる。ここでは，多子，孤立，女性という3つの視点から整理する。

（1）多　子

　かつては「多子」（子どもが多いこと）が貧困の大きな要因であると考えられていた。子どもが多いと食費がかかるため家計が苦しくなるゆえであったが，現代では食費だけでなく教育費をかけられないこと，そして家族で住める住居は家賃が高いという問題につながっている。

　しかし多子だから貧困であるかといえば必ずしもそうではなく，経済的にゆとりがあるからこそ結婚や出産ができると考えれば，子どもがいることは貧困でない証しだという見方もある。結婚や子育ての費用負担ができない低所得の若年世代が増えたことによって日本の少子化がもたらされているという説明は

一定の説得力があるだろう。つまりそれは若者の貧困が家族形成を困難にさせているということである。

（2）孤　立

　貧困状態にある人々のうち，家族がおらず一人暮らし（単身世帯）である者は多くいる。生活保護を利用する人々のうち，単身世帯の割合は全体の4分の3を超えており，家族がいないことで貧困化が深まることは事実である。そして，家族がいない，家族とのつながりが断たれていることによって「孤立」も深まることになる。

　だが，家族に関連した貧困・孤立の理解には注意が必要である。というのも，家族がいないために貧困・孤立に陥るのではなく，「家族で支え合う」という社会規範が強いからこそ，家族がいないことが貧困・孤立に直結しやすいからである。つまりそれは，家族の有無にかかわらず個人を単位にした生活保障を確立させてこなかった日本の社会保障制度の問題であると見ることができる。生活保護制度でも実質的に「親族扶養」を重視する運用をしているため「身寄りのない者」の割合が高まるのは必然である。

　このように，日本では家族からの助けがない場合，ただちに深刻な貧困に陥りやすい。家族がいないことによって孤立や「孤独死」が発生していると見るのではなく，むしろ家族ケアに依存し，かつ法律婚と血縁による家族を基本とする社会制度が，そこに当てはまらない人々の孤立・孤独をもたらしているのである。孤立の背景に社会的な制度や規範があることに着目し，「社会的孤立」と表現することもできる。社会的孤立は家族だけでなくコミュニティや地域・社会とのつながりを欠いていることも含む概念であると考える必要がある。

（3）女　性

　日本ではシングルマザーを含む一人暮らしの女性の貧困が深刻な状況になっている。これは「貧困の女性化」とも呼ばれてきた。日本のシングルマザーの貧困率は OECD 諸国で最も高く，シングルマザーの約半数（48％）が貧困状態にある。

　母子世帯の平均年収は約200万円であり，一般世帯の3割程度となっている。シングルマザーの収入が低い理由は，その多くがワーキングプア状態にあるためだと理解されている。なぜそうなるかといえば，保育所・延長保育等の子育

て支援の不足，そして女性が一人で子育てをしながら職業キャリアを積んでいくことの難しさがある。さらにそれらが起こっている背景には，女性の地位の低さと雇用における女性差別，そして家父長制もしくは「男性稼ぎ手モデル」の重視という日本の社会構造的な問題が見えてくる。

　言い換えれば，女性の貧困は「男性稼ぎ手モデル」による家族を重視してきた日本の家族制度によって生み出されている部分が大きい。男性稼ぎ手モデルの日本社会では，夫である男性が「一家の稼ぎ手」として賃金労働に従事し，その妻である女性が無償労働としての家事労働，子育てに専念するという性別役割分担が基本になってきた。子育ては女性の役割であるとされてきたから，ひとり親世帯の約85％が母子世帯であり（父子世帯は15％），さらに離婚した元夫から養育費を受け取っている女性は全体の約25％にすぎないのである。

　このような女性の置かれている状態は DV（ドメスティック・バイオレンス）の問題にも直結している。離婚して自活するという選択肢をとりにくい専業主婦は，夫から DV の被害を受けていても，貧困になることを避けて婚姻関係を維持しようとする。離婚という選択肢をとれないので，暴力による支配関係から逃れられないのである。

　日本の社会保障制度は家族ケア（家族で支え合うこと）に依存しており，また家族制度は法律婚と血縁による共同体を「家族」として認める傾向がある。事実婚のカップルや，恋人や他者とシェアルーム（シェアハウス）で暮らすというスタイルは「家族」としては認められにくい。その結果，「男性稼ぎ手モデル」に当てはまらない世帯は不利益を被り，貧困や孤立に追いやられるのである。これは LGBT を含む性的マイノリティの貧困にもつながっている。

5　健康の状況と背景

　貧困と「健康」との関連性について，病気と障害という2つの枠組みで説明してみよう。

（1）病　気

　貧困と疾病率・死亡率との関連性は十分に研究されているとはいえず，実態を捉えることは難しくなっている。一般論として，貧困状態にある人々は医療の受診機会が少なくなりがちであり，その結果，健康を悪化させることが多い

と見られている。受診機会が少なくなる理由としては，通院にかかる費用負担が困難であること，劣悪な労働条件で働いているため医療機関に行く時間がないこと，そして孤立しているので不健康を発見・助言できる身近な人がいないことなどを挙げることができるだろう。

　過労やストレスによって精神疾患や慢性疾患に至るケースも多く，安定しない生活が生活習慣病につながっている。健康に配慮した栄養ある食事や適度なスポーツを日常生活に取り入れることができず，健康診断や歯科検診を受ける機会も制限される。

　こうした環境によってストレスを抱え，アルコール，喫煙，薬物依存などに至ることもあるだろう。子ども・若者にとっては，栄養のある食事をとること，十分な睡眠をとること，適度な運動をすること等が健康な身体・精神の形成につながると一般に理解されているが，貧困状態にあるとそれらの健康づくりができなくなる。

　病気の発見や治療が遅れがちになるため，その結果病気が悪化し，療養が長期にわたることで生活費のほとんどを医療費に費やすことにもなる。これは家賃や住宅ローンに生活費の大半を費やしてしまう問題と似ている。また人間は加齢に伴って ADL（日常生活動作）や身体機能が低下するため，当然ながら高齢になれば医療費がかさむ。そのため高齢者は医療費・介護費の支払いに苦しむことになる。

（2）障　害

　貧困と健康の関連性について考える際に，もう一つ注目すべきこととして，就労機会が少ない障害者の貧困を理解することが重要である。これに難病患者も含める必要もあるだろう。

　障害者は雇用における差別や排除を受けることにより，就労する場が少なく貧困化しやすい。雇用機会における障害者差別は顕著であり，とりわけ知的障害者や精神障害者に対する差別と排除は深刻である。

　しかし，障害者がどのような経済状況で暮らしているのかは十分に把握されておらず，やはり家族ケアに依存しているのが実態で，障害者の貧困は見えにくいままである。厚生労働省「障害者雇用実態調査」（2018年）によれば，働いている障害者（一般雇用）の平均賃金月額は，身体障害者が21万5000円，知的障害者が11万7000円，精神障害者が12万5000円，発達障害者が12万7000円と

なっている。雇用形態における「正社員」の割合は，身体障害者が52.5％，知的障害者が19.8％，精神障害者が25.5％，発達障害者が22.7％がとなっている。そして，福祉的就労（作業労働）をしている障害者の平均賃金・工賃（月収）は１万7000円である。

　作業所で支援を受けながら働く社会的就労・福祉的就労では雇用契約を結ばず，賃金は「工賃」と呼ばれ，労働法規による最低賃金の適用も受けない。障害者雇用では収入よりも「社会参加」が重視されているから，もちろんこうした働き方をする障害者をワーキングプアとも呼ばない。社会参加が障害者の精神的な支えになって健康を増進させることもあるだろうが，障害者雇用における賃金問題は日本の障害者の貧困に関わる大きな課題である。

6　教育の状況と背景

　「子どもの貧困」といわれるように，世帯の貧困が特に子どもたちの教育・社会参加の機会，そして自由や将来性を奪うことが指摘されている。貧困世帯では，学習塾や文化・スポーツ等の習いごとに通うことができず，旅行やエンターテイメントにふれる機会も狭められる。そして高校，専門学校，大学といった高等教育を受けることができず，そのことが就職における不利をもたらし，非正規雇用あるいはワーキングプアに至ることが多くある。これが「貧困の世代間連鎖（再生産）」である。

　教育を受けられないという問題は，子ども・若者たちの将来の可能性や選択肢を奪っていくという重大な問題である。これを「ケイパビリティ（可能性）」の喪失と表現することもできるだろう。貧困状態にある子どもたちは，さまざまな苦難を経験し，子ども期を「子どもらしく」生きることができず，発達や成長を保障されることがない。こうして，人間として本来発揮し得るケイパビリティを幼少期から奪われてしまっていることが「子どもの貧困」の意味するところである。

　子どもの貧困は親の問題であると見られることがあるが，その背景にはやはり日本の子育て支援策，教育政策の問題が横たわっている。たとえば，学習塾に行けない（行かない）子どもたちが学校教育で「置いてけぼり」にされ，成績評価が低くなるという傾向は，学校教育・受験教育の課題を表している。子ども本人や家庭の問題ではなく日本の教育政策によって引き起こされている問

題である。また，実質的に「教育ローン」となっている奨学金制度の不備に注
目することも重要だ。日本の奨学金制度が十分でないこともまた，教育支援が
社会保障として考えられておらず，家族に依存していることの結果である。

7　負債の状況と背景

　現代は消費社会であるから，「人並みの消費」をすることによって社会参加
を果たせるという側面がある。貧困状態にある人々は，当然ながら商品やサー
ビスを自由に購入する経済的な余裕がないため，「消費者」となることに大き
なハードルがある。

　別の言い方をするなら，現代は生活の隅々にまで商品経済が入り込んでいる
社会なので，人々は目に見えない消費のルールや規範に従い，お金を使うこと
によって満足や幸福を得ることがある。貧困状態にある人々が消費者になれな
いという意味で，この貧困を「消費社会からの排除」と表現することができる。
言い換えれば，貧困の問題とは「お金をもっていないことそのもの」ではなく，
「お金を必要とする社会の中でお金をもたないこと」の問題なのである。

　さらに現代では，電気，ガス，水道，電話といった公共サービスの多くが民
営化されている。したがって，支払いのできない者はこれらの生活インフラの
設備さえ利用することができなくなる。

（1）借　金

　消費するだけの経済的余裕がないと，借金をして消費者になるよう駆り立て
られる。あるいは，借金をしなければ生活することができないため，消費社会
において貧困状態にある人々は必然的に借金を抱えざるを得ない状態に置かれ
ている。

　総務省「家計調査報告」（2018年）によれば，負債を抱えている世帯の割合は
全世帯の約4割（39.0％）となっている。ただし負債の中身を見ると，その約
9割（89.8％）が住宅・土地のための負債（住宅ローン）となっており，平均負
債額は501万円である。

　消費者金融（キャッシング）や信販会社（カードローン等）からの借金が多重
債務に至ることもある。多重債務に陥らなければ生きていけなくなるという状
態は，まさに消費社会における貧困を表しているといえよう。金融庁「貸金業

利用者に関する調査・研究調査結果」（2020年）によると，3年以内に金融機関から借り入れを経験した者（キャッシング・カードローン利用者）のうち，借入目的の上位は，「生活費不足の補塡」（45.3%），「欲しいものの購入への資金不足の補塡」（23.6%），「クレジットカードの支払い資金不足の補塡」（21.7%）となっている。また，現在借り入れのある者のうち，借入残高が年収の3分の1を超える者は21.6%に及んでいる。そして，いわゆる「ヤミ金融」（無登録業者）の「利用経験あり」は8.8%となっている。

（2）消費からの排除

　近年では，電気や電話といった公共サービスだけでなく，「サブスク（subscription）」と呼ばれる定額払いの商品やサービスも増えている。クレジットや引き落としで定額料金を支払うことで動画・音楽・マンガの配信，洋服や家具のレンタル，パソコンソフトや車のレンタル等のサービスを受けられるというものだ。

　こうしたサブスクを利用するには安定した十分な収入がなければならず，貧困状態にある人々はそのような資源を活用する暮らしからいっそう排除されていくことになる。クレジットカードやスマホ等による「キャッシュレス決済」といった支払い方法も，延滞履歴のある人々は利用できないことが多い。こうした「消費からの排除」「金融からの排除」は今後ますます拡大していくだろう。

注

(1)　稲葉剛（2009）『ハウジングプア──「住まいの貧困」と向きあう』山吹書店。
(2)　岸恵美子編（2021）『セルフ・ネグレクトのアセスメントとケア──ツールを活用したゴミ屋敷・支援拒否・8050問題への対応』中央法規出版。

参考文献
稲葉剛ほか編（2018）『ハウジングファースト──住まいからはじまる支援の可能性』山吹書店。
小熊英二（2019）『日本社会のしくみ──雇用・教育・福祉の歴史社会学』講談社。
垣内国光ほか編（2020）『子ども家庭福祉』生活書院。
周燕飛（2019）『貧困専業主婦』講談社。

武川正吾ほか編（2021）『よくわかる福祉社会学』ミネルヴァ書房。

中野円佳（2019）『なぜ共働きも専業もしんどいのか――主婦がいないと回らない構造』PHP 研究所。

西原和久・杉本学編（2021）『マイノリティ問題から考える社会学・入門』有斐閣。

松本俊彦編（2019）『「助けて」が言えない――SOS を出さない人に支援者は何ができるか』日本評論社。

嶺重慎ほか編（2019）『知のスイッチ――「障害」からはじまるリベラルアーツ』岩波書店。

渡辺一史（2018）『なぜ人と人は支え合うのか』筑摩書房。

学習課題

①　この章で学んだ「就労」「住居」「家族」「健康」「教育」「負債」という 6 つの生活実態に関して，あなた自身は特にどの点に不安を覚えるか，その不安の中身について具体的に考えてみましょう（話し合ってみましょう）。

②　この章で学んできたように，貧困は個人の問題だけでなく，社会制度や政策課題によってもたらされている場合があります。制度や政策を見直すことで改善できることがあるとすれば，それは何か，またどのような制度・政策が必要であるかを考えてみましょう（話し合ってみましょう）。

第3章

貧困状態にある人に対する福祉の理念

　生活保護（公的扶助）は生活に困窮している人が利用できるとされているが，実際には生活に困窮していても生活保護を利用しようと考える人は決して多くない。そこにはさまざまな理由が考えられるが，公的扶助や福祉政策の理念が十分に理解されていないことがある。こんにちのような公的扶助が成立する以前は誰が，どのような意図をもって貧困に対処していたのか。そこでは貧困者はどのような存在として扱われてきたのか，そしてなぜこんにちの公的扶助が成立するに至ったのか。本章では貧困や貧困者に対する考え方の変化を整理したい。

1　貧困と福祉

　コロナ禍のこんにちでは，貧困という事象が特定の誰かではなく誰の身にも起き得るものである，ということが広く可視化・共有されたように思われる。その一方で，自分が貧困状態に陥ったときに何ができるか，どうするべきかといった部分については，私たちは日本国内においてさえ，共通認識をもてていないのではないか。本章では貧困や貧困状態にある人（以下，貧困者）に対して，福祉がどのような理念をもとに向き合ってきたのかを見ていく。

　貧困をはじめとする生活上のさまざまな問題に対して，私たちは自分自身や家族・親族の力で対処したり，公的な制度を利用したりすることで対処している。社会福祉は「個人が社会生活をしていく上で遭遇する障害や困難に対して，社会福祉政策，地域社会，個人などが，独自にあるいは相互に協働しながら，これを解決あるいは緩和していくための諸活動の総体」とされる。本章での福祉は，こんにちの公的扶助が成立するまでに貧困者の多様な支え手が存在したことを踏まえ，この定義を援用する。その中でも特に公的な貧困政策を重視す

る。

　現代では多くの国で公的な社会保障制度が整備され，国民の生活を保障し貧困にも対処するようになっているが，社会保障制度が成立をみる以前は，貧困への対処は貧困者本人や家族等の自助，共同体内部での相互扶助，篤志家等による慈善や救貧制度として表れていた。

　現在のように社会保障制度が国民の生活を保障するものとして明確に規定されるようになったのは20世紀半ばに入ってからのことである。多くの国において社会保障制度が整備され，生活上のリスクから貧困に陥るのを予防する役割を社会保険制度が担い（防貧機能），貧困に陥った者に対しては公的扶助制度が救済をする（救貧機能）方式が主流となった。しかしながら，貧困に対する捉え方や貧困者に対する視線は一定ではなく，時代により変化してきた。

2　貧困と資本主義社会

（1）共同体内の相互扶助

　貧困問題の出現と拡大は資本主義社会の登場・発展とともにあった。資本主義社会以前の封建社会においては，生活上のさまざまな問題については共同体内における相互扶助によって対処されてきた。この時期，貧困は共同体にとって生存を脅かす存在であり，自衛手段として相互扶助が行われていた。

　たとえば中世ヨーロッパでは，農民は領主に対する身分的な従属と引き換えに最低限ではあったが生存は保障されていた。生活苦や伝染病の危険がある中で，共同体内で相互扶助が行われ，労働能力のない老人，病人，孤児や障害者は不十分ながら一定の救済が行われていた。また，共同体外の貧民に対してはキリスト教会による慈善事業が不十分ではあったが行われていた。[4]

（2）「道徳的欠陥者」に対する就労の強制

　15世紀後半からはじまった封建社会の崩壊と資本主義社会への移行とともに，[5]それまでの封建社会における支援は機能しなくなり，多数発生した貧民が浮浪者として都市に増加し社会不安を引き起こした。この時点で貧困の捉え方や貧困者に対する視線は，封建社会における共同体内での生存のための相互扶助から，都市の治安維持や労働力確保のために浮浪者に就労を強制することに変化していた。[6]

　こうした背景には，封建社会から資本主義社会への移行に伴い，身分や土地に縛られた人々が賃金労働者に変貌していったことがあるが，それに加えて「貧困となる原因は個人的な責任である」とする考えの存在が挙げられる。すなわち，貧困に陥るのは「（普通に生活している）われわれとは異なる」「怠惰で努力不足な（＝道徳的欠陥のある）」者であって，そうした者に対しては就労を強制することでさまざまな問題を解決できるとするものである。

（3）救貧費抑制のための救済

　市民革命を通して政治的には議会制に移行し，また資本主義社会が拡大することで資本家階級が政治的にも経済的にも影響力を行使するようになった。18世紀後半の産業革命を経て社会全体の生産力も急激に増大し社会は豊かになったが，資本家と労働者間の貧富の差も拡大した。資本家と労働者が分化する中で，余剰の労働力（相対的過剰人口）が生み出され，景気循環による失業が発生し貧民のさらなる増加を招いた。貧民を労働力化する必要性が薄れたことで，増大する救貧費に対しては資本家階級からその抑制が求められるようになった。

　たとえばイギリスでは1662年に居住地法が，1722年にはワークハウステスト法が制定された。これらは移動の自由を制限し，ワークハウス（労役場）への強制収容について定めていたが，いずれも救貧費の抑制をねらったものでもあった。⁽⁷⁾また，1834年には貧民に対してより抑圧的な性格の**改正救貧法**（**新救貧法**）が制定された。改正救貧法は労働能力のある貧民に対する救済はワークハウスへの収容に限られ，貧民に対して与えられる救済の水準は最下級の労働者の生活水準よりも劣っていなければならないとする**劣等処遇**の原則（principle of less-eligibility）が適用されるなど，非人道的・懲罰的な制度であった。

　こうした救貧費の抑制を求め，非人道的・懲罰的な制度が制定された背景にも，貧困となる原因を個人の道徳的欠陥に求める考えがあった。また当時主流であったアダム・スミスやマルサスに代表される新自由主義的思想の影響を大きく受けており，国家は市民の生活に極力干渉しない「夜警国家」であるべきとする考えが根強かった。そして救済を利用する貧民に対しては独立心に欠けるとする批判がなされた。そのため救済も貧民の生活を保障することや，旧救貧法のような貧民の労働力化を促進することではなく，非人間的・懲罰的な救済を行うことで救済の利用を思いとどまらせ，救貧費の抑制を図ることがめざされた。⁽⁸⁾

（4）社会的な貧困対策の必要性

　貧困の個人的責任を重視し，公的な貧困の救済よりも救貧費の縮減や貧民の自助による救済を主眼とする考え方は，19世紀半ば以降に貧困が大衆化・深刻化する中で変化していった。

　イギリスにおいてはブース（C. Booth）やラウントリー（B. S. Rowntree）らの貧困調査を契機として，予想された以上の貧民が確認されたこと，そして個人レベルの努力ではどうすることもできない生活実態が明らかとなったことで，社会的な貧困対策の必要性が認識されるようになった。

　また貧困の個人的責任に反対する立場であったベアトリス・ウェッブは1909年の王立救貧法委員会の報告書の中で，国家が国民の最低限度の生活を保障する「ナショナル・ミニマム」の必要性を唱えた。

　労働者の中からも生活の安定を求める声が高まり，社会主義の勃興をおそれる政府・資本家は労働者運動を弾圧しつつも，一定程度その要求に応えざるを得なかった。その結果，各国で社会保障制度が成立し，[9]第二次世界大戦後に福祉国家が成立する素地となった。

3　福祉の理念

　資本主義社会の発展は貧困を生み，その拡大を促進したが，一方で民主主義の発展にも寄与し，人権思想の成立につながった。人権思想は貧困・格差が拡大する中で次第に資本家のみならず労働者にとっても自らの権利を護る手段として機能するようになった。

　市民革命当初，資本家階級は国家からの介入なく，自由な経済活動を行うことを追求していた（自由放任主義）が，これが自由な意思決定と活動を保障する自由権として成立した。また，産業革命後に資本家と労働者の格差が拡大し，経済的弱者を保護する社会権が求められるようになった。

　第二次世界大戦の惨禍を経て，1948年の**世界人権宣言**で人権が国際的に保障[10]されるようになる。その前文では「基本的人権，人間の尊厳及び価値並びに男女の同権についての信念を再確認し」とされており，第 1 条では「すべての人間は，生れながらにして自由であり，かつ，尊厳と権利とについて平等である。人間は，理性と良心とを授けられており，互いに同胞の精神をもって行動しなければならない」ことが謳われている。

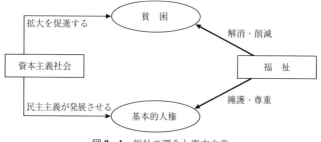

図 3-1　福祉の理念と資本主義

出所：筆者作成。

　生活上の課題に対処する福祉は，資本主義社会が生み出した貧困を解消・削減し，資本主義社会のもとで発展してきた民主主義の核心である基本的人権を擁護・尊重することを理念としている（図3-1）。

4　基本的人権の尊重と貧困の解消

　人権は，人間が生まれながらにして有している権利である。[11]人権はこれまでの歴史の中で，個人が権力（多くの場合最大の権利侵害者は国家である）に対抗し自由を獲得する闘争を積み重ねてきた結果の産物である。現代でこそ多くの国で，人は個人として尊重され対等の存在であることが共有されており，自分の人生について，何を考え，どこに住み，どのような教育を受け，何を信じ，どのような職業に就き，どのような人生を送るか決定できることが当たり前だと認識されている。しかし歴史を振り返れば，かつてはそうした自由が存在しない時代が長く，それゆえ国家に対して個人の権利を拡張するよう求める闘争が行われ続けてきた。

　日本国憲法も近代の人権思想に基づいて制定されており，「個人の尊厳」がその根本的な価値として捉えられている。そして日本国憲法において，**人権**は以下のように規定されている。

　第11条　国民は，すべての基本的人権の享有を妨げられない。この憲法が国民に保
　　障する基本的人権は，侵すことのできない永久の権利として，現在及び将来の国
　　民に与へられる。

> 第97条　この憲法が日本国民に保障する基本的人権は，人類の多年にわたる自由獲
> 得の努力の成果であつて，これらの権利は，過去幾多の試錬に堪へ，現在及び将
> 来の国民に対し，侵すことのできない永久の権利として信託されたものである。

> 第12条　この憲法が国民に保障する自由及び権利は，国民の不断の努力によつて，
> これを保持しなければならない。又，国民は，これを濫用してはならないのであ
> つて，常に公共の福祉のためにこれを利用する責任を負ふ。

　第11条，第97条では人権が永久に不可侵であること（永久不可侵性），人間が人間であることに基づいて当然に有する権利であること（固有性），人間であれば普遍的に備わっていなければならない権利であること（普遍性）を明文化している。

　第12条では永久不可侵の人権であっても，私たち一人ひとりが人権を保つ努力を怠れば実質的に失われたのと同じことになることが示唆されている。現在の私たちの行動が将来世代の享受する人権内容に大きく影響することを踏まえて，社会の成員一人ひとりが行動することが重要である。

　「個人の尊厳」は大日本帝国憲法下で全体主義的な体制や「家」制度によって，すなわち国や家のために個人の権利が侵害された経験からこれらを否定し，個人主義を選択したことを表している。個人主義とは「人間社会における価値の根元が個々の人間にあるとし，何よりも先に個人を尊重しようとする原理」である。そして「個人の尊厳」を最重視する考え方は「個人の尊重」として憲法第13条に表れている。

> 第13条　すべて国民は，個人として尊重される。生命，自由及び幸福追求に対する
> 国民の権利については，公共の福祉に反しない限り，立法その他の国政の上で，
> 最大の尊重を必要とする。

　第13条は幸福追求権と呼ばれており，第14条以下の人権の源となっている。また第25条の**生存権**はこれまで貧困者の権利を保障する根拠として考えられてきた。

> 第25条　すべて国民は，健康で文化的な最低限度の生活を営む権利を有する。
> 　　　国は，すべての生活部面について，社会福祉，社会保障及公衆衛生の向上及
> び増進に努めなければならない。

　貧困は決して過去の問題ではなく，現在進行形の問題であることを忘れては
ならない。近年，SDGs として世界的に17項目の目標が掲げられている。その
中で，「貧困をなくそう〜あらゆる場所で，あらゆる形態の貧困に終止符を打
つ〜」「飢餓をゼロに〜飢餓に終止符を打ち，食料の安定確保と栄養状態の改
善を達成するとともに，持続可能な農業を推進する〜」「すべての人に健康と
福祉を〜あらゆる年齢のすべての人の健康的な生活を確保し，福祉を推進する
〜」とする目標も掲げられている。日本国内を見ても，ワーキングプア，ホー
ムレスや子どもの貧困をはじめとして依然として多くの問題が未解決で残され
ている。またコロナ禍によってさまざまな貧困が顕在化して社会に突きつけら
れており，その解決に向けた取り組みが求められる。

　貧困者支援だけでなく福祉に関わる者すべてには，生活保護制度をはじめと
する社会保障制度の利用が，個人の尊厳を傷つけ，人権を損なうことにならな
いように（たとえば居住の自由や職業選択の自由が奪われる，意思表示の機会が奪わ
れる，あるいは社会に不要な存在であると誹謗中傷を受ける，差別や偏見の対象とされ
るなど枚挙に暇がない）細心の注意を払い不断の努力を続けてほしい。そして連
帯こそが肝要であることを忘れないでいただきたい。今一度，何のための福祉
であるのかを確認する作業が求められている。

注
(1)　2021年8月13日に厚生労働省がツイッターにおいて「『生活保護の申請は国民の
　　権利です。』生活保護を必要とする可能性はどなたにもあるものですので，ためら
　　わずにご相談ください」（厚生労働省アカウントより）などと発信したが，このこ
　　とは多くの者にとって生活保護制度が利用をためらわれるものと考えられているこ
　　とを示している。
(2)　本章においては，公的扶助の対象となる貧困だけでなく低所得や生活困窮も射程
　　に捉えながら，それらを総称して貧困とする。
(3)　山縣文治・柏女霊峰編（2013）『社会福祉用語辞典　第9版』ミネルヴァ書房。
(4)　キリスト教会は十分の一税と呼ばれる寄付金を集めて救貧，医療や教会運営等に

充てていた。

(5)　浮浪者が増加した要因として，囲い込みによって農民が土地を追われたこと，封建家臣団の解体で家臣が，ギルドの解体で職人が，修道院の解体で僧侶がそれぞれ貧困化したことが挙げられる。

(6)　たとえばイギリスで制定されたエリザベス救貧法は，地方ごとに行われていた救貧行政をはじめて国家単位で組織した点に特徴があったが，法律の目的は貧民の救済ではなく治安維持であった。そのため浮浪・乞食行為を取り締まり，貧困者を労働能力の有無で峻別し，労働能力のある者には就労を強制した。

(7)　この後，救貧院での救済（院内救済）以外に自宅での救済（院外救済）を認め，救貧税から賃金補助を定めたギルバート法や（1782年），最低生活費に満たない額を救貧税から賃金手当として支出するスピーナムランド制度（1795年）が定められたが，救貧費の増大を招き貧民の独立心を損なうとの批判がされた。

(8)　19世紀後半に篤志家による慈善組織協会（COS）が発達したのは，救貧法による公的な救済が限定的であり，貧困が拡大・顕在化していたことが要因の一つとして挙げられる。

(9)　イギリスのほかに，はじめて社会保険を導入したドイツ（1883年の疾病保険，1884年の災害保険，1889年の老齢・廃疾保険）や，はじめて社会保険と公的扶助をあわせて「社会保障（Social Security）」と呼称したアメリカが挙げられる（1935年の「社会保障法」）。

(10)　世界人権宣言は条約ではないため法的な拘束力はない。これに法的拘束力をもたせたものが国際人権規約である。

(11)　人権は大きく自由権，社会権，参政権と国務請求権に分類される。自由権は基本的人権の中でも最も基本的な権利であり，国家からの干渉・侵害等から個人の自由を守る権利を指す。その性質上，自由権は非常に幅広い内容を有している。社会権は個人の自由と生存に必要な諸権利を国家に要求するものである。

(12)　大日本帝国憲法において，人権は臣民が天皇から賜ったものであって，「法律ノ範囲内ニ於テ」と法律による留保を受けるなど無条件に保障されるものではなかった。

(13)　宮沢俊義（1971）『憲法Ⅱ　新版』有斐閣。

(14)　また幸福追求権を根拠としてプライバシーの権利，自己決定権，環境権など憲法には記されていないさまざまな新しい人権が主張されている。

(15)　Sustainable Development Goals（持続可能な開発目標）の略称である。2015年9月に国連サミットで採択され，国連加盟国が2016年から2030年までの期間で達成するために掲げた目標である。

学習課題

① 貧困を解消・削減するために，国にはどのような対策が求められるか。また私たち個人には何ができるか，何をするべきか話し合ってみよう。

② 基本的人権はどのようにして実質的に失われてしまうか。また，失われないようにするためにはどのような活動が必要だと思われるか，意見を出し合ってみよう。

第4章

貧困観とスティグマ

本章では人々の貧困に対する見方，すなわち貧困観と，貧困と公的扶助制度に付随するスティグマについて理解を深める。長きにわたり，貧困は個人に対して責任を求める時代が続いてきた。その後，社会科学に則った学問的調査によって，貧困は個人の自己責任だけによる問題ではなく，社会の中には一定数の貧困が必然的に存在するということが明らかとなった。

また，貧困者に対する制度は，社会保険制度とは異なり，対象となる人々に直接的な費用負担を求めないことを基本としている。そのため，当該制度は貧困者に該当するか否かの調査（資力調査）を実施する。公的扶助政策の対象となる人々に対するバッシングが行われている現在の社会では，制度対象となる者への風当たりが強く，当事者のスティグマを強化している。本章では，貧困観の変遷とともに，貧困が人々に与えるスティグマの影響について学んでほしい。

1　貧困観とは何か

（1）個人的貧困観と社会的貧困観

貧困観とは，人々の貧困に対する見方である。人々は貧困事象を目の前にしたとき，その原因や責任をどこに求めるのであろうか。また，いかなる現象に対して貧困との呼称を与えるのであろうか。

かつて，貧困は個人に対してその原因を求める考え方が主流であった。これは，貧困を解決するのは個人の努力であって，社会の問題ではないとする個人的貧困観に基づいた考え方である。

しかし，資本主義社会では必然的に失業・貧困が生まれてしまうことや，生まれながらの不平等や特性の違いによる格差があることが，種々の社会調査に

より明らかになった。そこで個人的貧困観に代わって台頭してきたのが社会的貧困観である。

　社会的貧困観は，貧困を社会の問題であると捉える。そのため，この問題を解決していくためには，社会による介入が必要であるとの見方を提示する。社会的貧困観が定着している国では，国家が国民に保障する最低限度の生活水準であるナショナル・ミニマム概念によって，社会保障制度が整えられた。公的扶助を受けることは，国民の権利であるとされる。

（2）自己責任論の台頭

　近年の日本社会では，自分のことは自分で主体的に責任をもって行うこと，自分の人生は自分で切り開いていくことをよしとする見方が支持されている。⁽¹⁾

　このような見方は，個人的貧困観を強化する作用をもたらす。**自己責任論**は，物事の結果に対する責任を自分自身で担うべきであるとする考え方である。それはすなわち，どのような結果が生じてもその責任主体は本人であるということである。

　よって，自己責任論が広まった社会では，貧困の原因もすべて個人に求められることになる。この思考様式の欠点は，結果のみに注目している点である。人々の平等は日本国憲法において保障されているものの，人々の間にはまず，結果に至るまでのスタートラインに違いがある。たとえば，裕福な家庭に生まれた子どもと，貧しい家庭に生まれた子どもでは，勉強に取り組むためのスペースや教育に投資する家庭の財力，親の学業への理解等の文化資本に差がある。その差を直視することなく，結果だけをもってその責任を個人に課すことを自己責任論は促す。

（3）作られる貧困観

　貧困観は，社会の構成員であるわれわれ一人ひとりが明確にもっているものではない。社会が形成する貧困に対する姿勢，たとえば生活保護制度を利用する者に対するバッシングなどが作りあげた貧困の言説が，「ふつう」の貧困観として，社会の中で支配的になるものである。⁽²⁾こんにちにおいても，貧困者に対する世間からのバッシングは各地で展開されている。⁽³⁾自分自身がもっている貧困観は，いかなる情報によって形成されているのか。それは，メディアが発している偏ったものではないのか。各自による点検が常時必要であろう。

2　公的扶助におけるスティグマ

（1）スティグマとは何か

　スティグマとは何であろうか。たとえば『社会福祉用語辞典　第 9 版』には，以下のように用語の説明が行われている。[(4)]

　　原義 stigma は犯罪者や奴隷などの身体に入れた焼き印を意味し，社会において忌避し，排除すべき存在として，他と明確に区別するためにつけられた刻印。キリスト教カトリックにおける神の恩寵を示す身体の聖痕という意味合いのほか，好ましくない社会的属性として，個人の身体上の障害や欠点，性向や人格上の特異性のほか，人種など集団の劣等性を示す。社会関係においては，スティグマを負わされることによって，正常／健常者（集団）との差異化が生じ，逸脱者あるいは逸脱集団というラベルが貼られ，そこに差別構造が生み出されると考えられる。

　上記は，本章の主題である貧困問題といかように連関があるのであろうか。日本社会において，スティグマが貧困問題の文脈上で語られる場合，それは日本の公的扶助制度である生活保護利用者に与える影響の一つとして取り上げられる。生活保護制度は，憲法第25条に規定された「健康で文化的な最低限度の生活」を守るためのものであり，生活保護を利用することは，国民の権利である。よって，生活保護制度が問題なく運営されていれば，それを利用する者はスティグマを背負うことはないはずである。しかし，現状はそのようになっていない。

（2）日本における公的扶助政策史とスティグマ

　貧困問題がスティグマと関連している要因は，日本の公的扶助政策史の中に求めることが可能である。日本政府は，第二次世界大戦後から，こんにちに至るまでの間に生活保護「適正化」政策を随時遂行してきた。[(5)]戸田典樹によると「適正化」政策は，2021（令和 3 ）年現在までに 4 度の期間にわたって実施されてきたとされている。[(6)]

　生活保護「適正化」政策は，用語本来の意味において実施されるのであれば，

生活保護を必要としている利用者が漏れなく保護を受けることができるように支援すること（漏救の予防）ならびに，生活保護が必要な状態ではないにもかかわらず保護を利用している者を発見する努力を行うこと（濫救の防止）の両輪をもって行われる。

　しかし，これまで実施されてきた日本の生活保護「適正化」政策は，濫救の防止に重点を置き，漏救に対しては積極的な働きかけが行われてこなかった。特に，1981（昭和56）年に厚生省（当時）によって発出された「生活保護の適正実施の推進について」（いわゆる「123号通知」）は，生活保護の不正受給防止を目的としたものであり，よりいっそう，濫救を防ぐための取り組みが推進されることとなった。

　上記の取り組みは，生活保護利用者に対して，強いスティグマを与えるものである。なぜなら，「123号通知」[7]に代表される生活保護「適正化」政策は，これまで述べてきた通り，濫救を防ぐためのものであり，その背景には，生活保護利用に対する国からの制度利用者に対する不信感がある。政策として，濫救を防ぐ取り組みを推進するということは，生活保護を利用したい者や実際に利用している者に対して，疑いの眼をもつことにつながる。「この利用者は，もしかすると不正受給をしているのではないか？」「本当に生活保護を必要としているのか？」「嘘をついているのではないか？」との視点を現場の生活保護ソーシャルワーカーがもたざるを得ない状況が作られ，これは，生活保護の水際作戦を強化することにも結びつく。

　これら一連の政策は，生活保護を国民の権利として捉える視点ではなく，それを利用することは望ましくないこととして，可能な限り生活保護を利用しない生き方を人々に推奨するものであるといえよう。このような状況の中で，生活保護の利用を希望する者や，実際に利用する者は強いスティグマを背負うことになる。このように，日本の貧困政策は，貧困問題とスティグマを結びつける政策を実行し，さらにそれを強化する方向へベクトルを向けてきたのである。「123号通知」は，「行政改革」の一環として出されたものであるが，生活保護行政の性格を変えただけでなく，社会保障全体の性格を変えた転換点として位置づけられている[8]。

（3）こんにちにおける貧困問題とスティグマ

　貧困問題とスティグマを結びつける政策は，こんにちにおいても形を変えて

存在し続けている。たとえば，「地域共生社会」の実現に向けた取り組みの中では，「自助・共助・公助」の重要性が叫ばれている。筆者がここで注目したいのは，これらの用語順序である。ここでは，自助を先頭に，それに次いで共助を，最後に公助を位置づけている。これは，政策を提案している国が，国民に対して，日々の生活の中で困難な事象が発生した場合には，まず自分で問題を解決するよう努力することを求めていると読み取ることが可能である。

　自助に続いて共助が位置づけられているのは，自分で問題を解決しようと努力したが，それが叶わない場合には，地域住民が手を取り合って助け合うことが望ましいと考えられているからである。

　自己の努力では問題は解決に至らず，地域の支え合いの中でもそれが叶わなかった場合において，最後に登場するのが生活保護制度をはじめとした公助である。生活保護制度は，社会保障の中で「最後のセーフティネット」と呼ばれているが，こんにちの「地域共生社会」実現に向けた取り組みは，まさにその役割を強調するものであるといえる。

　上記において公助が最後に位置づけられていることの意味は，公助を受けることは最後の手段であり，可能な限りそれは避けるべきであるとするメッセージを政府が国民に対して発信していると読み取ることが可能である。これは，国民に公助を受けることを躊躇させ，それを受ける場合には，受け手にスティグマを感じさせることにつながる。公助を最後の手段に位置づけるこんにちの政策は，貧困問題とスティグマの関係性をより強化する方向に機能しているといえよう。

　この問題がわれわれに教示しているのは，スティグマの強弱を決めるのは当該社会の在り方であるということである。たとえば，上記の「自助・共助・公助」の順序について，公助を先頭に配置転換するだけでも，そこから発せられるメッセージの意味合いは大きく変化する。困難な事柄が発生した際には，国をはじめとした公的機関が先頭に立って人々に支援の手を差し伸べる社会であれば，人々は公助を受けることに躊躇いをなくす。それは，公助とスティグマのつながりを弱める機能を果たし，結果的に貧困問題とスティグマとの関係性を弱めることにつながるのである。

　スティグマに関する問題を解決するには，当該社会における階級，社会規範，人々の権力関係やアイデンティティなど多様な視点からのアプローチが必要であるが，その一つとして政治の方向性がある。政治の在り方を決めるのは，わ

れわれ国民一人ひとりの力である。スティグマについて考えることは，どのような社会が自分たちにとって望ましいかを一人ひとりが考え，投票をはじめとした行動に移すことの重要性をあらためて示しているといえよう。

　日本では近年，生活困窮者自立支援法の制定や子どもの貧困対策などで貧困問題に対する施策が充実してきている側面がある。その一方，国の政策は，生活保護利用者に対するスティグマをより強化する方向で機能している面も存在している。

　2014（平成26）年からは，生活保護の不正受給防止のために，福祉事務所の調査権限の拡大や扶養義務者に対する報告の求めを行うこととなった。これらは，福祉事務所の生活保護ソーシャルワーカーがよりいっそう，生活保護利用者に対し疑いの眼をもつことを強めるものである。一部の不正受給を行う者に対する対策は必要なことであるものの，それを行うために生活保護を利用するすべての者に対して疑念の眼を向ける政策を実施し，利用者のスティグマをより強化する政策が，こんにちにおいてもなお実行されているのである。

　日本における保護の捕捉率は20％から30％であり，本来，生活保護を利用できるにもかかわらず，それを受けていない人々が多数存在している。そのような中で，上記の政策は，生活保護制度をより利用し難いものへと変化させるものである。こんにちの日本において生活保護制度をはじめとする公的扶助は，連帯やたすけあいの仕組みであると強調される一方，周囲の「迷惑」を気にしなければならないものとなっている現状がある。⁽⁹⁾

　生活保護の利用者をより厳選して対象者を絞ることは，自殺者や餓死者を増加させ，犯罪を誘発する原因ともなり得るものである。⁽¹⁰⁾スティグマを強化する方向ではなく，それを弱めるための政策実行が求められる。

3　貧困観と貧困意識

（1）絶対的貧困観と相対的貧困観

　青木紀は，大学生，民生委員等，連合労働組合員に対して貧困観の調査を実施した。⁽¹¹⁾表4-1は，調査対象者に対して「貧困」という言葉を聞いて（見て）思い浮かべるイメージについてたずねた結果である。ここでは，どの対象集団でも「テレビや新聞で知る途上国や戦災国の生活」と「戦前や敗戦直後に見られた日本の生活」の数値が高くなっている。また，「過去あるいは現在の自分

表 4 - 1　貧困観の調査

「貧困」ということばを聞いて（見て），以下の内容を思い浮かべましたか，あるいは思い浮かべますか（「はい」「いいえ」「無回答」のうち「はい」の割合　単位：％）。

	大学生 （N＝873）	民生委員等 （N＝1547）	連合労働組合員 （N＝854）
戦前や敗戦直後に見られた日本の生活	71.5	72.7	69.0
ホームレスの人々の生活	70.8	46.7	53.0
生活保護世帯の生活	52.5	36.3	36.4
テレビや新聞で知る途上国や戦災国の生活	87.3	84.6	85.6
過去あるいは現在の自分自身の生活	6.0	11.6	16.5
政治家や国民の精神的な意味での貧しさ	23.1	54.0	38.3
「清貧の思想」「名もなく貧しく美しく」といった生き方	4.8	15.0	7.5

出所：青木紀（2010）『現代日本の貧困観——「見えない貧困」を可視化する』明石書店，125頁。

自身の生活」や「『清貧の思想』『名もなく貧しく美しく』といった生き方」などの有名なフレーズや作品のイメージはどの調査対象集団も低い数値結果となっている。

　筆者がここで注目したいのは，「ホームレスの人々の生活」と「生活保護世帯の生活」に対する，集団間での数値差である。これらの質問に対しては，調査対象集団の中で，大学生が最も高い数値を示している。また，「途上国や戦災国の生活」「戦前や敗戦直後に見られた日本の生活」と貧困は比較的容易に結びつくのに対して，ホームレスや生活保護世帯の生活は，調査対象集団間での差が大きく，貧困のイメージに結びつかない者も多い。この結果は，人々の貧困に対するイメージの固定性とそれに対する摑みにくさを示しているといえよう。

　では，ホームレス状態にある人や生活保護世帯は貧困であるのか否か。それに対する絶対的な正解は存在しない。しかし，こんにちにおいては発展途上国や戦災国の人々のみを貧困であるとする見方（絶対的貧困観）は影を潜めている。それに代わって登場してきたのは，相対的貧困観である。

　相対的貧困観は，当該社会における構成員との比較の視点を導入している。絶対的貧困観が人々の生存を維持するための基準に着目するのに対して，相対的貧困観は，当事者が生きる社会の人々との比較に注目する。これは，貧困の捉え方が，時代や地域によって変化することを示している。この考えに従えば，

たとえばこんにちの日本において，冷蔵庫を所有することができない者は貧困であると考えることも可能である。なぜなら，現在の日本では冷蔵庫は広く社会に普及しており，それがある生活が一般的であるとされているからである。

（2）貧困とはどのような状態かの指標

　私たちは，どのような状態を貧困と考えているのだろうか。それは，発展途上国に暮らし，その日の食糧調達さえもままならない人々が置かれている状態であろうか。このような状態は，多くの人々が貧困であると認め得るものである。

　しかし，こんにちの日本では日々の食事に事欠き，餓死に至るケースは極めて稀である。では，日本社会には貧困問題は存在しないのであろうか。

　子どもと貧困概念が結びつき，「子どもの貧困」との用語が誕生したのは，2008（平成20）年である。以降，こんにちに至るまで，子どもの貧困に関する種々の調査や研究が蓄積されてきた。では，子どもの貧困とは一般的にどのように理解されているのだろうか。ここでは，国際比較の視点から考えてみることとする。

　阿部彩は，イギリスの社会学者タウンゼント（P. Townsend）の「相対的剥奪」概念を用いて，「最低限必要なもの」を社会全体に選択してもらう「合意基準アプローチ」によって，貧困の測定を行った。その結果，一般市民の過半数が「希望するすべての子どもに絶対に与えられるべきである」と支持するのは，「朝ご飯」「医者に行く」「遠足や修学旅行などの学校行事への参加」「学校での給食」「手作りの夕食」「高校・専門学校までの教育」「絵本や子ども用の本」であった。

　一方，イギリスにおける近似の調査では，日本での調査よりも多くの項目が一般市民から支持を受けている。たとえば，おもちゃや靴，洋服などで国による支持率の違いが目立つ。これは，イギリスのみが特段に支持率が高いわけではなく，先進国の中で日本の数値が低いことが指摘されている。次節では，イギリスと日本の貧困観についてより詳しくみてみよう。

4　貧困観の転換と貧困の発見

（1）イギリスにおける貧困の発見

　貧困は，資本主義社会の成立とともに発生し，その初期段階においては貧困状態にある個人に対して原因を求めた。1601年にイギリスで成立したエリザベス救貧法は，国の責任において貧困問題に対峙するための最初の法律である。その趣旨は，貧困状態にある者を社会に危害を与える危険な存在であると捉え，取り締まりを強化し，社会の治安を維持しようとするものであった。この考え方は，1834年に制定された**改正救貧法**においても引き継がれることとなった。新救貧法では，貧困者は最下級の独立労働者以下の扱いを受けることとされ，それは**劣等処遇**の原則と呼ばれた。

　上記の貧困に対する捉え方を一変させたのは，イギリスで行われた2つの社会調査である。それは，**ブース**（C. Booth）による**ロンドン調査**（1886～1891年）と，**ラウントリー**（S. B. Rowntree）の**ヨーク調査**（1899年）である。これらの調査は，貧困の原因を個人に求める個人主義的貧困観からの脱却に導いた。貧困が一部の人の問題ではなく社会全体の問題であるとの認識を人々にもたらす客観的なデータを示した。

　社会には貧困問題が一定数存在することを明らかにしたこれらの調査は，「貧困の発見」としてこんにちまで語り継がれている。

（2）タウンゼントの業績

　「貧困の発見」以降，西欧諸国の多くでは高度経済成長の恩恵を受けることによって，貧困に対する社会からの関心は薄れていく。貧困は徐々に，一部の者のみが該当する特殊な問題であるとする位置づけがなされていく。その中でタウンゼントは，**相対的剝奪概念**を提唱した。これは，ある人の生活状態をある基準に照らしてみた場合に，基準よりもその生活状態が何らかの点において剝奪され，不利益な状態に陥っている点に注目する考え方である[14]。タウンゼントは，表4-2のように12の剝奪指標を提示することによって，自身の貧困観を明らかにしている。

　表4-2の「剝奪指標」は，貧困概念の幅広さと奥深さを示しているといえる。どの項目も当てはまらないという読者は，決して多くないのではなかろう

表4-2　タウンゼントの12の剥奪指標

該当する項目が多いほど「剥奪度」が高いことを意味する。
① この1年間に，1週間以上の長期休暇をとらなかった。
② この1か月間に，親せきや友人を家に招待して食事をしなかった。
③ この1か月間に，親せきや友人と外食に行かなかった。
④ この1か月間に，友人と遊んだりお茶をしたりしなかった。
⑤ 誕生日にパーティーを開くことがなかった。
⑥ この2週間に，娯楽のために夜に外出することがなかった。
⑦ この1週間に，4日以上肉を食べていない。
⑧ この2週間に，調理した食事を食べなかった日が1日以上あった。
⑨ 週のほとんどで，火をとおした朝食をとらなかった。
⑩ 冷蔵庫を所有していない。
⑪ 1カ月のうち，3回以上の日曜日を家族と一緒に過ごさなかった。
⑫ 家に水洗トイレ，洗面所，ふろ，キッチンのいずれかがない。

出所：金子充（2017）『入門 貧困論——ささえあう／たすけあう社会をつくるために』明石書店，73頁。

か。これらの項目に該当することが相対的剥奪を意味し，それは同時に貧困であるとするタウンゼントの考えは，新しい貧困観をもたらした。タウンゼントはエイベル-スミスとともに，1965年に『貧困者と極貧者』を著し，公的扶助基準以下の所得で生活している人々の数が1950年代から1960年代にかけて増加したことを明らかにし，貧困の再発見をしていたが，「剥奪指標」はそれ以前の貧困概念の拡張をもたらした。

（3）日本における貧困の再発見

一方，日本社会では1970年代に高度経済成長が終焉したのちにおいても，「一億総中流」が表面的には維持されてきた。しかし，21世紀に入り，格差社会論が叫ばれるようになってきた。それは，経済格差[15]，意欲格差[16]，希望格差[17]など多方面でさまざまな呼称が与えられ，議論が展開されてきた[18]。

その後，格差社会論は貧困論へと形を変化させた。特に，2008（平成20）年に発生した世界金融危機（リーマン・ショック）は，日本社会にも大きな影響を与え，同年末には「年越し派遣村」が建設されるに至った。これは，リーマン・ショックによって大量の派遣切りが生じた影響によって，経済的困窮に陥った多くの元派遣労働者が行き場を失った結果である。これまで潜在化していた貧困問題を日本社会が再発見した出来事であったといえよう。

　年越し派遣村を主導した湯浅誠は，貧困者が置かれている状況を理解するための概念として，「五重の排除」論を提出している[19]。これは，貧困の状態に至る背景としてさまざまな排除があると考えるものである。それらは第 1 章でもみたように，教育課程からの排除，企業福祉からの排除，家族福祉からの排除，公的福祉からの排除，自分自身からの排除としてまとめられる。貧困者の多くは，低学歴であり，雇用保険や社会保険に加入していない。また，その多くは家族関係が複雑で，支援をしてくれる親類をもたない。生活保護行政は，利用者に対する水際作戦やスティグマを強める政策を展開しているために，公的福祉にもたどりつきにくい。

　多様なセクターから排除された者は，最終的に自分自身からの排除に至る。これは，将来に対して希望をもつことができず，自分自身が生きる意味や意義を見出せない状態を指す。近年の自助や自己責任を強調する政策展開は，これまで歩んできた人生の責任は，本人にあるとの思考様式をとるため，より自分自身からの排除を誘発しやすい。いくら政策や制度を充実させたとしても，本人が自分自身を信頼して生きる意味を見出せなければ，貧困問題に関する施策は意味をなさないだろう。

　日本においても貧困の再発見がなされたこんにち，当該問題の解決には，貧困状態に至った本人が自信をもち，人生に希望を見出せるようなきめの細かい支援が求められている。

　本章では貧困観とスティグマに焦点を当てて話を進めてきた。人々の生存の維持に大きな関心をもってスタートした貧困観は，その後，当該社会における人々との比較の視点を用いた相対的貧困観概念が提出されたことによって，より広がりをみせる。一方，スティグマは貧困問題と親和性がある。こんにちにおける日本の政策はそれをより強化する方向に向かっている。日本は憲法によって，「健康で文化的な最低限度の生活」が保障されている社会である。それを実現するためには，社会の中に多様な意味での社会的貧困観が蓄積され，公的扶助とスティグマの関係性を弱める働きかけが行われることが必要である。

注
⑴　金子充（2017）『入門　貧困論──ささえあう／たすけあう社会をつくるために』明石書店，87頁。

(2)　(1)と同じ，109頁。

(3)　大山典宏（2013）『生活保護 vs 子どもの貧困』PHP 研究所。

(4)　杉井潤子（2013）「スティグマ」山縣文治・柏女霊峰編『社会福祉用語辞典　第9版』ミネルヴァ書房，222〜223頁。

(5)　大友信勝（2000）『公的扶助の展開——公的扶助研究運動と生活保護行政の歩み』旬報社。

(6)　戸田典樹（2021）『公的扶助と自立論——最低生活保障に取り組む現場実践から』明石書店，45〜47頁。

(7)　「123号通知」とは，1981年11月17日に発出された，社保第123号厚生省社会局保護課長・監査指導課長通知「生活保護の適正実施の推進について」を正式名称とするものである。「123号通知」は，次のような特徴を有し，その後の生活保護第三次「適正化」政策を推し進める根拠となったものである。生活保護申請時に，申請に係る世帯の資産・収入について詳細な申告書の提出を求め，かつ，記載内容が事実に相違ない旨記入し署名押印してもらうこと。福祉事務所において保護の適用に関し必要な資産・収入のため，預金，稼働収入等について，銀行，信託会社，社会保険事務所等，関係先への照会について，申請者から同意書を提出してもらうこと。田中秀和（2019）「生活保護ケースワーカーの資格制度に関する歴史的考察——関連する事件と政策の分析を中心に」『立正社会福祉研究』20，1〜21頁参照。

(8)　江口英一・川上昌子（2009）『日本における貧困世帯の量的把握』法律文化社，29〜30頁。

(9)　(1)と同じ，115頁。

(10)　綾木保人（2013）「生活保護『改革』のどこが『間違いだらけ』なの？」生活保護問題対策全国会議編『間違いだらけの生活保護「改革」』明石書店，16〜20頁。

(11)　青木紀（2010）『現代日本の貧困観——「見えない貧困」を可視化する』明石書店。

(12)　阿部彩（2014）『子どもの貧困Ⅱ——解決策を考える』岩波書店。

(13)　阿部彩（2008）『子どもの貧困——日本の不公平を考える』岩波書店，180〜210頁。

(14)　(1)と同じ，71頁。

(15)　橘木俊詔（1998）『日本の経済格差——所得と資産から考える』岩波書店。

(16)　苅谷剛彦（2001）『階層化日本と教育危機——不平等再生産から意欲格差社会へ』有信堂。

(17)　山田昌弘（2004）『希望格差社会——「負け組」の絶望感が日本を引き裂く』筑摩書房。

(18)　田中秀和（2011）「日本における格差・貧困に関する議論の動向——格差社会論から貧困論へ」『新潟医療福祉学会誌』10(2)，54〜58頁。

⑲　湯浅誠（2008）『反貧困——「すべり台社会」からの脱出』岩波書店，59～62頁。

学習課題

①　自身の貧困観について，それがどのような情報をもとに形成されたのか考えてみ
　よう。

②　利用者のスティグマを強化することになる政策について調べ，具体例を挙げてみ
　よう。また，利用者のスティグマを軽減するための各地における取り組みについて
　調べてみよう。

第5章

世界における貧困に対する制度の歴史

　本章では，イギリスに限定して，救貧法から福祉国家の成立期までの期間を中心に貧困に対する制度の歴史を確認する。救貧法は労働能力で貧民を区分し，強制的な就労や劣悪な環境の施設への入所を強いるなど，自由までも奪うスティグマを伴う救貧制度であった。この制度は，どのような経過をたどって権利に基づく制度に変わってきたのだろうか。

　救貧制度の展開を確認しながら，制度変遷の背景にある経済の状況や人々の生活状況，すでに確認した貧困観などの変化にも注目し，社会の中で制度がどのような役割を果たしていたのかを考えてみよう。

1　エリザベス救貧法の誕生

　救貧法（1601年法）は，イギリスにおいてはじめて国家によって組織的に行われた救貧制度である。この制度は，**エリザベス救貧法**（旧救貧法）と呼ばれる。

　エリザベス救貧法は，キリスト教会の区分である教区ごとに貧民監督官を配置した。貧民監督官は貧民の直接的な保護・観察を行うとともに，教区に領地をもつ地主層から救貧税を徴収した。また，貧民を労働が可能か不可能かという観点で次の3つに分類しそれぞれに異なる対応をとった。①「労働能力のある貧民」は仕事に必要な資材を提供し強制的に労働させ，働くことを拒否すると懲治院に強制的に入所させた。②「労働能力のない貧民」には教区から救済を実施した。③「扶養できないとみなされる児童」は，徒弟奉公（親方の元に住み込みで働き技術習得をめざす制度）に出した。

　国家による組織的な救貧制度が誕生する背景には何があったのだろうか。中世封建時代のイギリスでは，領主や地主が土地を所有し農民を土地に縛りつけ

労働と地代を求めた。農民は領主に従属する身分であり農民はみな貧しい生活をしていた。貧困は当然のことであり問題とされなかったのだ。障害者，老人，病人など労働ができなくなった人や両親を失った児童に対しては，村落共同体の支え合いがあった。家族や親族といった「血縁」や，近隣に住む者同士といった「地縁」によってその生活を支え合っていたのだ。領主や地主も，凶作によって飢え苦しむ人が増えたり，伝染病が発生したときには慈恵的な救済を実施した。これらで解決できないときは，キリスト教会が貧民の救済を行っていた。農民は領主・地主や村落共同体によって自由や権利を制限されるが，この体制の中にいる限り一定の生活は保障された。

　このような仕組みは貨幣経済の進展とともに解体され，多くの貧民や浮浪者が生み出された。その要因の一つが「囲い込み」⁽¹⁾であるとされる。地主たちが収益を求めて共有地や耕地に柵を立てて囲い込み，当時価格が上昇していた羊毛を得るために羊を育てた。その結果土地や生産の手段を失った農民が土地から追い出されたのだ。追い出された農民は住居と仕事を失い浮浪せざるを得ず，仕事を求めて都市部に集まった。そこでも仕事を得ることができなかった人々は浮浪者となり，物乞いや犯罪の温床となり社会的な問題となっていく。

　これらの社会問題に対応し，治安維持の対策を講じることが求められた。救貧法の第一歩といわれる「1531年法」では，浮浪を禁止し「労働能力のある貧民」と「労働能力のない貧民」を区別した。「労働能力のある貧民」は出生地などに強制的に送り返し，「労働能力のない貧民」に対して物乞いの許可書を発行することが規定された。「1547年法」は，労働能力があるにもかかわらず働かない貧民に対して，胸や顔に焼印を押したうえで強制的に労働させるというさらに厳しい制度となった。スティグマ（焼きつけられた刻印）が実際に存在したのである。エリザベス救貧法はこれらの集大成であり，治安を維持するために浮浪者や物乞いへの対応を目的としてはじまったものだった。

2　改正救貧法成立への展開

　エリザベス救貧法が制定された当時のイギリスは，国王が絶対的な権力をもつ絶対王政を確立した時代であった。しかし，この体制は産業資本家（ブルジョワジー）などを中心としてはじまる市民革命⁽²⁾により崩壊し，国王がもっていた多くの権力が議会に移り民主化が進んでいく。

　救貧行政は教区にゆだねられることとなり，「労働能力のある貧民」に対して より強く労働を強制することになる。その背景には，救貧費を抑えたい教区 の思惑と，貧民を労働の担い手と捉え国家に貢献させようとする「貧民の有利 な雇用論」という考え方があった。その結果，救済を求める貧民は「ワークハ ウステスト法」（1722年）によってワークハウス（労役場）での院内救済が強制 されるようになる。当初ワークハウスは「労働力のある貧民」を収容し労働さ せるものであったが，次第に「労働能力のない貧民」なども収容され，過酷な 生活が強いられた。このようなワークハウスに収容されることの拒絶感は救貧 の抑制につながったのである。

　18世紀末から19世紀にかけての産業革命による機械化の進展は新たな貧民層 を増大させた。エリザベス救貧法では対応が困難となり，人道主義的な動きが 出てくる。「ギルバート法」（1782年）[3]は，院外救済（在宅での救済）を認めたも のである。さらに賃金補助の仕組みである「スピーナムランド制度」（1795年）[4] も作られた。

　資本主義が進展していく当時，「自由放任の思想」[5]が拡大した。これは，国 家は市民生活に強制や干渉をせず貧民の救済に積極的に関わるべきではないと いう考え方である。また，公的に貧民を救済することは貧民をなまけさせ，不 摂生を助長するという「絶対的過剰人口論」[6]も広がった。これらの考え方を背 景として**改正救貧法（新救貧法）**」（1834年）が制定される。

　改正救貧法の特徴は，①全国的統一の原則（救済は全国的に統一した方法で行 うこと），②**劣等処遇**の原則（救貧法によって救済を受ける人々の生活は，就労して いる最下層の労働者の生活水準よりも低くなるようにすること），③収容主義の原則 （「労働能力のある貧民」の院外救済を禁止し，厳しい処遇を課すワークハウスに収容す ること）の3つに整理できる。

　人道主義的な制度は廃止され，貧民に対して厳しい対応がとられた。これは， 貧困は個人の責任であるとする考え方に基づくものであり，貧民は差別的に扱 われた。加えてワークハウスにおける劣悪な処遇や選挙権の剥奪は，さらに受 給への拒否感を高め，多くの人を救済から遠ざけた。このような救貧行政の不 足を補うために多くの民間慈善団体が活動し，**慈善組織協会**（COS）が設立さ れるのもこの時期である。

3　「貧困の発見」以降の貧困に対する制度

　1873年からはじまる「大不況」と呼ばれる長期の不況によって，人々の生活はさらに困窮していった。特に労働者は劣悪な住環境の中で生活し，病気がまん延した。このような状況にある人々の生活状況の詳細は以下に紹介する２つの調査から明らかになる。調査の結果，貧困の原因は怠惰や浪費といった個人の責任ではなく，低賃金や不規則労働などの雇用に関する要因や，生活環境から生じる病気といった社会の問題であることが明らかになった。これは，貧困観を大きく転換するものであり，後に「貧困の発見」と呼ばれる。
　①　ブースによる東ロンドンでの調査（1886〜1891年）
　ブース（C. Booth）は，社会階層によって階層区分を行い，「貧困線」を使い貧困とそうではない状態を区分した。その結果人口の約３割が貧困であり，理由は不規則労働や低賃金などの雇用問題や，多子，劣悪な住居・衛生環境を要因とする病気にあることを明らかにした。
　②　ラウントリーによるヨーク市での調査（1899年）
　ラウントリー（S. B. Rowntree）は栄養学の観点から「最低生活費」を科学的に分析した。貧困世帯を肉体の維持ができないくらいの食事しかとることのできない第一次貧困と，肉体の維持のみは可能な生活水準である第二次貧困の２つに分類している。さらに，貧困に陥る要因は，病気，老齢，失業，低賃金，多子であることを示した。
　20世紀に入ると，改正救貧法の見直しが求められるようになり1909年には，「王立救貧法委員会」によって報告書が作られた。この報告は，「多数派報告」と「少数派報告」の２つに分かれている。「少数派報告」は「ナショナル・ミニマム（国民最低限）」を保障する仕組みを確立すべきであるとして救貧法の解体を求めた。この報告は救貧行政の改革に取り入れられることはなく，改正救貧法の枠組みを維持しつつ新たな対応をしていくこととなる。
　この新たな対応を「リベラル・リフォーム」[7]と呼ぶ。その内容や規模は不十分ではあったとされるが，労働者に対する生活保障の仕組みが作られはじめたのだ。無拠出制老齢年金法（1908年）や最低賃金制度（1909年），国民保険法（1911年）などが相次いで成立する。
　国民保険法は，健康保険と失業保険で構成された。失業保険は事前に保険料

を支払うことによって保険給付を受ける「保険方式」で特定の失業者への最長
15週間の短期的な給付を行う仕組みとしてはじまった。予防の観点からの「防
貧」政策であったといえる。

その後，世界大恐慌による失業の長期化や第一次世界大戦（1914～1918年）
の退役軍人への補償[8]のために長期の給付を行う必要性が生じる。失業保険制度
を複数回改正したが対応しきれず，失業法（1934年）による「失業扶助」が作
られた。これは，ミーンズテスト（資力調査）を実施し長期給付を行うもので
あった。これにより「労働能力のある貧民」と救貧法で呼ばれた多くの人々が
新たな制度を利用することになり，救貧法は基本的に「労働能力のない貧民」
を対象とすることになる。

4　福祉国家の成立と展開

第二次世界大戦終盤に「ベヴァリッジ報告[9]」が示される（1942年）。ベヴァ
リッジ報告は，窮乏を根絶することを目的とし，「ナショナル・ミニマム」を
保障する制度として社会保障を確立させることを示した。その方法として社会
保険を重視し，公的扶助はそれを補うものであるとした。この報告は，「ゆり
かごから墓場まで」の福祉国家の見取り図となったものとしてよく知られる。
福祉国家（welfare state）という言葉は，「戦時国家（warfare state）」に対する
言葉として誕生したものだ。福祉国家成立・発展の背景には，戦争や戦後復興
期の経済成長があったことも見逃せない。

第二次世界大戦後にはベヴァリッジ報告を受けて，家族手当法（1946年），国
民保健サービス法（1948年），国民扶助法（1948年）と次々と法律が制定され，
福祉国家体制が整えられていった。

国民扶助法は国民保険法の不足を補い，人々の最低生活を維持する所得を保
障するものだ。この法律によって貧民に対して抑圧的に対応しスティグマを伴
う歴史をもつ救貧法が廃止された。しかし，扶助に伴うスティグマが完全にな
くなったわけではなかった。タウンゼントらによる調査[10]では，福祉国家体制下
でのイギリスの貧困者の存在や，困窮状態にあっても国民扶助を受給しない
人々の存在が明らかにされた。これを「貧困の再発見」という。

これを受けて1966年には，国民扶助は「補足給付」に改称された。補足給付
制度は，老齢者には補足年金を，その他の人々には補足手当を支給するものだ。

表 5-1　イギリスの貧困に関する制度などの展開

年	貧困に関する制度などの動き
1531	救貧法（1531年法）〈「労働能力のある貧民」と「労働能力のない貧民」を区別。〉
1547	救貧法（1547年法）〈労働意欲のない貧民の処罰強化，焼印の実施。〉
1601	エリザベス救貧法〈貧民を「労働能力のある貧民」「労働能力のない貧民」「親が扶養できない貧民」に区分。教区を単位に貧民監督官を配置貧民への対応と救貧税の徴収を実施。〉
1722	ワークハウステスト法〈労役場（ワークハウス）での院内救済を強制。〉
1782	ギルバート法〈労働能力のあるものは院外救済する仕組みの導入。〉
1795	スピーナムランド制度〈最低生活費に不足する賃金補助制度。〉
1834	改正救貧法〈1. 全国統一の原則，2. 劣等処遇の原則，3. 収容主義の原則。〉
1869	慈善組織協会（COS）設立
1886〜1891	ブースによるロンドン調査〈ロンドン人口の約3割が貧困であり，原因は不規則就労，低賃金，疾病，多子であることを解明。〉
1899	ラウントリーによるヨーク市調査〈貧困の原因は疾病，老齢，失業，低賃金，多子であることを解明。〉 ⇒「貧困の発見」
1909	救貧法及び貧困救済に関する王立委員会による報告書提出〈多数派報告と少数派報告どちらも不採用。〉
1911	国民保険法〈健康保険と失業保険。失業保険は保険方式で短期給付を実施。〉
1934	失業法〈無拠出制，資力調査を実施し長期給付を実施。〉
1942	ベヴァリッジ報告〈ナショナル・ミニマムが基本理念。社会保険を中心とし，公的扶助はそれを補完すると規定。〉
1948	国民扶助法〈すべての人々の最低生活を保障することが規程。ミーンズテストを実施。〉救貧法の完全廃止。
1965	エイベル-スミス，タウンゼント『貧困者と極貧者』出版。 ⇒貧困の再発見
1966	補足給付制度〈補足年金や補足手当の支給。ミーンズテストや手続きを簡略化。〉
1988	所得補助制度（IS）〈補足給付制度から変更。支給金額に年齢別格差を導入。〉

出所：筆者作成。

　ミーンズテストの簡素化などの改善も行い救済の拡大とスティグマの軽減を図り，権利としての所得保障が確立された。イギリスの貧困に対する制度の展開は，救貧法のもつスティグマを解消することをめざすものであったともいえる。

　さて，最後にこんにちのイギリスの貧困に関する制度への経過を簡単に紹介しよう。

　1970年代には，長引く経済不況と国家財政の危機を迎える。深刻な不景気の要因はさまざまなものであったが，福祉国家の手厚い生活保障が労働者から働く意欲を失わせる要因となっており，「福祉依存」であると批判を生むようになる。

　1980年代には，社会保障にかかる費用を削減する政策が進められ福祉国家路線から脱することとなる。貧困に関わる制度としては，「社会保障法」(1986年) を制定し，従来の補足給付制度を「所得補助制度 (IS)」と改正 (1988年)，25歳以下の若者の給付基準を低く設定し就労を促進しようとする面もあった。以降も「ワークフェア」と呼ばれる就労促進の仕組みが導入されている。

　制度の面では貧困に対する制度を含め，複雑な福祉関連給付の仕組みを簡素化するため，単一の普遍的給付制度 (ユニバーサル・クレジット) を導入し完全移行がめざされている。

注
(1)　「第1次囲い込み」である。需要の増えた毛織物の原料として羊毛の価格が上昇し，領主や地主が羊を育てる牧草地にするために共有地だった野原を柵で囲い込んだことから「囲い込み」(エンクロージャー) といわれる。17世紀後半から18世紀には農業革命に伴う「第2次囲い込み」が起こる。このとき都市部に流出した人々は工場労働者となった。
(2)　ピューリタン革命 (1638〜1660年) と名誉革命 (1688年) を指す。絶対王政を打倒し世界に先駆けて人権など近代市民社会の原則を確立した。
(3)　トーマス・ギルバート議員によって提出されたことから「ギルバート法」と呼ばれる。「救貧法の人道主義」を法律上で確認し，労働能力のある貧民に院外救済 (在宅における救済) を認めた。
(4)　院外救済としての賃金補助制度であり，パンの価格と家族数に応じて計算する最低生活基準に不足する金額を手当として補助する仕組みである。
(5)　イギリスのアダム・スミスやフランスのフランソワ・ケネーによって主張された。自由主義思想は，国家の機能は外敵の防御・国内の治安維持など最小限という役割のみであるとする夜警国家論を導いた。
(6)　トーマス・ロバート・マルサスによる。人口と食糧の関係を論じ，もともと一定の数の人々を養うに足るだけの食糧しかない中で発生する貧困は，個人的な怠惰・不注意によって引き起こされたものであり，公的救済は貧民の怠惰を助長し，勤労意欲を失わせると論じた。この論は，支配階級にスピーナムランド制度廃止の論拠

とされた。

(7)　1906年の総選挙で誕生した労働者階層を支持基盤とする自由党内閣による一連の社会立法を指す。「労働争議法」（1906年），「教育（学校給食）法」（1907年），「職業紹介法」（1909年）など，労働者やその家族の立場を守ろうとするものであった。

(8)　国のために戦争で戦った退役軍人をスティグマの伴う救貧制度で救済することへの抵抗があった。このような考え方は日本でも同様に存在した。

(9)　『社会保険と関連サービス』と題する報告書だが，ウィリアム・ベヴァリッジ委員長の名前をとって「ベヴァリッジ報告」と呼ばれる。戦争後のイギリス社会の再建を導くものであった。

(10)　ピーター・タウンゼントとブライアン・エィベル－スミスによる調査は，政府の「家計支出調査」を使用し，貧困率が10％以上に達していることを明らかにした。

(11)　保守党党首であったマーガレット・サッチャーによって主導された政策は「サッチャリズム」と呼ばれる。小さな政府をめざし市場の原理を重視するものであった。新自由主義改革ともいわれる。

参考文献

一番ケ瀬康子・高島進編（1981）『社会福祉の歴史』有斐閣。
右田紀久恵・高澤武司・古川孝順編（2001）『社会福祉の歴史——政策と運動の展開　新版』（第2刷（補訂））有斐閣。
大沢真理（1986）『イギリス社会政策史——救貧法と福祉国家』東京大学出版会。
樫原朗（1973）『イギリス社会保障の史的研究1　救貧法の成立から国民保険の実施まで』法律文化社。
金子光一（2005）『社会福祉のあゆみ——社会福祉思想の軌跡』有斐閣。
厚生労働省（2020）「海外情勢報告（本文）」（https://www.mhlw.go.jp/wp/hakusyo/kaigai/21/　2021年9月13日閲覧）。
高島進（1995）『社会福祉の歴史——慈善事業・救貧法から現代まで』ミネルヴァ書房。

学習課題

①　第6章の日本の展開も確認し，イギリスと日本の貧困に対する制度の共通点と相違点を探してみましょう。

②　エリザベス救貧法は，国家や社会からのどのような役割が期待されたものであったのかを考えてみましょう。

第 ⑥ 章

日本における貧困に対する制度の歴史

　本章は，日本における貧困に対する制度の歴史を学ぶことを目的にしている。具体的には，1874（明治7）年に制定された恤救規則から1950（昭和25）年の生活保護法（新法）[1]の制定までを分析対象としている。第二次世界大戦前の救貧制度と戦後に作られた公的扶助制度の違い，制度の対象を考える際の一般扶助主義と制限扶助主義の違い，制度運用に関わる行政機関の役割をキーワードに歴史の展開過程をみていく。こんにちの生活保護制度の現状を念頭に置きながら，歴史が展開していく中で変わった点，時代を経ても共通している点を考えてほしい。現在の制度の現状を分析するためには，その制度の成り立ちを理解することが重要である。

1　第二次世界大戦以前の救貧制度

（1）救貧制度と公的扶助制度

　まずは救貧制度と公的扶助制度の概念を整理する。それが第二次世界大戦前後の制度の特質の違いを表しているからである。**公的扶助制度**は各国や時代によって細かい制度設計で異なる点は存在するが，①貧困という事実に応じて給付が行われること，②国民が申請権あるいは請求権を有していること，③財源は国や自治体によって全額賄われていること，④制度の運営は行政機関が行っていることは共通している[2]。つまり，現代社会においては一定数の生活困窮者が存在していることを前提として，それが社会構造的に発生するが故に，国や自治体が制度の運営に責任をもち（義務），国民はそれを権利として受給できるという考え方に立っている。一方，**救貧制度**は①と③は公的扶助制度と共通であるが，②と④が異なっている。②の国民が権利として制度を受給するないしは請求するという考え方はとっておらず，④については行政機関も制度の運

用には大きく関与しているが私的機関（日本の救護法でいえば方面委員など）が運用に携わっていることもある。救貧制度と公的扶助制度の違いは，国や自治体が果たす義務と国民に保障される権利の違いであり，救貧制度は恩恵的思想に基づいた制度設計になっている。

　また，第二次世界大戦前後の制度を比較するうえで重要なのは，一般扶助主義か制限扶助主義かということである。現在の生活保護制度でも「働けるのに生活保護制度を受給するのはおかしい」という批判が根強く存在する。1950（昭和25）年に制定された生活保護法（新法）は，一定の要件を満たした場合にすべての人が制度を利用できる一般扶助主義をとっている。たとえ働いていても，働ける人でも，一定の所得以下で要件を満たせば制度を受給することはできる。それは第7章でも説明されている通りである。一方，第二次世界大戦以前の救貧制度は対象者を限定していた。法律の条文を表6-1にまとめたが（正確にいえば，恤救規則は規則であって法律ではない），恤救規則と救護法は最初から制度の対象者を限定している。これを制限扶助主義という。1946（昭和21）年に制定された生活保護法（旧法）は，一般扶助主義をとりながら第2条で受給対象から一部の人を除外するための「**欠格条項**」を定め，制度の受給者を制限していた（詳細は表6-1の通りである）。

　ここで重要なのは，日本における貧困に対する制度は救貧制度から公的扶助制度へと発展はしているが，実際の生活保護制度の運用はどうなっているのかという視点で分析するということである。

（2）救貧制度の展開過程

　次に，第二次世界大戦以前の救貧制度の展開過程をみていく。生活困窮に陥った者への救済としては，地縁や血縁を頼りにした相互扶助や明確なシステムになっていなくても為政者による救済はいつの時代も存在した。国や自治体のシステムとして成立したのは，1874（明治7）年の**恤救規則**である。表6-1で示したように，恤救規則は極端な制限扶助主義をとり，運用については自治体（県）に任せていため，救済される国民はわずかであった。表6-2に救貧制度の展開過程を示した。恤救規則を改善するために生活困窮者を対象とした法律（窮民救助法案や救貧法案など）の制定は帝国議会に提案されたが，制定に至っていない。結果的に恤救規則は約50年間維持された。

　1929（昭和4）年に**救護法**が制定された。恤救規則が十分に機能しなかった

表6-1　各制度の目的に関する条文

恤救規則（1874（明治7）年）
済貧恤救ハ人民相互ノ情誼ニ因テ其方法ヲ設ヘキ筈ニ候得共目下難差置無告ノ窮民ハ自今各地ノ遠近ニヨリ50日以内ノ分左ノ規則ニ照シ取計置委曲内務省ヘ可伺出此旨相違候事

救護法（1929（昭和4）年）
第1条　左ニ掲グル者貧困ノ為生活スルコト能ハザルトキハ本法ニ依リ之ヲ救護ス
1　65歳以上ノ老衰者
2　13歳以下ノ幼者
3　妊産婦
4　不具廃疾，疾病，傷痍其ノ他精神又ハ身体ノ障碍ニ因リ労務ヲ行フニ故障アル者

生活保護法（旧法）（1946（昭和21）年）
第1条　この法律は，生活の保護を要する状態にある者の生活を，国が差別的又は優先的な取扱をなすことなく平等に保護して，社会の福祉を増進することを目的とする。
第2条　左の各号の1に該当する者には，この法律による保護は，これをなさない。
1　能力があるにもかかはらず，勤労の意思のない者，勤労を怠る者その他生計の維持に勤めない者
2　素行不良な者

生活保護法（新法）（1950（昭和25）年）
第1条　この法律は，日本国憲法第25条に規定する理念に基き，国が生活に困窮するすべての国民に対し，その困窮の程度に応じ，必要な保護を行い，その最低限度の生活を保障するとともに，その自立を助長することを目的とする。

注：恤救規則は身寄りがないことを前提として，廃疾者（現在の障害者），70歳以上の高齢者，重病人，13歳以下の子どもが対象だと明記している。
出所：筆者作成。

うえに，恐慌による経済不況，社会保険の整備，社会事業の実践（岡山県の済世顧問制度や大阪府の方面委員制度），内務省に社会局が設置されるなど，環境が大きく変化していた。ただし，財政的な理由もあり制度の運用がはじまるのは1932（昭和7）年からであった。

　救護法は前述の①と③の要件は不十分な点がありつつも満たしている。②については国や自治体が果たす義務については認めていても，制度の受給について国民の権利は認めていない。また，④についても自治体に救護法の担当部署は存在したが，私的機関が関与する制度運用になっていた。その点で，救護法は救貧制度と位置づけることができる。表6-1にあるように，制限扶助主義を継続していることも大きな課題であった。不十分な点がありつつも，他の社会制度の影響を受けながら積極的側面があったのも事実である。

表 6-2　日本における貧困に対する制度の歴史

1874（明治7）年	恤救規則の成立
1890（明治23）年	窮民救助法案提出（制定されず）
1897（明治30）年	恤救法案及び救貧税法案提出（制定されず）
1899（明治32）年	行旅病人及び行旅死亡人取扱法の制定
1902（明治35）年	救貧法案提出（制定されず）
1908（明治41）年	恤救規則による国庫支出引締め通牒の発信
1917（大正6）年	岡山県で済世顧問制度の導入
1918（大正7）年	大阪府で方面委員制度の導入
1929（昭和4）年	救護法の制定
1937（昭和12）年	軍事救護法を軍事扶助法と改正。母子保護法の制定
1938（昭和13）年	厚生省設置（それまでは内務省内に部局あり）
1941（昭和16）年	医療保護法の制定
1942（昭和17）年	戦時災害保護法の制定
1945（昭和20）年	生活困窮者緊急生活援護要綱を閣議決定
1946（昭和21）年	日本国憲法及び生活保護法（旧法）の制定
1948（昭和23）年	民生委員法の制定
1950（昭和25）年	生活保護法（新法）の制定
1951（昭和26）年	社会福祉事業法の制定

出所：小川政亮（1995）『増補新版　社会保障権――歩みと現代的意義』自治体研究社，292～296頁をもとに筆者作成。

（3）対象者別制度の広がり

　制度運営の体制が整ったことにより，制度の受給者が大幅に増加したことは積極的側面の一つといえる。たとえば，恤救規則の末期である1931（昭和6）年末の救済人員は約3.1万人であった。その5年後の1936（昭和11）年度には約20.5万人（居宅が約18.4万人，収容が約2万人）が救護の対象となっていた[3]。体制が整備されることによって，制度の受給者が増加することの証左といえる。

　また，この時期は対象者別制度が制定された。具体的には1937（昭和12）年に制定された軍事扶助法と母子保護法，1941（昭和16）年に制定された医療保護法である。個別には細かい違いがあるものの，各制度は戦争を原因とする傷病や生活困窮に対して，国が生活を保障するという点では共通していた。救護法を補完する役割を期待されていたが，結果的に生活困窮に陥った原因別（原因が戦争に起因するか否か）に制度が利用されることになった。軍事扶助法，母子保護法，医療保護法の制定は軍事優先体制の確立と指摘されることもある。

　実際に，1945（昭和20）年の各制度の受給者数と総受給者数に占める割合は救護法が約9.3万人（1.7％），母子保護法が約8.5万人（1.5％），軍事扶助法が

約298万人（53.6％），医療保護法が約240万人（43.2％）となっており，のちに厚生省社会局保護課長となる小山進次郎も「前述の如き特別法（母子保護法，軍事扶助法，医療保護法）による救護制度の分散化は，救護制度の基本たるべき救護法に甚大なる影響を与えずにはおかなかった。即ち，救護の対象の多くをこれらの特別法に吸収された救護法は，他の制度を以てしては如何ともすることのできない極めて限られた社会の落伍者を救護する極めて特異な制度となり，このために救護法による救護は一般的に敬遠され，救護法の存在価値が次第に低下するに至った」（括弧内は筆者補足）と指摘している。[4]

2　生活保護法と憲法第25条の制定

（1）第二次世界大戦直後の状況と生活困窮者緊急生活援護要綱

　1945（昭和20）年8月15日に第二次世界大戦は終戦を迎えた。[5]日本国内は生活困窮者が街にあふれており，総飢餓状態や総スラム化ともいわれる状態であった。そのような状況にもかかわらず，日本政府は既存制度の活用でこの困難な状況を乗り切ろうとしていた。また，GHQ／SCAP（連合国軍最高司令官総司令部）も戦争を引き起こした日本政府に対して厳格な態度で臨んでおり，生活困窮に陥った国民の最低生活を維持するという姿勢を持ち合わせていなかった。

　そのような状況の中，全国各地で最低生活の保障を求める「生きるための闘争」が繰り広げられた。それでも，日本政府の態度に変化はみられなかったが，社会不安の防止を目的に GHQ／SCAP が日本政府に対して，最低生活保障制度の設立を要求する。具体的には GHQ／SCAP から日本政府に対して，1945（昭和20）年12月に SCAPIN404「救済ならびに福祉計画に関する件」が指令され，1946（昭和21）年1月から半年間の失業者および生活困窮者に対する包括的な計画の提出を求めた。日本政府からの回答が CLO1484「救済福祉に関する件」である。CLO1484「救済福祉に関する件」では，最低生活保障という用語が使用され，生活困窮に陥った理由を問わずに800万人の生活困難者がいることを推計し，計画が立てられている。具体的には，現行の救護法，母子保護法，医療保護法，軍事扶助法を全面的に調整し，総合的法令を制定することを明記していた。制度の運用を徹底するために，中央および地方政府の援護担当部局を拡充し，専任指導職員の増置，都道府県に有識者を含めた適正実施の

ための委員会の設置を決めた。GHQ／SCAP はこの回答に満足せず，1946（昭和21）年 2 月に SCAPIN775「社会救済」を指令するが，そのことは後述する。

　この間のやりとりの影響があったのかは議論があるが，日本政府は1945（昭和20）年12月に**生活困窮者緊急生活援護要綱**を閣議決定した。生活困窮者緊急生活援護要綱は，一般国内生活困窮者を対象とした。失業者を対象としているのは戦前の救貧制度との違いである。ただ，援護方法は現物給付と役務提供に限られており，既存の組織（町内会や方面委員など）を活用することを前提としていた。新たな制度ができるまでの過渡的制度であったといえる。また，同時期には失業者を救済するために公共事業にいかに失業対策機能をもたせるかという議論がされていた。

（2）日本国憲法の制定と憲法第25条

　戦後日本の公的扶助制度に影響を与えたのは GHQ／SCAP からの指令であるが，日本国憲法制定の動向もみておかなくてはならない。日本国憲法は1946（昭和21）年11月に公布，1947（昭和22）年 5 月に施行されている。公的扶助制度に特に関係するのは憲法第25条であるが，同時期に議論されていたこともあり，生活保護法（旧法）にも大きな影響を与えた。

　憲法第25条をめぐっては，政権与党である日本自由党と野党である日本社会党で激しい議論がされていた。日本社会党は憲法第25条（草案段階では第23条）を根拠に社会的生活保障制度（日本社会党の森戸辰男が用いた用語）の拡充と，社会的生活保障の利用が国民の権利であることを条文に明記するべきだと指摘した。一方，日本自由党は権利であることを明記することに消極的な態度をとり続けた。あわせて，憲法第13条（幸福追求権）があるので権利であることを明記する必要はないと主張した。憲法第25条をめぐっては，社会保障を国や自治体の義務によって拡充することは一致していた。しかし，国民の権利であることを明記すべきか否かについては，意見が対立していた。結果的に憲法第25条第 1 項には国民の権利が明記されているが，政権与党が消極的な態度であったことは後にも影響を与えている。

　また，憲法第25条をめぐる議論の際には，**生存権**と生活権という用語が混在していた。こんにちでは憲法第25条は生存権と呼ばれるのが一般的である。しかし，条文には生存とは書かれておらず，生活を保障する生活権と捉えるべきという主張も存在する。同時期に法学協会が編集した『註解　日本国憲法（上

第Ⅰ部　貧困状態にある人の理解，支援の意義・理念・歴史

巻)』が1948（昭和23）年と1953（昭和28）年に出版されているが，1953（昭和28）年版のみに生存権と生活権の違いが言及されている。1953（昭和28）年版によれば，生存権と生活権では生活権の方が保障すべき生活の水準が高く，その点では憲法第25条は生存権であることが指摘されている。結果的に低い水準の生存権が定着した。憲法第25条が生存権として定着したことについては，戦後の日本社会保障制度に与えた影響も含めて検討が必要になってくる。

（3）生活保護法（旧法）の制定

　次に，生活保護法（旧法）の制定過程と法律の内容についてみていく。生活保護法制定のきっかけは CLO1484「救済福祉に関する件」であることは前述した。GHQ／SCAP は生活困窮者緊急生活援護要綱と CLO1484「救済福祉に関する件」に対して不満があり，1946（昭和21）年2月に SCAPIN775「社会救済」をあらためて指令した。SCAPIN775 は元々 Public Assistance という英語表記で指令されたが，日本政府はこれを社会救済と訳した。本来であれば公的扶助が正しい訳であるが，社会救済と訳したことも日本政府（特に厚生省の官僚）が公的扶助という概念を理解していなかったことの表れといわれている。

　SCAPIN775「社会救済」の内容は多岐にわたるが，公的扶助の4つの原則（国家責任，無差別平等，必要にして十分な救済，公私分離）が示された。これに対して日本政府は1946（昭和21）年4月に CLO2223「救済福祉に関する政府決定事項に関する件報告」を回答した。この報告の中には，生活保護法（旧法）の枠組みが記されていた。そして，帝国議会で生活保護法案が審議されていく。

　河合良成厚生大臣は生活保護法案の提出理由として，生活保護を要する者を広く網羅して生活困窮に陥った理由を問わず無差別平等に取り扱うことや，基本的人権の尊重は民主主義国家における最大の目標であり，生活保護法が果たす役割が大きいことを宣言している。生活保護法（旧法）は確かに公的扶助の原則が取り入れられ，救貧制度と異なる部分も多々ある。しかし，法案の審議過程でも憲法第25条との関連や権利であることの条文への明記，一般扶助主義をとることによって制度の受給者が急増することへの危機感も議論されていた。憲法第25条と同じく生活保護法（旧法）の議論においても，厚生大臣は国民の権利であることを明記するのに消極的な態度をとり続けたことも事実である。

　生活保護法（旧法）は1946（昭和21）年10月から施行された。法律の第1条で

一般扶助主義であることを明確にしたことは意義があるが，第2条で一般扶助主義の意義を損なわせる「欠格条項」が設けられていることや方面委員（のちに民生委員）を補助機関化したこと，何よりも条文が救護法の焼き直しであったことなどの課題を抱えていた。

3　生活保護法の運用と法律改正に向けた準備

（1）生活保護法（旧法）の運用開始

　生活保護法（旧法）が適用された期間は，結果的に新法が施行される1950（昭和25）年5月までの約3年半であった。しかし，救貧制度から公的扶助制度への転換であり，憲法第25条の議論の影響も受けている。何より現在でも適用されている生活保護法（新法）は，旧法の具体的運用をもとに議論されており，旧法が果たした役割は大きいといえる。また，同時期は社会保障や社会福祉や労働に関する法律が整備されていく時期でもあった。

　生活保護法（新法）制定時の厚生省社会局保護課長である小山進次郎は，この3年半の制度運用を「各期における法の運用方針における重点の推移を中心」として，制度普及期（1946（昭和21）年10月～1947（昭和22）年12月），制度整備期（1948（昭和23）年1月～1949（昭和24）年8月），制度改正準備期（1949（昭和24）年9月～1950（昭和25）年5月）に区別している。小山が区別した3つの期ごとに何が議論となり，制度運用と受給状況に変化があったのかをみていく。

　まずは制度普及期（1946（昭和21）年10月～1947（昭和22）年12月）である。制度普及期の特徴は制度を積極的に活用しようとしていたことにある。具体的には，生活保護法（旧法）が戦前の救貧制度と異なる基本原理をもつことや趣旨の普及徹底が指示された。また，制度を受給できるのに利用できていない漏救の防止にまで言及し，「欠格条項」についても慎重に運用する方針がとられた。勤労署（公共職業安定所の前身の機関）に民生委員を常駐させ，失業者に対して生活保護制度を積極的に活用するという方針がとられたこともある。

　制度を積極的に活用するという方針は1947（昭和22）年4月には転換することになる。失業を理由として要保護者と認定される者の数が，勤労署の窓口で求職申込する人数を上回っていることが問題視された。つまり，働けるのに求職活動を行わずに生活保護制度を受給しているのではないかということが疑われた。また，同時期に失業対策としての公共事業が機能強化され，失業保険法

や失業手当法が議論されていたことも影響している。生活保護受給者は1946
（昭和21）年10月時点の約270万人から1947（昭和22）年9月の約321万人へと増
加していた。

（2）制度運用の課題

　次に，制度整備期（1948（昭和23）年1月～1949（昭和24）年8月）をみていく。
この時期の特徴を小山は生活保護行政の「科学化」＝体制整備にあるという。
1948（昭和23）年1月には「生活保護法関係事務の指導実施に関する件」が出
され，指導監査と査察指導が実施されることになった。また，同期時に被保護
者生活状況全国一斉調査が実施され，生活保護受給者約265万人のうち，約83
万人が保護の停止または廃止に追い込まれた。これを小山は「濫救」を防止し
たと評価している。「濫救」とは生活保護受給の要件に満たさない者に対して
も給付が行われることをいい，現在でも生活保護行政批判によく使用される
（後述する濫救診療も同様の意味である）。実際に要件を満たしていないのか，生活
保護行政批判に使用されているのかは注視する必要がある。
　生活扶助基準額改定方法についても組合せ式基準（マーケットバスケット方式）
が採用されて，第8次生活扶助基準額改定（1948（昭和23）年8月）から適用さ
れた。補助機関である民生委員についても，『民生委員読本』が発行され業務
のあり方が示された。後に民生委員による生活保護受給者への人権侵害なども
問題とされることになる。
　生活保護行政は「科学化」＝体制整備されていくことになるが，結果的に生
活保護受給者の生活状況は改善されたのであろうか。ここで生活保護の停止や
廃止になった人々の中には，働いているもしくは働く能力がある人が含まれて
いる。「働けるのに生活保護制度を受給している」ことへの疑問については先
述したが，この時期も同様であり，むしろ体制が整備されていく中で厳格化さ
れていった。救貧制度であれば「働けるのに生活保護制度を受給している」こ
とへの批判は当てはまるかもしれないが，生活保護法（旧法）は一般扶助主義
をとった公的扶助制度である。特に，総合的失業対策（失業保険制度，失業対策
機能をもった公共事業，失業対策事業）が整備されていくと，生活保護制度の運用
において稼働能力者に対して厳格な対応がとられる傾向にある。
　一方，外的な要因で生活保護法（旧法）が見直されることになった。それは
社会保障制度審議会の設置（第1回総会は1949（昭和24）年5月に開催）である。

社会保障制度審議会は内閣総理大臣からの諮問に対して答申する独立した機関であるが,「最低生活保障制度の確立」と社会保障に関する議論をしていた。社会保障制度審議会の公的扶助小委員会では「最低生活保障制度確立に関する勧告案」として議論を進めていたが,結果的には「生活保護制度の改善強化に関する勧告」として1949（昭和24）年9月に内閣総理大臣に提出された。以後,生活保護法（旧法）の具体的運用で出された課題と「生活保護制度の改善強化に関する勧告」に基づいて,法律改正の準備が進められることになる。当初は法律改正の予定であったが,結果的に新たな法律が制定されることになった。

（3）法律改正に向けた準備

　最後に,制度改正準備期（1949（昭和24）年9月～1950（昭和25）年5月）をみていく。なお,法案作成過程と国会での議論は次節で分析することとし,この時期の生活保護行政をめぐる状況と「生活保護制度の改善強化に関する勧告」を中心にみていく。

　「生活保護制度の改善強化に関する勧告」では,無差別平等,最低生活保障における国家責任,保護請求権,不服申立制度の導入など,SCAPIN775「社会救済」で示された公的扶助の原則が取り入れられている。一方で「保護の欠格条項を明確にしなければならない」とされており,一般扶助主義の意義を失わせる旧法最大の問題を法律に明記させようとしていた。また,民生委員の積極的活用なども含まれていた。

　なぜ,「生活保護制度の改善強化に関する勧告」はこのような矛盾をはらんだ内容になっているのであろうか。それは生活保護行政の運用方針をみていけばわかる。制度整備期で「働けるのに生活保護制度を受給している」ことへの批判が強まり,対応が厳格化されたことは前述の通りである。そのため,生活保護制度の適用を求める社会運動や労働運動が全国で頻発した。社会運動や労働運動はときに生活保護行政の窓口で先鋭化した。厚生省はこれらの生活保護制度の適用を求める運動（集団申請）を「暴力集団」や「感情的」と批判し,より厳格な対応をとることを明確化した。総合的失業対策（失業保険制度,失業対策機能をもった公共事業,失業対策事業）が整備されていく中で,実際に働ける場所があるのかどうか,働けるとして最低生活保障を満たしているのかどうかということではなく,「働けるのに生活保護制度の受給を求めている」と捉えられるようになった。ただし,この時期の総合的失業対策の実施状況をみても,

生活保護制度が不要になるほどの制度設計はされていなかった。

　上記のような状況で，生活保護法（新法）案は作成され，国会で審議がされて可決することになる。そして，戦後の生活保護行政体制が確立していく。

4　新しい生活保護法の制定

（1）生活保護法（新法）をめぐる議論

　生活保護法（新法）案は1949（昭和24）年11月から厚生省社会局保護課で作成されはじめ，1950（昭和25）年 3 月に国会に提出されている。法案の作成過程では，社会保障と社会福祉にまたがる法律として最低生活保障と自立助長が明記された。一方，保護請求権と必要十分な予算計上の原則を明記する案も出ていたが，結局は削除された。憲法第25条の理念を具体化するといっても，権利であることを明記する条文には慎重な対応をとっていた。

　1950（昭和25）年 3 月に林譲治厚生大臣が生活保護法（新法）案提出の理由として 5 点挙げて説明している。1 点目は憲法第25条（生存権）の理念を具体化したことであり，保護の内容を法律に明記し慈恵的色彩の一掃を行ったこと，2 点目は不服申立制度が法律上の制度として確立したこと，3 点目は保護実施主体を訓練された有給専門職員の活用と協力機関としての民生委員とし，法の運営における両者の責任区分を明確にしたこと，4 点目は教育扶助および住宅扶助を新たに創設したこと，5 点目は濫救診療を防ぐために医療機関の指定制度の確立と監査制度の実施が制度化されたことである[7]。

　法案をめぐって議論がされたが，ここでも争点は稼働能力者への対応であった。質問をする議員からは「失業者はどのぐらいいるのか」「失業を理由とした生活困窮者に対して適切な対応がされているのか」という趣旨の質問が出されても，厚生大臣や厚生官僚は「失業者数を把握していない（推測はしている）」「失業対策を実施しているのでまずはそちらで対応する」といった答弁をしている。一般扶助主義を徹底しようとした質問とは別に「働けるのに生活保護制度を受給している人がいるのではないか」「生活保護制度が受給者を制度へ依存させているのではないか」という趣旨の質問が別の議員からされた。

　このやりとりからも，救貧制度から公的扶助制度への発展，制限扶助主義から一般扶助主義への転換がいかに困難であるのかがわかる。

（2）生活保護法（新法）の意義と課題

　生活保護法（新法）は1950（昭和25）年5月から施行された。第7章で生活保
護法の条文の解説はされているが，本項では成立過程からみた意義と課題につ
いてふれたい。

　生活保護法第1条には「この法律は，日本国憲法第25条に規定する理念に基
き，国が困窮するすべての国民に対し，その困窮の程度に応じ，必要な保護を
行い，その最低限度の生活を保障するとともに，その自立を助長することを目
的とする」と書かれている。憲法第25条の理念を具体化したことが明記された
のは意義があるし，最低生活保障（社会保障）と自立助長（社会福祉）を目的と
していることにより公的扶助制度の枠組みを超えた法律となっている。時代背
景を考えれば先進的な法律であったことは事実であるが，憲法第25条をめぐる
議論については先述した通りであるし，旧法最大の問題であった「欠格条項」
と自立助長を関連づけて議論されたこともあった。

　生活保護法（新法）には4つの**基本原理**（国家責任，無差別平等，最低生活，保
護の補足性）と4つの**基本原則**（申請保護，基準および程度，必要即応，世帯単位）
も明記された。こんにちでも法律の枠組みは変わっていない。4つの基本原理
のうち，国家責任，無差別平等，最低生活は公的扶助制度の基本原則に則った
ものであり，制度を受給する者の権利を保障する条文となっている。しかし，
保護の補足性は制度の受給に際して「あらゆるものを活用」することを求めて
おり，他の3つの基本原理とは性格を異にしている。自己責任原則を表したも
のであるという指摘もあり，4つの基本原理としてよいのかという課題も存在
する。

　法律制定時には妥当性があったものでも，法律制定から70年以上が経過した
現在からあらためて法律の内容を検討する必要がある。

（3）生活保護行政体制の確立

　生活保護法（新法）が制定されるとともに，戦後の生活保護行政体制が確立
するのもこの時期の特徴である。まずは補助機関として生活保護行政の一端を
担っていた民生委員が協力機関となり，自治体が業務全般を担うことになった。
ただし，民生委員の協力機関化についても厚生官僚が「民生委員の役割がなく
なるわけではない」という趣旨の国会答弁をしている。

　生活保護行政の実務については，1950（昭和25）年に創設された社会福祉主

事が担うことになった。社会福祉主事は生活保護法（新法）のみならず，同時期に制定された児童福祉法と身体障害者福祉法の業務を担うことも期待されていた。社会福祉主事創設に関わった厚生官僚が残した著書からは，社会福祉の専門職を配置することの意気込みを読み取れる。

　また，生活保護行政を担う自治体には，福祉に関する事務所（一般的には福祉事務所と呼ばれる）が設置されることになった。福祉に関する事務所については，GHQ／PHW（公衆衛生福祉局）から計画的に厚生行政および機構を完成させるために必要不可欠な「体系整備のための6原則」が厚生官僚に提示されたことがきっかけで創設された。生活保護行政に限られたものではないが，「体系整備のための6原則」とは①厚生行政地区制度の確立，②市厚生行政の再組織，③厚生省により行われる助言的措置および実地事務，④民間社会事業団体に対する政府の関与の停止，⑤社会福祉活動に関する民間の自発的な協議会組織の推進，⑥現任訓練計画の策定と実施と多岐にわたっている。[8]

　ここまで，戦前の救貧制度である恤救規則から公的扶助制度の代表ともいえる生活保護法（新法）の制定までを分析してきた。何が変わって何が変わらなかったのかをみていくとともに，現在の生活保護行政に与える影響を考えてほしい。

注

(1)　生活保護法は1946年に制定され，その後新たに法律改正ではなく同名の法律が1950年に制定されている。本章では1946年制定の法律を（旧法），1950年に制定された法律を（新法）と補記する。

(2)　岡部卓（2019）「公的扶助の概念」社会福祉士養成講座編集委員会編『低所得者に対する支援と生活保護制度　第5版』中央法規出版，4頁。

(3)　鷲谷善教（1960）「昭和恐慌期における救貧制度」日本社会事業大学救貧制度研究会編『日本の救貧制度』勁草書房，249〜251頁。

(4)　小山進次郎（1951）『改訂増補　生活保護法の解釈と運用』中央社会福祉協議会，12頁。

(5)　第2〜4節の文章は特に注がない限り，村田隆史（2018）『生活保護法成立過程の研究』自治体研究社を参考にしている。

(6)　(4)と同じ，28頁。

(7)　村田隆史（2018）『生活保護法成立過程の研究』自治体研究社，250頁。

(8)　(7)と同じ，263〜264頁。

参考文献

右田紀久恵・高澤武司・古川孝順（2001）『社会福祉の歴史——政策と運動の展開　新版』有斐閣。

小川政亮（1994）『社会事業法制　第4版』ミネルヴァ書房。

小川政亮（1995）『増補新版　社会保障権——歩みと現代的意義』自治体研究社。

金子充（2017）『入門　貧困論——ささえあう／たすけあう社会をつくるために』明石書店。

高島進（1995）『社会福祉の歴史——慈善事業・救貧法から現代まで』ミネルヴァ書房。

福祉臨床シリーズ編集委員会編（2009）『低所得者に対する支援と生活保護制度』弘文堂。

吉田久一（2004）『新・日本社会事業の歴史』勁草書房。

学習課題

①　日本において救貧制度から公的扶助制度へと発展していく過程で，制度の基本原理や実際の運用に関して変化した点と変化していない点をまとめてみよう。

②　①の変化した点と変化していない点について，なぜその違いがでるのかを考えてみよう。

③　公的扶助制度の基本原則を徹底させるためには何が必要なのかを考えてみよう。

第Ⅱ部

貧困に対する支援の制度と体系

第 7 章

生活保護法の概要と役割

わが国のすべての社会保障制度は，日本国憲法第25条に基づいて行われるが，この中でも生存権を保障するための究極の制度が生活保護である。

生活保護法には4つの基本原理と4つの基本原則があり，この原理原則を制度の根幹（揺るぎない考え方）としながら，保護の種類，内容，方法，基準等を法令通知で定めている。生活保護を利用する国民，運用するソーシャルワーカーや福祉事務所，制度や基準を作る国，それぞれの立場を意識しながら制度の概要を学んでほしい。あわせて，生活保護の動向からは，国民生活や社会情勢の変化と関連づけながら現状及び課題を考えてほしい。

1 生活保護の基本

（1）生活保護の目的と理念

生活保護制度は社会保障制度の中において，「最後のセーフティネット」と呼ばれている。日本国憲法第25条は「すべて国民は健康で文化的な最低限度の生活を営む権利を有する」と規定しており「生きる」という基本的人権，つまり生存権を保障している。この生存権保障を具体化する制度が生活保護制度である。他の社会保障制度が防貧機能であるのに対し，生活保護制度は救貧機能であることが特徴の一つである。

生活保護の目的は生活保護法第1条において「最低生活保障」と「自立の助長」とされている。経済的に困窮する者へ金銭給付を行うことはもちろんだが，それにとどまらず，自立の助長（支援）もセットで行うことではじめて生存権は保障されると考えたためである。生活保護法制定時の厚生省保護課長・小山進次郎は生活保護の目的を2本立てにした理由について「『人をして人たるに値する存在』たらしめるには単にその最低生活を維持させるというだけでは十

分でない。（中略）その人をしてその能力に相応しい状態において社会生活に適応させることこそ，真実の意味において生存権を保障する所以である」と解説している。つまり，その人がその人らしく生きていくことができてはじめて生存権は保障されるのであり，そのために生活保護は金銭給付と支援の両輪で行うものとしている。また，このことから生活保護は社会保障の側面だけでなく社会福祉の側面ももつ制度であることも明らかである。

（2）生活保護の4つの基本原理

生活保護の基本原理は，この制度の最も根幹となる考え方（揺るぎないもの）であり生活保護法体系の中で最高の価値を有している。福祉事務所やソーシャルワーカーによる保護の実施・決定は，生活保護法はもとより関連する幾多の法令通知に基づいて行われるが，その実施・決定はすべてこの基本原理に沿って行うものであり，また判断に迷った場合に立ち返るべき原点である。

基本原理は生活保護法第1条から法第4条に定められており，順に「国家責任の原理」「無差別平等の原理」「最低生活保障の原理」「補足性の原理」と呼ばれる。

① 国家責任の原理（法第1条）

法第1条は制度の目的とあわせて，国家責任の原理を定めている。困窮により生きる権利を脅かされた国民に対し，国の責任でその権利保障を行っていくことを明確にしている。貧困が生じる要因は個人でなく社会にあり，貧困は自己責任ではなく社会責任である，ということでもある。

② 無差別平等の原理（法第2条）

無差別平等とは，困窮状態であれば誰でも制度を利用できる，とするものである。生活保護制度を利用できるかどうかはあくまで生活に困窮しているかどうか，つまり経済状態のみに着目している。年齢，性別，出身地，信条，社会的身分，納税の有無等を理由に，制度からの排除や優先的差別的な取り扱いをしないということである。なお，法第2条は国民に保護請求権があることも明確にしている。

③ 最低生活保障の原理（法第3条）

最低生活保障とは，生活保護制度が保障する生活水準が，単に食べることができればよい，雨露をしのげればよい，という「ただ生存すること」のみを保障するものではないことを示す。栄養ある食事，安心して過ごせる住まい，季

節や成長に合わせた衣類等，健康を維持し人間らしく生きていくことができる衣食住。これに加え，趣味や娯楽，他者との交流等の文化的，社会的活動も営める水準まで保障するものと捉えるべきであろう。また，国民生活の水準が固定的なものではなく流動的なものであることと同様に，生活保護制度が保障する生活水準もそれに呼応して変化することも当然のこととしている。

④　補足性の原理（法第4条）

補足とは，足りない部分を補うという意味である。生活保護は最後のセーフティネットであるため，自助努力や生活保護以外の社会保障の利用を試みて，なお困窮する場合にはじめて利用できるということだ。高額な貯金がある者等が生活保護制度を利用できないのは，補足性の原理による。

第4条第1項は，資産や能力の活用を生活保護利用の「要件」と定めており，その活用は制度を利用するうえでの前提条件ということである。資産とは自動車，不動産，貯金等を指しており，生活保護利用者の資産保有は原則認められない。ただし，資産を保有し続けた方が法の目的を達成できると判断されれば，例外的に保有を認めることもできる。

第4条第2項は，扶養義務者の扶養及び他の法律に定める扶助は生活保護に「優先」するとしている。第1項の「要件」とは大きく異なり，単に扶養義務者から仕送りがある場合や年金を受給できる場合は，その金額相当を収入と捉え，支給する生活保護費を減額するということでしかない。つまり，「扶養義務者に相談してからでないと生活保護は利用できない」ということはなく，相談はなくても生活保護の申請や利用は可能である。しかしながら，福祉事務所による扶養調査（扶養義務者へ援助の可否を確認する調査）が生活保護の申請をためらわせる要因の一つという指摘もある。(2)

第4条第3項は，急迫した事情がある場合の例外規定である。たとえば，貯金はあるが認知症により口座から現金を引き出すことができない場合に成年後見人が選任されるまでの間，例外的に生活保護を利用することができる。この場合，預金を現金化できるようになった時点で生活保護は廃止され，これまで支給された生活保護費相当額を返還することになる。

（3）生活保護の4つの基本原則

保護の基本原則は生活保護法体系で基本原理に次ぐ価値を有している。基本原理が制度自体の根幹となる考え方であるとすれば，基本原則は制度運営の根

幹となる考え方といえる。基本原則は生活保護法第7条から法第10条に定められており，順に「申請保護の原則」「基準及び程度の原則」「必要即応の原則」「世帯単位の原則」と呼ばれる。

①　申請保護の原則（法第7条）

　国民に保護請求権があることを法第2条で明確にしているが，請求権を具体化したものがこの原則であり，申請によって生活保護の利用は開始される。同時に，申請できる者は誰かということも規定している。本人に加え，扶養義務者及び同居の親族も申請できるとしたのは，本人が申請手続きを行えない事情がある場合に，本人の法律上の権利や利益を守るべき立場にある者を加えることで，生存権が保障されやすくするためである。例外として，本人に判断能力がなく代わりに申請する扶養義務者もいない場合は福祉事務所の権限で保護を開始することができる。これを職権保護という。

②　基準及び程度の原則（法第8条）

　基準とは，生活保護の利用が必要かどうか（保護の要否），月々いくらの給付が必要か（保護の程度）を判断するためのものさしであり，厚生労働大臣が定める。年齢・世帯構成・所在地の他，健康状態や世帯の状況等により基準が定められている。保護の要否及び程度は，基準と収入との対比によって決定される。

③　必要即応の原則（法第9条）

　必要即応とは，ニーズに応えるという意味である。個人や世帯が抱える課題はさまざまであるため，そのニーズもさまざまである。この違いに合わせて保護の種類，程度，方法を決定し適用しなければならない。この原則は生活保護を運用する福祉事務所やソーシャルワーカーだけでなく，厚生労働大臣が基準を定めるに際しても当てはまる。必要即応の原則は個々のニーズに応じて給付や支援に差をつけることをよしとしている。福祉事務所やソーシャルワーカーは，画一的・機械的な制度運用ではなく，実態把握に基づく実質的・弾力的な運用を行わなければならない。

④　世帯単位の原則（法第10条）

　生活保護の利用は世帯単位となる。同一生計同一住居であれば一つの世帯とされるため，特定の者のみを対象とすることはできない。また，世帯の誰かが一時的に出稼ぎや入院等により別の地で生活している場合も，実質的に一つの世帯とされる。一方，この原則を貫くことが，かえって世帯や個人の自立を阻

害する場合は例外的に個人単位での利用が認められる。この取り扱いを世帯分離という。

　大学等へ進学する者は不利益処分的に世帯分離が行われる。これは，高等学校を卒業した者は働く能力があり，働かない者は能力の活用を怠っているという考え方によるものだが，生まれた家庭や環境によって学ぶ権利が制限されることになり，改正を望む声がある。なお，生活保護を利用している者が，働きながら夜間大学等で学ぶことは認められている。

2　被保護者の権利と義務

（1）被保護者の3つの権利

　生活保護を利用する者の権利について生活保護法第56条から法第58条に規定されている。

　①　不利益変更の禁止（法第56条）

　生活保護を利用中に，正当な理由なくすでに決定された保護を不利益変更されることはない。利用者の権利であると同時に，福祉事務所側にとっては予算の都合等を理由に不利益変更してはいけないという義務でもある。なお，不利益変更とは生活保護の減額や停止，廃止等である。

　②　公課禁止（法第57条）

　生活保護費は最低限度の生活を保障する水準であるため，その中から所得税や住民税を支払うことは困難である。このため，生活保護費は課税の対象とならない。なお，消費税の支払いは免れないが，消費税相当額は生活扶助に含まれている。このため，消費税増税が行われると生活扶助基準も増額される。

　③　差押禁止（法第58条）

　生活保護を受ける権利及び給付された生活保護費（現物給付された物品含む）は差し押さえされることはない。仮に差し押さえられてしまえば，法律の目的が達成できなくなるためである。

　なお，実務においては，利用者の銀行口座に振り込まれた生活保護費が差し押さえられてしまうことがある。この場合は返還請求の申し立てを行う，保護費を手渡しにする等して権利を守る必要がある。

（2）被保護者の5つの義務

　生活保護を利用する者の義務について生活保護法第59条から法第63条に規定
されている。

　①　譲渡禁止（法第59条）

　生活保護を受ける権利及び給付された生活保護費（現物給付された物品含む）
は第三者に譲渡することができない。仮に譲渡が行われても無効とされること
から，義務規定であると同時に利用者の権利を守る規定でもある。

　②　生活上の義務（法第60条）

　法第4条において，生活保護を利用するための要件を規定しているが，本規
定は生活保護を利用している者にその要件を継続して満たしていくことを要請
している。具体的には「能力に応じて勤労に励む」「健康の保持及び増進に努
める」「生計状況を適切に把握し，支出の節約を図る」「その他生活の維持向上
に努める」である。生活保護の目的の一つが自立の助長であることから，より
良く暮らそうと意識し積極的に取り組むことを求めている。

　③　届出の義務（法第61条）

　生活保護を利用している間に生計上の変動があった場合は福祉事務所に届出
を行うよう要請している。これは生活保護が世帯の実態に合わせて必要な保護
を行うためである。生計上の変動とは，就職，離職，収入の変動，世帯員の増
減，入退院，引っ越し，入学等である。なお，実態を把握する方法として福祉
事務所側に調査権を認めているが（法第25条，第28条，第29条），福祉事務所の調
査だけでは多数の世帯の変化を把握することは困難であるため，利用者側にも
届出の義務を課している。

　④　指示等に従う義務（法第62条）

　福祉事務所は利用者に対して，保護の目的達成のための指示や指導を行うこ
とができる（法第27条）。利用者はこの指示や指導に従う義務がある。指示や指
導に従わない場合は，保護の変更，停止，廃止という不利益処分をされるおそ
れもあるが，停止や廃止は最後の命綱を断つに等しい重大な処分であるため，
その手続きは法令通知で細かく規定されている。そもそも，指示や指導は「必
要の最小限度に止めなければならない」（法第27条第2項）と規定されており，
乱用されることがないよう釘をさしている。

　⑤　費用返還義務（法第63条）

　急迫状態の者が福祉事務所の職権により保護開始となり，その後の調査で貯

金等があることがわかった場合は，給付を受けた生活保護費相当額を上限に，返還しなければならない。この他にも，不動産を保有しているが売りたくても売れずに生活保護の利用を開始した者が当該不動産を売却できた場合や，福祉事務所の誤りにより本来より多く生活保護費を給付した場合等も同様である。

（3）不服申立て

不服申立てについて，法第64条から法第69条に定められている。

福祉事務所による不利益処分や生活保護申請の却下処分に対して，不服申立てを行うことができる。不服申立て制度があることにより，不当または違法な処分から国民を守ることができ，保護請求権と合わせて真の意味で生存権という権利が担保されるのである。

不服申立て制度は利用者の権利保障にとどまらず，福祉事務所の制度運営や国の生活保護基準決定を適正に行わせる効果もある。

3　保護の種類・内容，その他の給付

（1）8つの扶助

保護の種類は「生活扶助」「教育扶助」「住宅扶助」「医療扶助」「介護扶助」「出産扶助」「生業扶助」「葬祭扶助」の8つの扶助があり，組み合わせることでさまざまなニーズに対応することができる。各扶助の積み重ねで算定された生活保護の給付水準を**最低生活費**と呼ぶ。

各扶助の方法は金銭給付と現物給付に分けられる。金銭給付は，利用者へ直接給付する他，住宅扶助を大家へ交付する，教育扶助を学校長へ交付する等の特例もある。現物給付は，医療サービスや介護サービスの提供，薬剤の提供等，金銭以外でニーズを満たす方法である。医療扶助と介護扶助は現物給付となり，それ以外の扶助は現金給付を原則とする。例外もあるため，すべての扶助は金銭給付，現物給付の両方の方法で行うことができる。

① 生活扶助（法第12条）

生活扶助は8つの扶助の中で最も生活に密着した扶助である。食事，衣類，家具家財，通信，移動，交際，趣味，娯楽，美容，ライフライン等，生活場面の経費を想定している。このため，体系も充実しており，基準生活費，加算，一時扶助等に分類され，それぞれさらに細分化している。

　基準生活費は，個人単位の基準（第1類），世帯単位の基準（第2類），住まいの形態による違い（居宅，入院，介護施設，救護施設等），年齢による違い（成長期の12歳から17歳が最も高額），地域の規模による違い（大都市ほど高額），寒冷地かどうかの違い（寒冷地ほど高額）がある。

　加算は，対象者の最低生活費を上積みすることで，特別なニーズに応えるものである。たとえば，健常者と比べて移動や健康維持に多くの費用が必要となる障害者には障害者加算を算定する。最低生活費の上積みであるが，より高い生活水準を保障しようとするのではなく，加算によってはじめて加算がない者と同等の生活を保障している。

　一時扶助は，日常生活における臨時多額のニーズに対応するものである。耐久家財の買い替え等は基準生活費や加算をやりくりして捻出することが基本だが，一方で限界もあるため，条件を満たす場合は例外的に一時扶助を給付できる。生活保護利用開始時点で冷暖房設備がない場合に一時扶助として購入設置費用を給付できるようになる等，時代の変化に合わせた扶助の充実が行われている。

　② 教育扶助（法第13条）

　教育扶助は，義務教育に必要となる費用に対応する。具体的には，学用品，ドリルや辞書，通学に必要な自転車等の購入費用，生徒会費やPTA会費，クラブ活動費用等である。コロナ禍においては，オンライン授業に必要な通信設備（モバイルルーター等）の購入またはレンタル費用を対象とする等，柔軟な改正が行われた。なお，高等学校で必要となる費用は後述の生業扶助に含まれる。

　③ 住宅扶助（法第14条）

　住宅扶助は，住まいにかかる費用に対応する。借家の場合は家賃相当額（上限あり。地域により基準が異なり，都市部ほど高額）を算定する。雨漏り修繕等，住宅の維持管理に必要な費用，豪雪地帯においては雪囲いや雪下ろし費用も対象となる。転居が必要な場合は新しい住宅の契約費用（敷金等）を給付できる。

　④ 医療扶助（法第15条）

　医療扶助は，病気やけがに対する診察や治療，薬の処方や調剤，入院中の看護や食事等を現物給付の形で提供する。その程度は国民健康保険と同水準の医療を保障している。この他，眼鏡や装具等の治療材料の給付や通院に必要な交通費も対象としている。

　近年，国をあげてジェネリック医薬品の利用が推奨されているが，医療扶助

においてはジェネリック医薬品の原則使用が法定化された。これは，自由な意思による医療の選択を制限するものであり，生活保護利用者に対する差別的な規定となるおそれもある。

⑤　介護扶助（法第15条の2）

介護扶助は，介護保険制度の創設に伴い2000（平成12）年度に創設された扶助である。65歳以上の者が介護サービスを利用する場合に現物給付の形で利用することができる。また，40歳以上65歳未満の者でも特定疾病を理由に利用することができる。サービス内容において，生活保護を利用していない者との差はない。

⑥　出産扶助（法第16条）

出産扶助は，分娩の介助や分娩前後の処置にかかる費用を対象としている。病院等で分娩する場合の入院費用も対象となる。帝王切開等の医療行為を伴う分娩の場合は医療扶助と出産扶助の併給となる。経済的理由により出産費用を準備できない場合にその費用を公費負担する助産制度（児童福祉法第22条）との関係においては，法第4条補足性の原理により，助産制度を利用できる場合は当該制度を優先する。

⑦　生業扶助（法第17条）

生業扶助は，自立助長のための扶助である。他の扶助は最低生活保障を主たる目的としており所得保障の側面が非常に強いが，生業扶助は本人の能力を活かし自立につなげることを目的としていることから社会福祉の性質が強い扶助と言える。

具体的には，自営業をはじめようとする者の初期投資や運転資金，仕事に役立つ技能や資格の修得費用（自動車運転免許取得も可能），就職するにあたり必要なスーツや鞄等の購入費が対象となる。

従来，高等学校在学中の費用は生活保護で保障されていなかったが，高校進学率の高まりや貧困の連鎖解消の観点から高校進学は自立に役立つとして，2005（平成17）年度より高等学校等就学費の支給が生業扶助として加えられた。

⑧　葬祭扶助（法第18条）

葬祭扶助は，生活保護を利用している者が葬儀を行うための費用を給付する。また，生活保護利用の有無にかかわらず葬儀を行う扶養義務者がいない単身者が亡くなった場合に，その葬儀を行う第三者に対して給付することができる。

（2）新たな給付金

　生活保護法制定時は介護扶助を除く7つの扶助でスタートし，2000（平成12）年度に8つの扶助となった。その後，新たな給付として「就労自立給付金」と「進学準備給付金」の2つが創設された。いずれも生活保護の対象でなくなった者へ給付されるため，扶助とは異なる位置づけだが，生活保護制度の給付である。

①　就労自立給付金

　就労自立給付金は，2014（平成26）年7月に創設された。対象は就労により生活保護から経済的に自立した世帯であり，自立の直前までの給与収入額に応じて一定額を給付する。給付金の狙いは2つあり，一つは生活保護から自立後の不安定な生活を経済的に支え，再度生活に困窮することがないよう予防するためである。一つは，保護からの経済的自立により給付金を受け取れることが自立の意欲を高め，積極的に自立をめざす動機づけの効果を期待するものである。

②　進学準備給付金

　進学準備給付金は，2018（平成30）年6月に創設された。対象は大学等へ進学する者であり，自宅から通う者は10万円，自宅外から通う者は30万円をそれぞれ一時金として給付する。生活保護利用者が大学等へ進学する場合，世帯単位の原則の例外により世帯分離となり保護の対象から外れるため，学費はもちろん自身の生活費をアルバイトや奨学金で賄わなければならない。一般世帯に比べ生活保護利用世帯の子どもの大学等進学率が低い原因の一つは，この世帯分離による経済的負担の増加にあると考えられている。このため，進学直後に必要となる費用の一部を給付金という形で援助することにより，貧困の連鎖解消につなげる狙いで創設された。

4　保護施設

　生活保護法には，保護を実施するための社会福祉施設として**保護施設**がある。対象や目的に応じて救護施設，更生施設，医療保護施設，授産施設，宿所提供施設の5つの種別がある（表7-1）。生活扶助は本人の家（居宅）で行うことが原則だが，それが難しい場合等は保護施設に入所させて保護を実施することができる。

　保護施設を設置できるのは，都道府県および市町村，地方独立行政法人，社

表7-1　保護施設（生活保護法第38条）

施設種別	役　割
救護施設	身体上・精神上の著しい障害のために日常生活を営むことに困難がある要保護者を入所させ生活扶助を行う。
更生施設	養護及び生活指導が必要な要保護者を入所させ生活扶助を行う。
医療保護施設	要保護者に医療を給付する機関であるが，医療保険制度・指定医療機関の充実などで重要性は弱まる。
授産施設	就労や技能習得のための機会及び便宜を与えて自立を助長する。
宿所提供施設	住居のない要保護者に住宅扶助を行う。

出所：筆者作成。

会福祉法人，日本赤十字社に限られる。

5　生活保護の動向

（1）生活保護の利用世帯数，利用者数，保護率の推移

　現行法は戦後の混乱期に施行されたこともあり，1951（昭和26）年度は生活保護利用者数204万6646人，保護率2.42％と高い水準であった（保護率は歴代最高値）。高度成長期に入ると利用者は減少し，保護率も低下した。1970年代に入り二度の石油危機（オイルショック）が起こると，下落傾向だった保護率は横ばいとなり利用者は増加した。1980年代後半から平成景気（バブル経済）となり利用者数は100万人を下回り，保護率は1％を切った。1995（平成7）年度に利用者数88万2229人，保護率0.70％となりいずれも過去最少となった。その後は，平成不況（バブル崩壊）の影響により，利用者数，保護率とも増え続け，2008（平成20）年の世界金融危機（リーマン・ショック）を機にさらに急増した。利用者数は2011（平成23）年度に最高値を更新し，2014（平成26）年度に216万5895人の歴代最高値となった。保護率は2013（平成25）年度から2015（平成27）年度の1.70％をピークに高水準で推移した。利用世帯数は2017（平成29）年度に164万854世帯と過去最高値となった（図7-1）。

　利用者数や保護率の推移から，その増減は景気動向に大きく左右されることがわかる。景気が悪化したときにはセーフティネットが機能していると評価できる一方で，景気悪化に対して労働政策や他の社会保障制度が十分機能していないのではないか，と疑いをもつこともできる。世界金融危機による失業者か

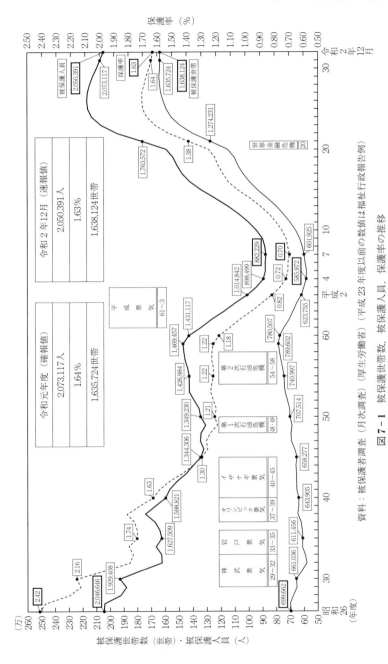

図 7 - 1 被保護世帯数, 被保護人員, 保護率の推移

資料：被保護者調査（月次調査）（厚生労働省）（平成23年度以前の数値は福祉行政報告例）

出所：厚生労働省社会・援護局保護課（2020）「社会・援護局関係主管課長会議資料」資料2（https://www.mhlw.go.jp/content/12201000/00075811.pdf 2021年9月3日閲覧）。

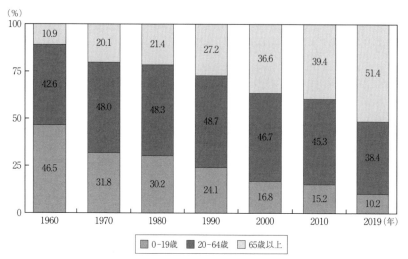

図7-2　年齢階層別被保護人員割合の推移

出所：厚生労働省（2021）「2019年度被保護者調査」より筆者作成。

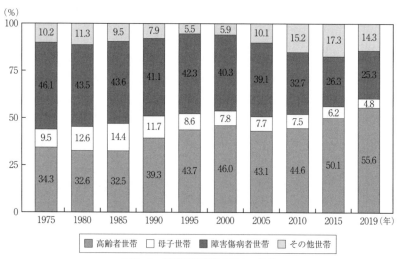

図7-3　世帯類型別構成割合の推移

出所：厚生労働省（2021）「2019年度被保護者調査」より筆者作成。

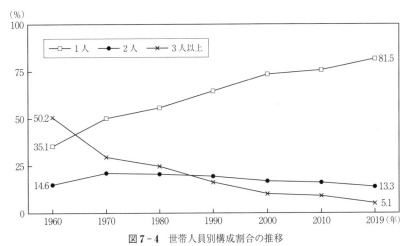

図 7 - 4　世帯人員別構成割合の推移
出所：厚生労働省（2021）「2019年度被保護者調査」より筆者作成。

らの生活保護申請急増は，第二のセーフティネット構築の議論を生み，生活困
窮者自立支援制度や求職者支援制度の創設につながった。

　2020（令和 2 ）年 4 月以降，コロナ禍による経済活動抑制の影響で収入が減
少した個人や世帯が増加したが，利用者数は微減傾向が続いている（生活保護
申請数は若干の増加にある）。

（2）年齢別，世帯類型別，世帯人員別，保護の種類別の利用者の推移

　利用者の年齢階層別では，65歳以上が年々増加しており，現在は 5 割強を占
めている（図 7 - 2 ）。世帯類型別では，65歳以上の世帯員で構成される高齢者
世帯が 5 割強を占めている（図 7 - 3 ）。世帯人員別では， 1 人（単身世帯）が全
体の80％を超えており，生活保護利用者の多くは一人暮らしということがわか
る（図 7 - 4 ）。なお，一般世帯における一人暮らしの割合は28.8％である（2019
年）。保護の種類別では，生活保護利用者の 8 割以上が給付を受けているのが
「生活扶助」（88.3％），「住宅扶助」（85.8％），「医療扶助」（84.5％）である。ほ
か，「介護扶助」は19.1％，「教育扶助」は5.2％となっている[4]。

（3）保護の開始，廃止の理由

　生活保護は経済的に困窮した者が利用する制度であるが，困窮に至った理由

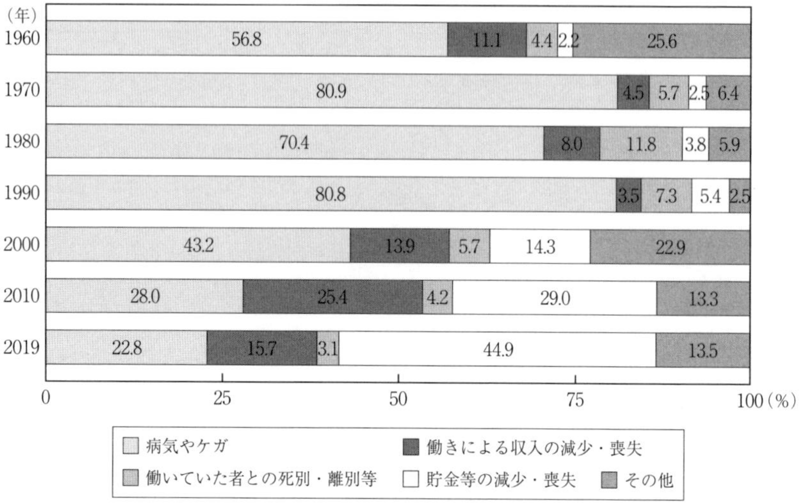

図7－5　保護開始の理由別構成割合の推移

出所：厚生労働省（2021）「2019年度被保護者調査」より筆者作成。

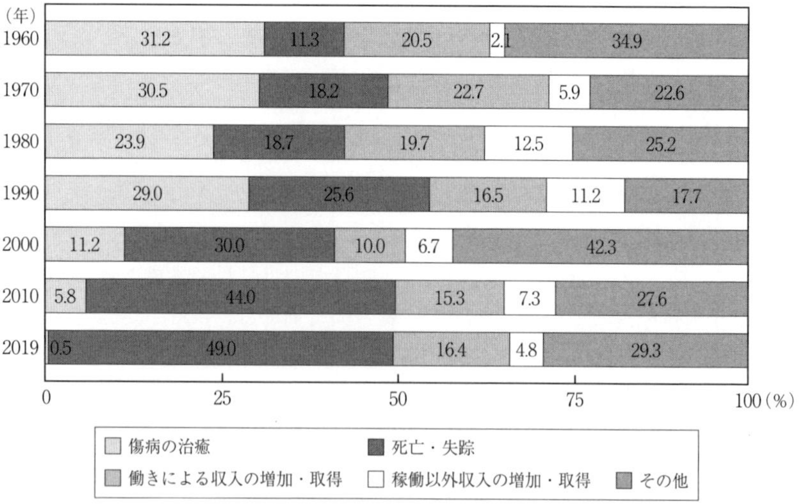

図7－6　保護廃止の理由別構成割合の推移

出所：厚生労働省（2021）「2019年度被保護者調査」より筆者作成。

はさまざまである。かつては，病気やけがを理由に困窮し保護の利用を開始する世帯が多かったが，近年は65歳以上の高齢者が預貯金を使い果たした末に利用する場合や，稼働年齢層（15歳以上64歳未満）が失業や低収入を理由に利用する場合が増えている（図 7 - 5）。

　生活保護の廃止理由は，困窮状態から脱し経済的に自立する場合だけでなく，死亡や失踪も含まれる。かつては，病気・けがの治癒や稼働収入増加を理由とした廃止が多くを占めていたが，近年は死亡・失踪による廃止が全体の 5 割弱を占めている。これは，高齢の利用者が増えているためである（図 7 - 6）。

注
(1)　小山進次郎（1975）『改訂増補　生活保護法の解釈と運用（復刻版）』全国社会福祉協議会，92〜93頁。
(2)　吉永純編（2020）『Q & A　生活保護手帳の読み方・使い方（第 2 版）』明石書店，38〜39頁。
(3)　(2)と同じ，55〜56頁。
(4)　厚生労働省（2021）「2019年度被保護者調査」より。2019年 7 月末時点の数値。「出産扶助」「生業扶助」「葬祭扶助」はわずかなため省略。

参考文献
池谷秀登（2017）『生活保護ハンドブック――「生活保護手帳」を読みとくために』日本加除出版。
岡部卓（2014）『福祉事務所ソーシャルワーカー必携――生活保護における社会福祉実践』全国社会福祉協議会。
生活保護制度研究会編（2020）『生活保護のてびき（令和 2 年度版）』第一法規。
中央法規出版（2019）『生活保護手帳（2019年度版）』。
中央法規出版編集部編（2018）『生活保護法関係法令通知集（平成30年度版）』中央法規出版。
吉永純ほか編（2016）『現代の貧困と公的扶助――低所得者に対する支援と生活保護制度』高菅出版。

学習課題
①　生活保護の 4 つの基本原理，4 つの基本原則を法律の条文とあわせて理解しよう。
②　自分の住む自治体の被保護人員，被保護世帯数，保護率を調べてみよう。

第8章

生活困窮者自立支援制度の概要と役割

　本章では，生活困窮者自立支援制度の創設の経緯と概要，期待される役割について学ぶ。生活困窮者自立支援制度は，経済的な困窮のみならず，複合的な課題を抱えている人や社会的に孤立している人に対して，包括的に支援を届けることをめざした制度である。他の福祉制度に比べてシンプルな制度であり，自治体や支援現場ごとに自由に創造的な取り組みができる仕組みとなっている。したがって，本制度の仕組みを活用しながら，分野を超えた多様な人が参画して地域の実情に合わせた支援の形を作っていくことが重要である。

　本章では，単に制度の概要を理解するだけでなく，制度創設の背景や制度に込められた想いを学ぶことも重視する。生活困窮者への支援を通して，どのように地域社会を豊かにし，また地域を活性化することができるか，そして，なぜそれが必要であるのかを，自分なりに考えながら読み進めてほしい。

1　生活困窮者自立支援制度創設の背景

　生活困窮者自立支援法は，2013（平成25）年12月に成立し，2015（平成27）年4月に施行された比較的新しい制度である。

　生活困窮者自立支援制度は，それまで十分でなかった，社会保険制度や労働保険制度による「第一のセーフティネット」と，生活保護制度による「第三のセーフティネット」との間の「**第二のセーフティネット**」を抜本的に強化するものとして創設された。また，それまで制度の「狭間」に置かれてきた生活困窮者に対して，「本人中心」の相談支援を行うことを制度の中核に据え，多様な就労支援や家計改善，居住支援等を包括的に行うことをめざした。

　それでは，生活困窮者自立支援制度の創設の背景についてみていこう。

（1）経済状況の変化

　制度創設の第一の背景は，いうまでもなく生活困窮という課題が社会的に大きくなったからである。

　バブル経済崩壊後，右肩上がりの経済は終焉を迎え，景気低迷が続き，1985（昭和60）年以降のデータをみると，相対的貧困率は長期的な傾向として緩やかに上昇しており，特に子ども（17歳以下）や現役世代（18～64歳）が上昇した。1世帯あたりの平均所得金額（全体平均）は，1994（平成6）年の664万円をピークに減少しており，給与所得者の中で年収200万円以下の割合は徐々に上昇し，2012（平成24）年には23.9％に達し，それ以降も大きな変化はみられない。[1]

　この要因の一つとして，雇用形態の変化が挙げられる。戦後から1980年代にかけては，夫婦のうち夫が主な働き手となり，正社員として終身雇用制の中で働くことが一般的であった。1990年代以降，非正規雇用の割合は増加をたどり，2000年代に入ると全体の3割を超え，その後も増加をし続けている。[2] 非正規雇用は，雇用が不安定であるばかりでなく，一般に正規雇用の労働者に比べて賃金が低いほか，能力開発の機会が十分に提供されていない場合が多いことも指摘されている。かつての非正規雇用は，主たる働き手である夫の勤労所得を補完する妻のパート労働が一般的であったが，その後，雇用形態の変化により，主たる稼ぎ主が非正規で働く割合も増加し，経済的に困窮する人も増加した。

　とりわけ，2008（平成20）年の世界規模の金融危機（リーマン・ショック）の影響により，派遣労働者や契約社員等が雇止めなどで失職し，住居を喪失する事態が社会問題化した。東京の日比谷公園に，いわゆる「年越し派遣村」が作られ，多くの人が支援を求めて訪れたことは，社会に大きなインパクトを与えた。

　景気は循環し変動するとしても，経済のこれらの変化は構造的なものであると考えられ，「第一のセーフティネット」である社会保険制度や労働保険制度は，その網の目が十分ではないという深刻な状況が明らかになった。こうした経済状況の中で，「第一のセーフティネット」の機能が低下し，安定した経済的基盤や職業キャリアを形成できず，将来の見通しが立てられない生活困窮者が増えたことが，生活困窮者自立支援制度の創設の背景の一つである。

（2）稼働年齢層を含む生活保護受給者の増加

　これらの経済状況等による影響により，戦後，ほぼ一貫して減少してきた生活保護人員は，1995（平成7）年を境に増加に転じ，生活困窮者自立支援制度に関して本格的な検討をはじめた2012（平成24）年には当時過去最高となった。[3]

　特に，世帯類型別にみると，高齢者世帯，母子世帯，傷病・障害世帯に該当しない，稼働年齢層と考えられる「その他世帯」の割合が大きく増加し，2000（平成12）年度が7%，10年後の2010（平成22）年度には18%まで増加した。

　「その他世帯」の増加は，生活保護制度が，それまで同様，受給者の生活を支える機能を着実に果たしつつ，同時に，生活保護制度に至る前の段階で生活再建や本人の状態にあった多様な自立を支える必要性も浮き彫りにした。

（3）社会的孤立の増大

　このような経済状況や生活保護受給者の変化に加え，社会的な状況の変化もあった。

　当時の家計形態のデータをみると，単身世帯，高齢者単身世帯，ひとり親世帯ともに増加傾向にあり，さらに，生涯未婚率は2035年には男性で29%，女性で19%になると見込まれていた。[4]このような変化は社会的孤立を招く一つの要因となる。また，家族形態や働き方といった社会構造の変化は，地域や人とのつながりにも影響を与え，血縁・地縁・社縁の希薄化ももたらした。

　実際，内閣府による調査では，高齢者の社会的孤立の状況をみると，「毎日」会話をしている人は全体の92.1%である一方，一人暮らし世帯では64.8%である。また，頼れる人がいない高齢者は，全体で3.3%である一方，一人暮らし世帯では14%であり，全体の4倍以上であった。[5]

　このほか，フリーターの数は2003（平成15）年の217万人をピークに減少傾向にあったが，2009（平成21）年から増加に転じたほか，ニートの数については2002（平成14）年以降，60万人台で推移していた。[6]ニート状態にある若者のこれまでの生活経験をみると，「学校でいじめられた」「職場の人間関係でトラブルがあった」「不登校になった」「ひきこもり」「精神科または心療内科で治療を受けた」などの経験を複数抱えていることも明らかになった。[7]

　それまで血縁・地縁・社縁の中で，なんとか課題に対応できていた人々も，社会構造や経済構造等の変化により，一人では対応することが困難となる場合が増えていったといえる。また，それらの人が抱える課題は，複雑化・複合化

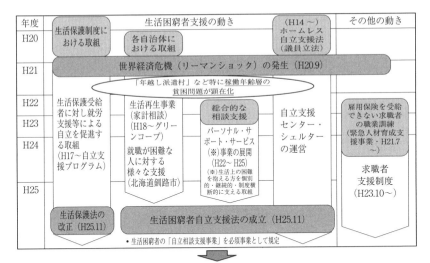

H27.4　生活困窮者自立支援法の施行

図8-1　生活困窮者自立支援制度成立前の動向

出所：厚生労働省（2020）令和2年度生活困窮者自立支援制度人材養成研修講義資料「制度の概要と目標，基本理念」（https://www.mhlw.go.jp/content/12000000/000778802.pdf　2022年1月6日閲覧）3頁。

していることも特徴の一つであった。

　しかしながら，このような複合的な課題を抱えている人が相談できる窓口は明確には存在しておらず，制度の狭間に置かれた生活困窮者が多くあらわれるようになった。

（4）支援体制の状況

　このような生活困窮者を取り巻く状況の中で，生活困窮者自立支援制度の成立前から，民間団体を中心に各地でさまざまな取り組みが進められていた（図8-1）。

　また，リーマン・ショック以降，第二のセーフティネットを構築する必要性が認識され，求職者支援制度が創設されたほか，離職により住居を失ったあるいは失うおそれのある人へ家賃相当の手当を支給する住宅手当緊急特別措置事業（2013年度から「住居支援給付事業」に名称変更）や，都道府県社会福祉協議会による総合支援資金の貸付制度等が実施された。

　また，内閣府ではさまざまな要因で困窮している人に，専門家であるパーソナル・サポーターが随時相談に応じ，必要な支援を個別的・継続的に行う

「パーソナル・サポート・サービス」というモデル事業が行われた。全国数か所で行われたこのモデル事業を通じて，生活上の困難を抱える人に対して，本人のニーズに合わせた支援が行われ，自己有用感を取り戻したり，生活を再建する人が多くみられるなどの効果をあげた。当該モデル事業で蓄積された支援のノウハウは，その後，生活困窮者自立支援制度にも引き継がれていった。

　しかしこれらの取り組みは一部の地域にとどまるほか，モデル事業であり恒久化されていないために財政基盤が脆弱であるなどの課題が残り，全国的に生活困窮者に対して包括的に支援する仕組みが整備されているとは言い難い状況であった。

　このような背景を踏まえ，生活困窮者自立支援制度の創設を視野に入れ，2012（平成24）年に社会保障審議会に「生活困窮者の生活支援の在り方に関する特別部会」が設置され，12回にわたる議論を経て，翌年1月に報告書がまとめられた。その後，2013（平成25）年の通常国会に生活保護法の一部改正法案とともに「生活困窮者自立支援法案」が提出され，一旦，審議未了のため廃案となったのち，2013（平成25）年12月6日の臨時国会で可決・成立した（同年12月13日に公布）。

2　生活困窮者自立支援制度の理念

　さて，このようにして生まれた生活困窮者自立支援制度であるが，後述の通り本制度はシンプルな制度であるため，制度そのものの概要を理解することは大切であるが，それ以上に重要なことは制度の理念を理解し，理念に基づく支援や運用をすることである。実際，厚生労働省が行う支援員向けの研修では，生活困窮者自立支援制度の理念を学び事例検討や演習を行う中で，制度の理念を実践に落とし込んで考える時間を多く設けている。[8]

　生活困窮者自立支援制度の理念は，1つの意義，2つの目標，5つの支援のかたちからなる（表8-1）。以下では，「制度の意義」を理解したうえで，理念の中でも特に重要である2つの「目標」について説明する。

（1）生活困窮者自立支援制度の意義

　生活困窮者自立支援制度は，先に述べた通り，既存の生活困窮者を対象とする支援策では，社会構造・経済構造等の変化により十分に対応できない制度の

表8-1　生活困窮者自立支援制度の理念の概要

生活困窮者自立支援制度の理念
1.　制度の意義 • 重層的なセーフティネットの構築（生活保護に至っていない生活困窮者に対する「第二のセーフティネット」を全国的に拡充）
2.　制度のめざす目標 • 生活困窮者の自立と尊厳の確保 • 生活困窮者支援を通じた地域づくり
3.　新しい生活困窮者支援のかたち • 包括的な支援　• 個別的な支援　• 早期的な支援 • 継続的な支援　• 分権的・創造的な支援

出典：厚生労働省「生活困窮者自立支援制度について」（https://www.mhlw.go.jp/file/06-Seisakujouhou-12000000-Shakaiengokyoku-Shakai/2707seikatukonnkyuushajiritsusiennseidonituite.pdf　2021年8月23日閲覧）を踏まえ筆者作成。

狭間にある人を包括的に支援するために創設された。生活保護に至っていない生活困窮者に対する第二のセーフティーネットとして機能することをめざし，生活困窮者の課題が複雑化・深刻化する前に早期に支援を行うことを重視した制度である。

（2）生活困窮者自立支援制度のめざす目標

①　生活困窮者の自立と尊厳の確保

　生活困窮者自立支援制度において最も重要な目標は，生活困窮者の自立と尊厳の確保である。

　本制度で示す**自立**とは，日常生活をよりよく保持する「日常生活自立」，社会的なつながりを回復・維持する「社会生活自立」，経済状況をよりよく安定させる「経済的自立」を指す。さらに，「自立」という概念を構成する最も重要な要素は自己決定，自己選択である。つまり，自立の形は多様であり，本人にとってゴールとなる自立は，他者が押しつけるものでも，定めるものでもなく，本人が決めていくものである。そのときに支援者が伴走し，本人の不安や悩みに寄り添いながら本人を中心に据えて，自己決定，自己選択を支援していかなければならない。

　また，生活困窮者の多くが自己肯定感や自己有用感を失っている場合が多いことに配慮し，「本人の尊厳を確保する」ことを目標として掲げている。生活

困窮者自立支援制度の相談窓口に訪れる相談者は，すでにいくつかの相談窓口に相談した経験を有する人も多い。相談に訪れても適切に対応してもらえない，話を聞いてもらえないと感じ，支援機関に対して不信感を抱いていたり，拒否的になっている人もいる。したがって，本人の思いや不安を受け止め尊重し，唯一無二の存在として尊敬の念をもって接することが何よりも重要となる。

② 生活困窮者支援を通じた地域づくり

　生活困窮者の多くが複合化・複雑化した課題を抱えていることから，既存の制度の枠の中だけで支援を完結することは困難である。

　本人の抱える課題の内容に応じて，地域と協働しながら既存の資源を組み合わせたり，足りないときには新たに創造していくことが求められる。つまり，地域づくりは，本人の状態に合わせたオーダーメイドによる支援をめざすために不可欠な要素である。

　また，生活困窮者への支援では，本人が働く場や地域の居場所に参加することを通じて，生きがいや役割を見出していくことができる。このような場を多く開拓したり創造していくことが求められるが，その際には，地域産業の人手不足を解消したり，地域の活性化やまちおこしの取り組みと結びつけることが重要である。これは，生活困窮者も地域社会の一員として積極的な役割を果たしていくことをめざし，生活困窮者が「支えられる側」から「支える側」になることを願うものである。「地域づくり」の究極的な目標は，こうした生活困窮者本人と地域の関係者双方が支え合う関係性づくりを重ねながら，「排除のない社会」を作っていくことである。

（3）法改正に伴う理念の条文化

　さて，これらの理念は，施行時は運用の中で位置づけられていたものであったが，2018（平成30）年の生活困窮者自立支援法改正時に条文の中にその考えが明記された。下記は，このとき新設された第2条（基本理念）の条文である。

> 第2条　生活困窮者に対する自立の支援は，生活困窮者の尊厳の保持を図りつつ，
> 　生活困窮者の就労の状況，心身の状況，地域社会からの孤立の状況その他の状況
> 　に応じて，包括的かつ早期に行われなければならない。
> 2　生活困窮者に対する自立の支援は，地域における福祉，就労，教育，住宅その
> 　他の生活困窮者に対する支援に関する業務を行う関係機関（以下単に「関係機

関」という。）及び民間団体との緊密な連携その他必要な支援体制の整備に配慮
して行われなければならない。

　条文の詳細な説明は省くが，制度の目標として示されている「生活困窮者の
自立と尊厳の確保」「生活困窮者支援を通じた地域づくり」の２点を中心に，
５つの支援のかたちを含め，文言の整理を行ったうえで条文上に理念が規定さ
れた[13]。
　これまで運用の中で大切にされてきた制度の理念が法律上に明記されたとい
うことは，施行から３年間にわたる実践において，支援の現場がこの理念を大
切にしながら取り組みを進めたことのあらわれといえる。そして，理念を法律
に位置づけることにより，さらに広く関係機関や連携先にも生活困窮者自立支
援制度の考え方を今まで以上に明確に示していくことができるようになった。

3　支援対象者の考え方

　生活困窮者自立支援法第３条において，生活困窮者とは「就労の状況，心身
の状況，地域社会との関係性その他の事情により，現に経済的に困窮し，最低
限度の生活を維持することができなくなるおそれのある者[14]」とされている。す
なわち，生活困窮者自立支援制度では生活保護受給者以外の生活困窮者を支援
の対象としている。
　そのうえで，厚生労働省が発出している「新たな生活困窮者自立支援制度に
関する質疑応答集」には，複合的な課題を抱える生活困窮者がいわゆる「制度
の狭間」に陥らないよう，法律上に資産・収入要件を定めていないことにも鑑
み，できる限り包括的に受け止めること，また，受け止めるだけでなく就労支
援を含めた地域づくりなども行い，包括的に支援を提供することとした[15]。
　つまり，生活困窮者自立支援制度の相談窓口では，相談の対象者を限定する
ことなく，包括的に受け止めることとしている。当然ながら，相談窓口が相談
を抱え込むのではなく，本人のニーズに応じて，適切な支援機関につないだり，
専門機関と協働しながら支援を行うことが重要である。
　ところで，2016（平成28）年から法見直しに向けて開催された論点整理検討
会の報告書には，法改正に向けてもつべき視点として，「社会的孤立や生きづ
らさを含め，すべての相談を断らないことを基本とする[16]」と記されていること

はここに記しておきたい。「断らない相談支援」という言葉を，検討会の報告書の中で示すことができたということは，すなわち法の施行後，支援の現場において包括的に相談を幅広く受け止めることを実践した積み重ねの結果といえる。

4　制度の概要

　生活困窮者自立支援制度の実施主体は，福祉事務所を設置する自治体（基本的には，都道府県と市）であり，自治体は法の事業を直接または委託により実施する。法が定める事業のうち，福祉事務所設置自治体が必ず実施する事業（必須事業）が「自立相談支援事業」と「住居確保給付金の支給」である（図8-2）。

　このほか，任意事業として，就労準備支援事業，家計改善支援事業（2018年の法改正以前は，家計相談支援事業），一時生活支援事業，子どもの学習・生活支援事業（2018年の法改正以前は，子どもの学習支援事業）がある。加えて，自治体の事業ではなく民間主体による取り組みを都道府県知事等が認定する仕組みとして，認定就労訓練事業がある。

　当然ながら，これら法に定める事業だけでなく，さまざまな地域の資源と協働したり，仮にない場合には新たにつくるなどして，地域の支援力を拡大していくことが期待されている。

（1）自立相談支援事業

　すべての福祉事務所設置自治体において実施される事業であり，制度全体の中では，支援に関する総合調整の役割を担う。多くは，**自立相談支援事業**において相談を受け付け，その後，任意事業や各種支援機関につなぐこととなる。支援にあたっては，支援プランを作成し，支援の開始から終結まで，本人に伴走する役割を果たす。また，潜在的なニーズを抱える相談者にアウトリーチしたり，認定就労訓練事業を含む生活困窮者の就労の場づくりへの働きかけといった「地域づくり」も重要な役割の一つである。

（2）住居確保給付金の支給

　住居確保給付金は，リーマン・ショック後に創設された住宅支援給付を恒久制度化したものであり，離職に伴って住居を喪失，またはそのおそれの高い人

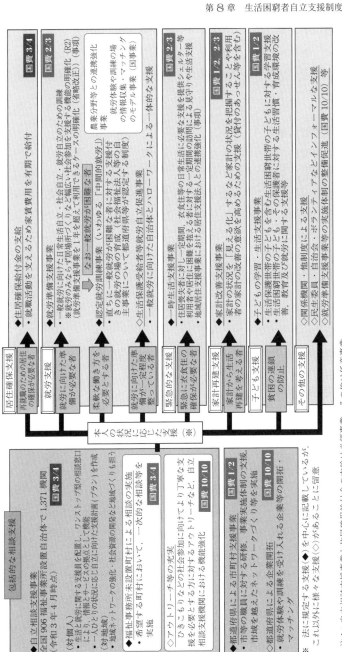

図8-2　生活困窮者自立支援制度の概要

注1：自立相談支援事業と住居確保給付金の支給は必須事業。その他は任意事業。
注2：就労準備支援事業と家計改善支援事業は2018（平成30）年より努力義務化された。

※　法に規定する支援（◆）を中心に記載しているが、これ以外にも様々な支援（◇）があることに留意

出所：厚生労働省（2021）生活困窮者自立支援のあり方等に関する論点整理のための検討会（第1回）資料4「生活困窮者自立支援制度の施行状況について」（https://www.mhlw.go.jp/content/12000000/000846659.pdf　2022年1月6日閲覧）3頁を一部改変。

や，本人の都合によらず減収した人[17]に対して，有期で家賃相当額を支給するものである。なお，単に家賃相当額を支給するというだけでなく，自立相談支援事業やその他の任意事業による個別の相談支援もあわせて行うという点が重要な要素である。

（3）就労準備支援事業

就労準備支援事業は，就労に必要な実践的な知識・技能等が不足していたり，複合的な課題があり，生活リズムが崩れている，社会との関わりに不安を抱えている，就労意欲が低下しているなどの理由で，就労に向けた前段階の支援が求められる人を対象としている。

支援にあたっては，地域の他の資源も活用しながら，本人の状態に応じた多様なメニューをつくることとされている。就労体験や職場見学，就労準備支援事業所内での軽作業のほか，一般就労が近づけば，履歴書の作成支援やビジネスマナー講座等も含まれる。事業所によっては，障害福祉サービスと連携し障害者支援の中で培ってきたノウハウを活用しているところや，自治体が直営で実施し，自治体内の業務を切り出し作業メニューとして実施しているところなどやり方は多様である。

（4）認定就労訓練事業

認定就労訓練事業は，一般の企業や事業所では雇用による就労を継続することが困難な人を対象としたものであり，その人に合った多様な就労の機会を提供するものである。個々人の就労支援プログラムに基づき，就労支援担当者による一般就労に向けた中・長期的な関わりを行う事業である。プログラムの作成方法としては，たとえば毎日の就労が難しい人に対して，就労日数や一日の就労時間を少なくしたり，はじめから終わりまでの一連の作業ができないという人に対して一部の作業を切り出し，その人に合った作業プログラムをつくるといったことが想定される。

なお，認定就労訓練事業は，生活困窮者自立支援制度の他事業とは異なり，運営費を公費で賄うのではなく，社会福祉法人やNPO法人，株式会社等の民間事業者が自主事業として運営するものである。認定就労訓練事業が適切なものとなるよう，一定の基準に適合していることを都道府県知事等が認定する仕組みである。この仕組みによって，認定を受けた事業者は，税制の優遇措置や

自治体からの優先発注を受けることが可能となる。

　さらに，認定就労訓練における就労形態には，雇用契約を締結せず訓練として就労を体験する段階（非雇用型）のものと，雇用契約を締結したうえで支援付きの就労を行う段階（雇用型）のものと2つがある。いずれの雇用型とするか，あるいはどの事業所とするかは，自立相談支援事業の支援員が本人の状態を丁寧にアセスメントしたうえ判断する。また，本人が認定就労訓練事業につながったあとも，自立相談支援事業の支援員が本人の状況を定期的にモニタリングし，プランを見直し，本人に合ったスモールステップを図ることができるよう支援する。

（5）一時生活支援事業

　一時生活支援事業は，住居をもたない生活困窮者に対して，一定期間にわたり宿泊場所の提供や衣食その他の日常生活を営むために必要となる物資を貸与または提供する事業である。なお，本事業を利用している間に，自立相談支援事業の支援員が就労支援や賃貸契約の支援等を行い，退所後の生活の立て直しに向けて準備を整えることが重要となる。

（6）家計改善支援事業

　家計改善支援事業は，家計収支の均衡がとれていないなど，家計に課題を抱える人に相談支援を行う事業である。相談者に対し，家計の状況の緊急度や家計状況のアセスメントを行い，相談者自身が家計状況や課題を理解できるように家計の「見える化」を図る。そして，支援の方向性を提案するとともに，家計の視点から必要な情報提供や専門的な助言を行っていく。これらの継続的な支援を通じて，最終的には本人自身が家計の管理ができるようになることをめざしていく事業である。

　具体的な支援業務としては，家計管理に関する支援，滞納（家賃，税金，公共料金など）の解消や各種給付制度等の利用に向けた支援，債務整理に関する支援（多重債務者相談窓口との連携等），貸付けのあっせんが挙げられる。

　本事業のポイントは，支援者が相談者の家計を管理したり指導する事業ではなく，本人が自らの力で家計管理ができるようになることを支援者が支えていくという点である。

（7）子どもの学習・生活支援事業

　貧困の連鎖を防止するため，生活保護受給世帯を含む子どもを対象に学習支援や日常生活の支援，親への養育支援などを行う事業である。

　生活困窮世帯の子どもは，親との関わりが少なく生活習慣の乱れや社会性の不足など，生活面の課題を抱えているほか，保護者も子育てや生活全般に関する悩みを抱えている場合が少なくない。このため，**子どもの学習・生活支援事業**においては，子どもの学習面の支援のみならず，子どもの生活習慣や育成環境の改善，保護者に対する情報提供や各種支援策へのつなぎなどが重要となる。

　以上が生活困窮者自立支援制度の概要であるが，生活困窮者への支援は，ここで説明した法定事業だけで完結するものではなく，さまざまな支援関係機関や地域の関係者と協働しながら，創造的に支援を進めていくことが求められる。また，地方を中心に人口減少や過疎化が深刻となる中で，生活困窮者への支援を通じて，地域の支援力を高めたり，雇用を創出し地域活性化を図ることも期待されている。このため，生活困窮者自立支援制度の仕組みを活用しながら，福祉の分野を超えた多様な人や機関とつながり，地域の実情に合わせて柔軟に支援のかたちをつくっていくことが重要であることを最後に強調しておきたい。

注

(1) 厚生労働省「2019年　国民生活基礎調査」(https://www.mhlw.go.jp/toukei/saikin/hw/k-tyosa/k-tyosa19/dl/03.pdf　2021年9月8日閲覧) 9～14頁。
(2) 厚生労働省（2020）『令和2年版　厚生労働白書』37頁。
(3) 2012年は社会保障審議会生活困窮者の生活支援の在り方に関する特別部会において検討がはじまった時期である。なお，生活保護人員は2014年まで増加を続けた。
(4) 厚生労働省（2015）『平成27年版　厚生労働白書』67頁。
(5) 内閣府（2008）『平成20年度　高齢者の生活実態に関する調査結果』。
(6) 総務省統計局「労働力調査（基本集計）」より。
(7) 財団法人社会経済生産性本部（2007）「ニートの状態にある若年者の実態及び支援策に関する調査研究」。
(8) 鏑木奈津子（2020）『生活困窮者自立支援制度と地域共生──政策から読み解く支援論』中央法規出版，209～211頁。
(9) 2004年の社会保障審議会「福祉部会生活保護制度の在り方に関する専門委員会報告書」に示された，自立支援の考え方と共通するものである。
(10) 自立相談支援事業従事者養成研修テキスト編集委員会編（2014）『生活困窮者自

立支援法自立相談支援事業従事者養成研修テキスト——生活困窮者自立支援法』中央法規出版，9頁。

⑾　佐賀県佐賀市にある自立相談支援機関「NPO法人スチューデント・サポート・フェイス」によると，相談に訪れた若者のうち，48.5％の若者がすでに複数の支援機関の利用を経験したが，課題が継続したままであると報告している。「平成26年度　自立相談支援事業従事者養成研修事業　共通プログラム」谷口仁史資料より。

⑿　(8)と同じ，47～48頁。

⒀　条文解説の詳細は，(8)と同じ，58～63頁を参照のこと。

⒁　生活困窮者自立支援法第3条の「就労の状況，心身の状況，地域社会との関係性その他の事情により」は，2018年の法改正で新たに追記されたものである。

⒂　厚生労働省（2015）「新たな生活困窮者自立支援制度に関する質疑応答集」(https://www.mhlw.go.jp/content/000362615.pdf　2021年9月10日閲覧)。

⒃　生活困窮者自立支援のあり方等に関する論点整理のための検討会「生活困窮者自立支援のあり方に関する論点整理」(2017年3月17日) 3頁。強調点は，筆者によるものである。

⒄　2020年4月から住居確保給付金の支給対象が拡大し，「個人の責任・都合によらず給与等を得る機会が，離職・廃業と同程度まで減少している場合」も対象となった。

参考文献

奥田知志ほか（2014）『生活困窮者への伴走型支援——経済的困窮と社会的孤立に対応するトータルサポート』明石書店。

鏑木奈津子（2020）『詳説生活困窮者自立支援制度と地域共生——政策から読み解く支援論』中央法規出版。

五石敬路ほか編（2017）『生活困窮者支援で社会を変える』法律文化社。

自立相談支援事業従事者養成研修テキスト編集委員会編（2014）『自立相談支援事業従事者養成研修テキスト——生活困窮者自立支援法』中央法規出版。

新保美香（2018）「生活困窮者自立支援制度における就労支援と地域づくりの展開」『月刊福祉』101(1)，40～45頁。

学習課題

①　あなたの暮らす自治体の生活困窮者自立支援制度の取り組み状況について調べてみましょう。必須事業のほか，任意事業は行われているでしょうか。支援機関は広報・周知されており，窓口はわかりやすいところにつくられているでしょうか。

②　生活困窮者支援を通じた地域づくりの実践を調べてみましょう。また，どのような実践があなたの地域で可能であるか，地域の社会資源を調べたうえで自分なりに考えてみましょう。

第9章

低所得者対策の概要と役割

　本章で取り上げる制度対象としての低所得者とは，生活保護基準と同等あるいはそれに近い生活水準にある人々，いわゆるボーダーライン層である。2020（令和2）年以降の新型コロナウイルス感染症感染拡大は，多くの人々に，生活不安定に陥ることは他人ごとではないと感じさせ，低所得者への対策の重要性が浮き彫りになった。では，現在の低所得の人々が利用し得る制度にはいかなるものがあるだろうか。

　本章では，低所得者対策として，生活福祉資金貸付制度，無料低額診療事業，求職者支援制度，無料低額宿泊所，公営住宅制度，法律扶助，災害救助，臨時つなぎ資金貸付制度を取り上げ概説し，それらの役割について考えていきたい。

1　生活福祉資金貸付制度

（1）生活福祉資金貸付制度とは

　生活福祉資金貸付制度は，その名の通り，現金を給付するのではなく，公的に生活資金の貸し付けを行う制度である。同制度は，2020（令和2）年以降のコロナ禍による緊急事態宣言などの影響を受けて，多くの人々が一時的な生活不安に見舞われた際に，緊急小口貸付の特例貸付や総合支援資金の特例貸付のような特例措置がとられながら活用された。

　生活福祉資金貸付制度は，戦後に導入された「世帯更生資金貸付制度」にはじまり，その時々の社会経済状況を反映して貸付資金の内容の拡充や特例措置が行われながら現在に至った仕組みであり，低所得者の生活を助ける役割は大きい。しかしながら，コロナ禍まではあまり人々に知られることがなかった。

　生活福祉資金貸付制度は，低所得者，障害者または高齢者に対し，資金の貸し付けと必要な相談支援を行うことにより，その経済的自立や生活意欲を高め

表 9 - 1　貸付対象世帯

低所得世帯		資金貸付にあわせて必要な支援を受けることにより独立して自活できる世帯であって，必要な資金を他から受けることが困難である世帯
障害者世帯	身体障害者世帯	身体障害者手帳，療育手帳（名称は自治体によって異なる），精神障害者保健福祉手帳の交付を受けている人が属する世帯，その他現に障害者総合支援法によるサービスを利用している等これと同程度と認められる人が属する世帯
	知的障害者世帯	
	精神障害者世帯	
高齢者世帯		65歳以上の高齢者が属する世帯

出所：生活福祉資金貸付制度研究会（2020）『令和 2 年度版　生活福祉資金の手引』全国社会福祉協議会をもとに筆者作成。

ることを促し，また在宅福祉や社会参加の促進を図り，安定した生活を送れるようにすることを目的としている。本制度は，社会福祉法の第 2 条第 2 項第 7 号の「生計困難者に対して無利子又は低利子で資金を融通する事業」に該当するもので，第一種社会福祉事業に位置づけられている。具体的な運用は，「生活福祉資金の貸し付けについて」（平成21年 7 月28日厚生労働省発社援0728第 9 号「生活福祉資金貸付制度要綱」）に基づき行われている。

　実施主体は，都道府県社会福祉協議会であるが，実際の業務の一部は市町村社会福祉協議会に委託している。また，**民生委員**は，民生委員法第14条に基づいて，都道府県および市町村社会福祉協議会と緊密に連携し同事業に協力することとされ，借受け世帯の生活状況の把握や自立した生活に向けた相談支援および同事業に関わる広報・情報提供の役割などを担っている。

　貸付対象は，貸付の種類にもよるが，低所得世帯，障害者（身体障害者，知的障害者，精神障害者）世帯，高齢者世帯である（表 9 - 1）。

（2）生活福祉資金貸付制度の変遷

　生活福祉資金貸付制度は，戦後に導入された**世帯更生資金貸付制度**にはじまる。終戦直後の日本では低所得者階層が激増していった。当時の民生委員は，そのような人々に対して，生活基盤を確保し生活保護世帯への転落を防止するために，適切な生活指導と援助が必要であるとして全国的な世帯更生運動を展開した。このような低所得者階層への自立を助ける仕組みを求めた民生委員の運動を背景に，1955（昭和30）年，低所得世帯等の経済的自立と生活意欲の助長促進を図ることを目的とした世帯更生資金貸付制度が創設された。

　この制度の創設当初の貸付の種類は，生業資金，支度資金，技能習得資金の

3 種類であったが，その後の社会経済状況の変化に伴う時代の要請に対応し，必要に応じて貸付の種類を増やすなどの制度の変更や特例措置の実施を行いながら制度改善が進められていく。1957（昭和32）年には 3 種類の貸付に加え，生活資金（生活費，家屋補修費，助産費，葬祭費）が新設された。そして，1961（昭和36）年には，1957（昭和32）年から行われていた医療費貸付制度を世帯更生資金貸付制度に統合するとともに，資金の種類について更生資金（生業費，支度費，技能習得費）と生活資金に加え，身体障害者更生資金，住宅資金，就学資金，療養資金が導入され 6 種類となった。さらに，1962（昭和37）年には災害援護資金が，1972（昭和47）年には福祉資金が加えられ 8 種類に拡大された。

　また，この制度の運用にあたっては，大災害時の被災世帯に対する特例措置や，公害やカネミ油症患者に対する生活資金の貸付の特例措置（1970年度），スモン患者世帯に対する生活資金の貸付の特例措置（1978年度）などが実施された。

　以上のように，世帯更生資金貸付制度は，その時代および社会の状況に応じて貸付資金の種類の拡大や特例措置を設けるなど弾力的な対応を図り，低所得世帯の自立更生を支える重要な役割が期待されてきたといえる。

　1990（平成 2）年度には，在宅福祉を推進する観点に立ち，日常生活上の要介護高齢者のいる世帯の所得制限を緩和し，また知的障害者世帯の所得制限の撤廃を行うと同時に，世帯更生資金貸付制度はその制度名称を「生活福祉資金貸付制度」へと変更した。

　生活福祉資金貸付制度へと改称されたのちも，他法律の改編や社会経済情勢に応じて見直しが図られていく。たとえば，2000（平成12）年の介護保険スタートに合わせ貸付項目を拡大して介護保険サービスを受けるために必要な貸付を実施し，2005（平成17）年の障害者自立支援法（現・障害者の日常生活及び社会生活を総合的に支援するための法律）が成立した際にはそれに応じて貸付対象費目の拡大を行った。また，2001（平成13）年には急激な失業者の増加に対する総合雇用対策の一環として「離職者支援資金」を，2002（平成14）年には低所得高齢者に対し一定の居住用不動産を担保にして生活費を貸し付ける長期生活支援資金（現・不動産担保型生活資金）を，2003（平成15）年には緊急的・一時的な少額の生活資金を貸し付ける緊急小口資金を，2008（平成20）年の世界金融危機（リーマン・ショック）の影響を受けたときには生活保護には至らないが生活に困窮するボーダーライン層に対する「自立支援対応資金」を創設した。こ

のようにその時々の制度導入や社会経済情勢に敏感に対応していく中で，貸し付けの種類は10種類になっていった。

　特に2008（平成20）年のリーマン・ショック以降の経済・雇用情勢の悪化が社会問題となり，経済危機の緊急対策が求められる状況となった。そこで2009（平成21）年10月，「新たなセーフティネット」の構築を図る観点から，生活福祉資金貸付制度の見直しが行われることとなった。このときに，10種類あった資金の種類は4種類に整理・統合され，この制度見直しで整備された仕組みが現在に至っている（表9-2）。

　次項で，現在の生活福祉資金貸付制度の概要と貸付手続きの流れを確認しよう。

（3）貸付の内容と手続きの流れ

①　貸付の内容

　資金の種類には，大きくは「総合支援資金」「福祉資金」「教育支援資金」「不動産担保型生活資金」の4種類がある。総合支援資金とは，失業者など日常生活全般に困難を抱えており，生活の立て直しのために継続的な相談支援（就労支援，家計相談支援等）と生活費および一時的な資金を必要とし，貸し付けを行うことにより自立が見込まれる世帯に貸し付ける資金である。福祉資金とは，低所得世帯，障害者世帯または高齢者世帯（日常生活上療養または介護を要する高齢者が属する世帯に限る）に対し，福祉費（日常生活を送るうえで，または自立生活に資するために一時的に必要であると見込まれる費用），緊急小口資金（一定の理由により緊急かつ一時的に生計の維持が困難となった場合の少額の費用）を貸し付ける資金である。教育支援資金は，低所得世帯に対して教育支援費や就学支度費を貸し付ける資金である。不動産担保型生活資金は，一定の居住用不動産を有し，将来にわたりその居住に住み続けることを希望する一定の条件に該当する高齢者世帯に対し，その居住用不動産を担保として生活費を貸し付ける資金である。

　貸付のより具体的な内容や金額については表9-2の通りである。なお，貸し付けにあたっては，資金の種類によって，償還期限，据置期間，貸付利子，連帯保証人の必要の有無に関する条件が異なるので，それらを確認しておく必要がある。

表9-2　生活福祉資金一覧

資　金　の　種　類			貸付条件				
			貸付限度額	据置期間	償還期限	貸付利子	連帯保証人
総合支援資金（注）	生活支援費	・生活再建までの間に必要な生活費用	（二人以上）月20万円以内 （単身）月15万円以内 ・貸付期間：原則3月，最長12月以内（延長3回）	最終貸付日から6月以内	据置期間経過後10年以内	連帯保証人あり無利子 連帯保証人なし年1.5%	原則必要 ただし，連帯保証人なしでも貸付可
	住居入居費	・敷金，礼金等住宅の賃貸契約を結ぶために必要な費用	40万円以内	貸付けの日（生活支援費とあわせて貸し付けている場合は，生活支援費の最終貸付日）から6月以内			
	一時生活再建費	・生活を再建するために一時的に必要かつ日常生活費で賄うことが困難である費用 就職・転職を前提とした技能習得に要する経費 滞納している公共料金等の立て替え費用 債務整理をするために必要な経費　等	60万円以内				
福祉資金	福祉費	・生業を営むために必要な経費 ・技能習得に必要な経費及びその期間中の生計を維持するために必要な経費 ・住宅の増改築，補修等及び公営住宅の譲り受けに必要な経費 ・福祉用具等の購入に必要な経費 ・障害者用の自動車の購入に必要な経費 ・中国残留邦人等に係る国民年金保険料の追納に必要な経費 ・負傷又は疾病の療養に必要な経費及びその療養期間中の生計を維持するために必要な経費 ・介護サービス，障害者サービス等を受けるのに必要な経費及びその期間中の生計を維持するために必要な経費 ・災害を受けたことにより臨時に必要となる経費 ・冠婚葬祭に必要な経費 ・住居の移転等，給排水設備等の設置に必要な経費 ・就職，技能習得等の支援に必要な経費 ・その他日常生活上一時的に必要な経費"	580万円以内 ※資金の用途に応じて上限目安額を設定	貸付けの日（分割による交付の場合には最終貸付日）から6月以内	据置期間経過後20年以内	連帯保証人あり無利子 連帯保証人なし年1.5%	原則必要 ただし，連帯保証人なしでも貸付可
	緊急小口資金（注）	・緊急かつ一時的に生計の維持が困難となった場合に貸し付ける少額の費用	10万円以内	貸付けの日から2月以内	据置期間経過後12月以内	無利子	不　要

				据置期間	償還期限	貸付利子	連帯保証人
教育支援資金	教育支援費	・低所得世帯に属する者が高等学校，大学又は高等専門学校に就学するのに必要な経費	(高校) 月3.5万円以内 (高専) 月6万円以内 (短大) 月6万円以内 (大学) 月6.5万円以内 ※特に必要と認める場合は，上記各限度額の1.5倍まで貸付可能	卒業後6月以内	据置期間経過後20年以内	無利子	原則不要 ※世帯内で連帯借受人が必要
	就学支度費	・低所得世帯に属する者が高等学校，大学又は高等専門学校への入学に際し必要な経費	50万円以内				
不動産担保型生活資金	不動産担保型生活資金	・低所得の高齢者世帯に対し，一定の居住用不動産を担保として生活資金を貸し付ける資金	・土地の評価額の70%程度 ・月30万円以内 ・貸付期間 借受人の死亡時までの期間又は貸付元利金が貸付限度額に達するまでの期間	契約の終了後3月以内	据置期間終了時	年3％，又は長期プライムレートのいずれか低い利率	必要 ※推定相続人の中から選任
	要保護世帯向け不動産担保型生活資金	・要保護の高齢者世帯に対し，一定の居住用不動産を担保として生活資金を貸し付ける資金	・土地及び建物の評価額の70%程度（集合住宅の場合は50%） ・生活扶助額の1.5倍以内 ・貸付期間 借受人の死亡時までの期間又は貸付元利金が貸付限度額に達するまでの期間				不要

注：総合支援資金および緊急小口資金については，既に就職が内定している場合等を除いて生活困窮者自立支援制度における自立相談支援事業の利用が貸付の要件となります。

　　※貸付にあたっては，各都道府県社協によって定められている審査基準により審査・決定されます。

出所：全国社会福祉協議会「福祉のガイド　福祉の資金（貸与）」（https://www.shakyo.or.jp/guide/shikin/seikatsu/index.html　2021年9月3日閲覧）。

②　貸付の手続きの流れ

　生活福祉資金貸付制度は都道府県社会福祉協議会が実施主体であるが，実際の借入の申込を都道府県社会福祉協議会が受け付けているわけではない。具体的な借入申込からの流れは，貸し付ける資金の種類によって次の通り異なる。

　総合支援資金と緊急小口資金の貸付（図9-1）にあたっては，原則として，生活困窮者自立支援制度において総合相談窓口の役割を果たしている自立相談支援事業の利用を要件としている。もし，最初に市町村社会福祉協議会に借入の相談をしに行った場合は，資金借入の希望等を確認したのちに，自立相談支援機関につなぐこととなっている。自立相談支援機関においては，相談者の

115

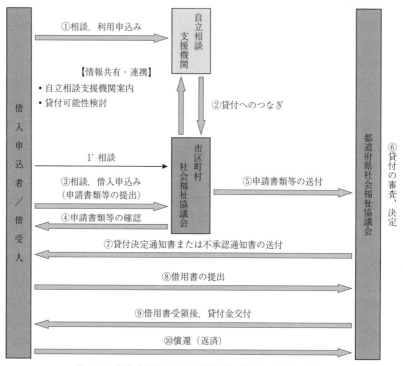

図9-1　総合支援資金および緊急小口資金の手続きの流れ

出所：全国社会福祉協議会「福祉のガイド　福祉の資金（貸与）」（https://www.shakyo.or.jp/guide/shikin/ seikatsu/index.html　2021年9月3日閲覧）。

　個々の状況に応じて，自立に向けた支援プランの検討とともに，相談の中で総合支援資金あるいは緊急小口資金の利用の可能性が考えられる場合に，借入額や償還計画等について相談を行い申請の手続きを行う。借入申込者が提出した申請書類等をもとにして，都道府県社会福祉協議会が最終的な貸付の審査を行い，貸付の決定を行う。以上のように，貸付の実施にあたっては，個別の相談を行い償還までの計画を立てる相談支援が行われる。

　福祉費，教育支援資金，不動産担保型生活資金の借入の申請（図9-2）については，市区町村社会福祉協議会で受け付ける。受け付けた申請の内容については，市区町村社会福祉協議会および都道府県社会福祉協議会において確認を行い，貸付の審査は都道府県社会福祉協議会が行う。そして都道府県社会福祉協議会から貸付決定通知書または不承認通知書が送付される。なお，借入希望

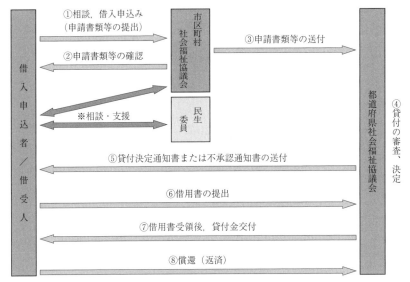

図 9-2　福祉費，教育支援資金，不動産担保型生活資金の手続きの流れ

出所：全国社会福祉協議会「福祉のガイド　福祉の資金（貸与）」(https://www.shakyo.or.jp/guide/shikin/seikatsu/index.html　2021年9月3日閲覧)。

者の状況に応じて，包括的な支援が必要な場合は，生活困窮者自立支援制度と連携しながら支援を行うこととなっている。

③　貸付金の償還

借入れを行った場合，償還計画に従い，決められた支払い期日までに元金（借入れた金額）とその利子を都道府県社会福祉協議会に償還する。期限までに償還しなかったときは，年3％の延滞利子が徴収される。ただし，災害等のやむを得ない理由により償還が困難であると認められた場合には，償還の猶予を受けることができる。

2　低所得者支援に関連する制度

（1）医療に関する支援制度──無料低額診療事業

無料低額診療事業は，社会福祉法の第2条第3項第9号の「生計困難者のために，無料又は低額な料金で診療を行う事業」に該当するもので，第二種社会福祉事業に位置づけられている。

　本事業の対象者は，低所得者，要保護者，ホームレス，DV 被害者，外国人，人身取引被害者等で，経済的理由により医療を受けることが難しい生計困難者である。本事業は，このような人々の必要な医療を受ける機会が制限されることがないように，医療機関（無料低額診療施設）において無料または低額の自己負担で診療を行うものである。無料低額診療施設には，医療上や生活上の相談に応じることができるよう，医療ソーシャルワーカーの配置が義務づけられている。2018（平成30）年には，全国で700以上の病院・診療所等で実施されている。利用方法は，無料低額診療施設によって異なるため，各施設の医療ソーシャルワーカーに相談するとよい。

　わが国は皆保険体制を構築しているとはいえ，保険料の未納や生活保護の対象にならないなどのために，そこからこぼれ落ちる可能性があるのがまさに低所得に置かれる人々である。保険料の未納が続き医療保険を利用できないために，医療を受ける必要があるのに我慢してしまうと，病状が悪化し生活を立て直すことがより困難になったり，命を失ってしまったりすることもあり得る。無料低額診療事業は，命を守るいわば「ソーシャルワーカーの支援付き福祉医療制度[1]」として重要な役割を担っている。

（2）働くことに関する支援制度——求職者支援制度

　求職者支援制度は，離職して雇用保険を受給できない者や雇用保険の給付の受給期間を終えても就職することができない者，新卒者，収入が一定額以下の在職者などが，給付金を受給しながら訓練を受講することができる仕組みである。同制度は，2011（平成23）年から施行されている。この導入の背景には，2008（平成20）年のリーマン・ショック以降の景気後退によって，非正規雇用者や長期失業者が多く生み出されたことがある。当時，失業した場合，雇用保険が再就職までの間の生活を支える仕組みとして機能したが，その給付を受けられない場合あるいは受給期間を終えた場合には，生活保護に至るまでは何ら対応する制度はない状況であることが問題として浮上したのである。そこで，雇用保険と生活保護の中間に所得保障を行う新たな制度，いわば第二のセーフティネットの必要性が認識され導入されたのが求職者支援制度である。

　求職者支援制度は，再就職や転職をめざす求職者が月10万円の生活支援の給付金を受給しながら，無料の職業訓練を受講することができる仕組みである。そのためには，公共職業安定所（ハローワーク）に求職の申し込みをし，作成

された就労支援計画に基づき支援を受けていくことになる。また所得制限や資産制限が設けられている。訓練期間は２か月から６か月であるが，訓練期間がより長い公共職業訓練の場合，最長２年までの受講が可能である。

（３）住宅（住まい）に関する支援制度——無料低額宿泊所，公営住宅など

①　無料低額宿泊所

無料低額宿泊所は，社会福祉法の第２条第３項第８号の「生計困難者のために，無料又は低額な料金で，簡易住宅を貸し付け，又は宿泊所その他の施設を利用させる事業」に該当するもので，第二種社会福祉事業に位置づけられている事業である。

市町村または社会福祉法人が同事業を開始したときは，事業開始から１か月以内に，その施設を設置した地の都道府県知事に届け出なければならない。また，国，都道府県，市町村および社会福祉法人以外の者が同事業を開始するときには，その事業の開始前に，事業経営地の都道府県知事に届け出なければならないとしている。

無料低額宿泊所は，基本的には住まいが確保できない人々の一時的な居住の場として規定されてきた。しかし，何らかの課題を抱え居宅での生活が困難であるため一定の支援が必要であるものの他の社会福祉施設等への入所対象とならない人々の「課題等が解消されるまでの間，必要な支援を受けながら生活を送る場[(2)]」としての無料低額宿泊所の必要性が認識されてきた。実際に単に居住の場の提供だけでなく生活支援をも含めて事業を行う無料低額宿泊所も存在した。その一方で，無料低額宿泊所を運営する事業者の中には，最低基準を満たさず劣悪な環境に住まわせる悪質なものが見られるという問題も生じていた。そこで2018（平成30）年に，悪質な事業を行わせないために社会福祉法を改正し規制強化を図り，また同年，生活保護法を改正し，日常生活上の支援を委託する無料低額宿泊所等に関する基準を設けて，それを満たした施設を「日常生活支援居住施設」とし，単独での居住が困難な生活保護受給者に対して必要な日常生活上の支援を提供することができるようになった。

②　公営住宅制度など

公営住宅は，1951（昭和26）年に制定された公営住宅法に基づき，「国及び地方公共団体が協力して，健康で文化的な生活を営むに足りる住宅を整備し，これを住宅に困窮する低額所得者に対して低廉な家賃で賃貸し，又は転貸するこ

とにより，国民生活の安定と社会福祉の増進に寄与すること」（法第1条）を目的とした住宅である。第二次世界大戦後の混乱とその中で住宅が不足していた状況を背景として，主に低所得層などの住宅に困窮する人々を対象に創設されたものである。家賃は入居世帯の収入額に立地条件，面積，築年数，設備などを加味して決められる。公営住宅は，まさに住宅セーフティネットの役割を担ってきたといえる。

　このほかに，2007（平成19）年7月から「**住宅確保要配慮者に対する賃貸住宅の供給の促進に関する法律**」（住宅セーフティネット法）が施行されている。これは，新規に持家を取得することや賃貸住宅を借りることが難しい，高齢者や低所得者，子育て世帯，障害者，被災者等の住宅の確保に特に配慮を求める基本法である。2017（平成29）年には，増加する民間の空き家・空き室を活用し住宅セーフティネットの強化が図られている。

　安心・安定した生活を営むためには，住宅の確保は重要である。しかしながら，住宅は，購入には高額の資金が必要であるし，賃貸住宅の場合は初期に敷金や礼金が求められ一定程度の現金の用意が必要となることが多く，低所得者の場合はその確保が大変難しい。無料低額宿泊所や公営住宅などの住宅に関する制度政策を知っておくことは，生活の保障を考えるうえで重要であるといえる。

（4）法律相談等にかかわる制度──法律扶助

　法律扶助とは，弁護士・司法書士の費用を援助することによって，「裁判を受ける権利」を実質的に保障する仕組みである。そこで，一定条件を満たす人々を対象に，法律相談を実施したり弁護士費用を立て替えたりする制度として，**民事法律扶助制度**が挙げられる。日本司法支援センター（法テラス）が事業を実施している。

　日々の生活を営む中で，思いもよらず法的トラブルに巻き込まれることがある。たとえば，借金，離婚，相続，消費者問題（振り込め詐欺，覚えのない高額請求など），労働問題（パワーハラスメントや突然の解雇，給与や退職金未払いなど）といったさまざまな問題があり得る。そのような問題に直面した場合，弁護士に相談したり，裁判所に訴えたりしてその解決を図らなければならないことも少なくない。しかしながら，弁護士への相談や裁判をするためには，弁護士費用など金銭的負担がかかる。そこで，生活資金に余裕がない低所得状態にある

人々が，弁護士に相談できず，また裁判することもできずあきらめてしまうことがないようにするのが民事法律扶助制度である。2020（令和 2）年 3 月末現在の民事法律扶助の無料法律相談利用件数は351万件となっている。

（5）自然災害における応急的な救助——災害救助法

　自然災害で被災した個人・世帯に対して，「国が地方公共団体，日本赤十字社その他の団体及び国民の協力の下に，応急的に，必要な救助を行い，被災者の保護と社会秩序の保全を図る」（法第 1 条）ことを目的とした**災害救助法**がある。同法律は1947（昭和22）年に制定され改正が行われながら現在に至っている。

　同法による救助の種類には，避難所の設置，応急仮設住宅の供与，炊き出しその他による食品の給与，飲料水の給与，被服・寝具その他生活必需品の給与・貸与，医療・助産，被災者の救出，住宅の応急修理，学用品の給与，埋葬，死体の捜索・処理，障害物の除去がある。これら救助は，都道府県知事が現に救助を必要とするものに対して法定受託義務として行うが，必要に応じて，救護の実施に関する事務の一部を市町村長へ委任することができる。また，都道府県は，災害救助に要する費用の支弁の財源に充てるため，災害救助基金を積み立てておかなければならないとされている。

（6）公的給付等の申請から受給までをつなぐ——臨時特例つなぎ資金貸付制度
　臨時特例つなぎ資金貸付制度は，離職者を支援するための公的給付（失業等給付，生活保護，住居確保給付金，職業訓練受講給付等）や公的貸付（総合支援資金）の申請が受理されている住居のない離職者を対象に，その給付金や貸付金の交付を受けるまでの間の不足する生活費を貸し付ける制度である。実施主体は都道府県社会福祉協議会であるが，利用にあたっては，緊急小口資金や総合支援資金の流れと同じく生活困窮者自立支援制度の自立支援相談事業の利用が求められる。貸付限度額は10万円である。

3　低所得者対策の課題

　働くことができ一定の収入がある人々であっても，いつ自然災害や感染症拡大，長期にわたる不景気などで生活の困難に直面することになるかわからない。

そのような状況に見舞われた場合に活用することができる，本章で取り上げた各種の低所得者対策は，人々が安心して安定した生活を営むために重要な役割を果たしている。それは，コロナ禍の経験から多くの人々が感じたことであろう。

　しかし，生活福祉資金貸付制度については，あくまでも「貸付」の制度であり，償還することが求められる。低所得者に対する経済的な支援として貸付制度が主軸となることでよいのか今後考えていく必要があろう。

　また，本章で取り上げた生活福祉資金貸付制度を含むさまざまな低所得者対策は，生活保護制度や各種社会保険に比べて一般的には知られていない。必要なときにこれらの制度へのアクセスをいかに保障するのかが課題であろう。そのためには，生活において困りごとがあったときに相談しやすい，行政機関，医療機関，障害・高齢・困窮等に関わる相談支援機関の連携が図られた仕組みづくりが重要である。

注
(1)　吉永純ほか編（2019）『無料低額診療事業のすべて──役割・実践・実務』クリエイツかもがわ，8頁。
(2)　厚生労働省（2019）「社会福祉住居施設及び生活保護受給者の日常生活支援のあり方に関する検討会（第8回）資料2」9頁。

参考文献
生活福祉資金貸付制度研究会（2020）『令和2年度版　生活福祉資金の手引』全国社会福祉協議会。

学習課題
①　「低所得」とはどのような状態なのか，調べ，考えてみよう。
②　自分の住んでいる自治体独自の低所得者対策関連事業があるのか調べてみよう。またどのような仕組みがあればよいか考えてみよう。

第10章

ホームレス対策の概要と役割

　ソーシャルワークは，これまでに貧困や生活困窮に陥った人を含む社会の辺境に置かれ，搾取あるいは排除されている人々に寄り添いながら支援を行ってきた。本章では，社会的な搾取あるいは排除の典型例ともいわれる「ホームレス」の状態に置かれている人々への「対策」に注目し，これまでにどのような「状態」を「ホームレス」と規定してきたのかと，その「状態」に位置づけられた人々を対象とした支援の内容を概観する。

　また，今後のホームレス対策の展開を想定することによりソーシャルワークが果たすべき役割の重要性について理解を深める。

1　「ホームレス」とはどのような「状態」を意味しているか

（1）「広義のホームレス」と「狭義のホームレス」

　「ホームレス」という言葉を耳にしたとき，どのような生活状況をイメージするだろうか。河川敷や公園等にブルーシートや段ボールなどで小屋を建てて生活する人々，あるいは一定の居所を構えずにネットカフェやファミリーレストラン等を転々としながら一夜を過ごしている人々だろうか。

　「ホームレスの自立の支援等に関する特別措置法」（ホームレス自立支援法）第2条では，「ホームレス」を「都市公園，河川，道路，駅舎その他の施設を故なく起居の場所とし，日常生活を営んでいる者」と定義している。

　しかし，「ホームレス」という言葉は本来，「人称」ではなく「状態」を表す言葉である。自分らしく存在することが許される場所（ホーム）を喪失（レス）した「状態」を意味するものであり，ここでは，そのような「状態」を「広義のホームレス」としたい。

　一方，わが国では1990年代のバブル経済の崩壊以降，景気の停滞や雇用環境

123

の変容等による国民の生活基盤の脆弱化が進行した結果，安定した居住の場を喪失し，都市公園や河川，道路，駅舎等の公共空間を生活拠点とせざるを得ない人々が増加した。公共空間の利用適正化が新たな都市問題として認識されるようになり，その場を生活拠点とする「ホームレス」の「状態」に位置づけられる人々に対する「対策」が求められるようになった。

　この場合の「ホームレス」とは，経済的な不況に伴い職と居住の場を喪失し公共空間を生活拠点とせざるを得ない「状態」であり，このような「状態」をここでは「狭義のホームレス」としたい。

（2）「ホームレス」と「路上生活者」「野宿者」という言葉について

　「ホームレス」という言葉とともに居所を喪失し路上での生活を余儀なくされる人を形容する言葉として「路上生活者」あるいは「野宿者」という言葉が用いられる。

　先行研究によるそれぞれの言葉の活用例を振り返ると，国の法令等では「ホームレス」という用語が用いられるのに対し，都道府県における施策等においては「野宿者」あるいは「路上生活者」が用いられている。

　その背景には，後述のように「ホームレス」という「状態」に置かれた人々に対する支援は，東京都や大阪府等の大都市を中心とする都道府県による先駆的な取り組みがなされた後に，国による法整備が進められた経緯が影響しているものと考えられる。たとえば，大阪府などは「野宿者」という用語を使用しており，東京都においては「路上生活者」という用語を用いている。その後，1999（平成11）年に国が「ホームレス問題連絡会議」を設置した際に，「ホームレス」という言葉を「人称」の意味で用いるようになった。

　本章では，上述のように「ホームレス」という言葉は「状態」を捉える用語であり「人称」ではないということを前提に「ホームレス」という「状態」の人（人々）と記述することを原則とする。ただし，引用箇所においては，国の施策では「ホームレス」，都道府県の施策においては「野宿者」「路上生活者」など，各自治体の活用事例に準拠して用いていくこととする。

（3）ホームレス対策の概略

　バブル経済の崩壊以前にも「ホームレス」の「状態」で生活する者は存在していたが，失業対策や住宅政策の不備が「ホームレス」の「状態」として表出

したと捉えるよりも，「自分たちとは異なり，怠けていて，危険な人」の特殊な生活「状態」という捉え方が一般的な認識であった。

　そのためホームレス対策は，地域社会の安心・安全を守るための公衆衛生・治安維持の色彩が強い内容だった。

　しかし，1990年代におけるバブル経済の崩壊により可視化されたホームレス問題は，不況の長期化や建設産業の衰退などにより雇用が減少したことに加え，それまで高度経済成長を支えてきた日雇い土木等の単純作業に従事していた労働者の高齢化の時期と重なり，大量失業やそれに伴う居住の場の喪失という状況を招くこととなった。

　この時期のホームレスの状態に陥った人々の増加は，その人が抱える疾病，傷害，教育，失業といった個人の生活に現れる問題に加えて，雇用，住宅，社会保障という地域社会に住む人々とも共通する問題として認識されはじめ，わが国における「貧困の再発見」の契機となった。

　ただし，当時ホームレス対策は，ホームレスの状況に至った直接的理由が「失業に伴う居住の場の喪失」という認識が主であったため，就労支援による労働市場への復帰を果たすという失業者対策を中心に，そこから派生する生活課題に社会福祉が対応していくという考え方であった。

　また，政策的な対応としては1999（平成11）年に「**ホームレス問題連絡会議**」が発足し，「ホームレス問題に対する当面の対応策について」が発表され，ホームレスの自立支援，地域住民との良好な環境の保持を柱とする考え方が示されたことによりホームレス対策が大きく動きはじめることとなった[1]。

　この新たな貧困問題は，2008（平成20）年には世界金融危機（リーマン・ショック）の影響による派遣切りや2020（令和2）年から続くコロナ禍に伴う社会経済活動の停滞等により職と居所の喪失の危機に瀕する者の増加という状況を経て，ホームレス問題が，1990年代の自己責任の問題あるいは失業者対策という視点から，「生活困窮者」の一つの形態として，労働を媒介とした関係性の断絶，住居喪失に伴う社会的排除などの点から捉え直された。

　他方，ホームレス状態からの脱却に向けた支援では，これまでのワークファーストを前提とした支援策の限界性が明らかになるとともに，ホームレスに至る事情の個別性の理解を前提とした支援が浸透する中で，**ハウジングファースト**，伴走型の支援が志向されるようになった[2]。このように現在，ホームレス対策は，ソーシャルワークの視点に基づく再検証が急務になっている。

1990年代：バブル経済の崩壊
　　　　　⇒企業の倒産，リストラ等の構造不況
　　　　　建設業の衰退と失業者の増加

ホームレスの増大
日本における「貧困の再発見」

1999年　「ホームレス問題連絡会議」
　　　　　ホームレスの自立支援，地域住民の
　　　　　良好な環境の保持を柱とする考え方
　　　　　を示す。

図10-1　ホームレス対策の視点の変化

出所：筆者作成。

　次項では，ホームレス対策における主な法的根拠である「ホームレス自立支援法」および「生活困窮者自立支援法」に着目し，わが国においてホームレス対策がどのように進められてきたのかを理解したい。

（4）ホームレス自立支援法制定までの経緯

　ホームレス自立支援法とは，ホームレスに関する問題解決に資することを目的として，2002（平成14）年に10年間の時限立法として制定された法律である。同法が制定された当初は，2012（平成24）年に失効する予定であったが，実際にはこれまでに二度の期限延長を経て，現在は2027年まで法的効力が延長されている。

　ここでは，1990年代以降に可視化された「ホームレス問題」の主な対応について，ホームレス自立支援法の制定に至る経緯を通して概観する。

　ホームレス自立支援法制定以前の主な対応策は，民間団体や地方公共団体による交通費支給，食事提供等のいわゆる不定住貧困者に対する臨時的・応急的な対応をその特徴として挙げることができる。しかし，このような対応は，ホームレス状態を前提とする中での生存や生活の維持は可能であるが，ホームレス状態から脱却し「健康で文化的な生活」を送る道筋を描くことは難しい。路上へ流入する人々の数が増加する中で路上生活からの脱却を支援するためには，新たな対策が求められた。

　また，地域社会においてホームレス状態で生活する者が可視化されるに伴い

ホームレスが暴行や放火等の事件の被害に遭うなど，路上生活の維持は常に身の危険と隣り合わせの状態だったともいえる。一方，地域住民の視点からホームレス問題を捉えると，ホームレスが駅舎，公園等の公共空間を占有しながら生活することは，公共空間の適正な利用を阻害する行為であり脅威であると受け止められて地域住民との軋轢や排除を生み出すことにもなった。

　地域住民との軋轢の改善や解決を図るためには，公共空間におけるホームレス生活を余儀なくされた人たちが，それぞれの生活を営むために別の場へ移ることが必要であり，そのためにも従来とは異なる本格的な「対策」が求められるようになった。

　1999（平成11）年に国は「ホームレス問題連絡会議」を設置し，ホームレス問題への当面の対応策として，道路や公園，河川敷等で路上生活を送っているホームレスに対する自立支援，地域住民の良好な環境の保持などを柱とする考え方を示したが，特に「ホームレス」の「状態」で生活する人々が集中していた大阪や東京などの大都市では，国の政策に先駆けて自治体独自の対策を組織的に進めるとともに，ホームレス対策における国の財政的な援助や国の責任の明確化を求めた。

　その後，2002（平成14）年に10年間の時限立法としてホームレス自立支援法が成立し国と地方公共団体の役割を明確にしながら，ホームレス問題の解決に取り組むという自立支援体制が構築された。

（5）ホームレス自立支援法が定義する「ホームレス」とは

　先に「広義のホームレス」と「狭義のホームレス」について整理しているが，ホームレス自立支援法ではどのような範囲のホームレスを支援対象として規定しているのだろうか。ここでは，ホームレス自立支援法の条文を概観することにより，同法が支援対象と規定するホームレスの範囲を明らかにしたい。

　まず，法の目的が記される第1条では，以下のように記されている。

> 第1条　この法律は，自立の意思がありながらホームレスとなることを余儀なくされた者が多数存在し，健康で文化的な生活を送ることができないでいるとともに，地域社会とのあつれきが生じつつある現状にかんがみ，ホームレスの自立の支援，ホームレスとなることを防止するための生活上の支援等に関し，国等の果たすべき責務を明らかにするとともに，ホームレスの人権に配慮し，かつ，地域社会の

> 理解と協力を得つつ，必要な施策を講ずることにより，ホームレスに関する問題
> の解決に資することを目的とする。

　第1条は目的として，国等は「自立の意思がある者」を対象に，自立支援の
実施やホームレス化防止に向けた支援に対する責務を有することを明らかにし
ている。[3] それを踏まえ，第2条の条文では，支援対象者であるホームレスを先
にみたように「この法律において『ホームレス』とは，都市公園，河川，道路，
駅舎その他の施設を故なく起居の場所とし，日常生活を営んでいる者をいう」
と定義している。第2条では，第1条を踏まえ，ホームレスについて起居の場
による限定をしている。つまり，地域社会とのコンフリクトが生じる公共空間
を生活の場として定住するホームレスを法の支援対象として定めている。その
ため，いわゆるネットカフェ難民などの路上と居住の場を往来する人々や，生
活の拠点を定めずに移動しながら路上生活を継続している人は含まれていない
こととなる。[4]
　これらのことからホームレス自立支援法で規定されるホームレスは，先述の
「狭義のホームレス」よりもさらに狭い範囲としていることがわかる。

2　ホームレス対策の概要

（1）ホームレス自立支援法における自立支援とは

　ここでは，ホームレス自立支援法における自立支援はどのように規定されて
いるのかという点について，自立支援に関する施策目標を示した第3条第1項
から確認する。

> 第3条　ホームレスの自立の支援等に関する施策の目標は，次に掲げる事項とする。
> 　一　自立の意思があるホームレスに対し，安定した雇用の場の確保，職業能力の
> 　　開発等による就業の機会の確保，住宅への入居の支援等による安定した居住の
> 　　場所の確保並びに健康診断，医療の提供等による保健及び医療の確保に関する
> 　　施策並びに生活に関する相談及び指導を実施することにより，これらの者を自
> 　　立させること。

　第一に安定した雇用の確保，第二に就業機会の確保に続き，住居支援，健診と医療の提供，生活相談と続いている。さらに同条第2項では，以下のように規定されている。

> 　ホームレスの自立の支援等に関する施策については，ホームレスの自立のためには就業の機会が確保されることが最も重要であることに留意しつつ，前項の目標に従って総合的に推進されなければならない。

　つまり，ホームレス自立支援法は条文の中に「自立」に関する明確な定義は見られないが，就労を通した経済的自立が主な想定と考えられる。
　また，同法に基づくホームレスの自立支援事業の主な実施施設として自立支援センターが規定されているが，自立支援センターは生活施設というよりも早期就労自立を想定したプログラムの策定と実施の場という色彩が強い。[5]

（2）ホームレス自立支援法における国と都道府県，市町村の役割

　先述のように，ホームレス自立支援法の制定によりホームレス対策において国や都道府県の責務が明確化されたが，ここでは国や都道府県がホームレス対策の中でどのような役割を担っているのかを確認したい。
　国（厚生労働大臣および国土交通大臣）の役割は，①ホームレスの状態の人々を対象とした自立支援に関する総合的な施策の作成及び実施（第5条），②全国調査の現状把握を踏まえた「ホームレスの自立支援に関する基本方針」（以下，基本方針）の策定（第8条），③財政上の措置（第10条），④ホームレスの状態に置かれる人々の生活実態に関する全国調査の実施（第14条）[6]である。
　都道府県の役割は，①ホームレスの状態の人々の実情に即した自立支援施策の策定及び実施（第6条），②国の定めた基本方針に基づく施策の実施に向けた計画の策定（第9条第1項），③地域住民及び民間の支援団体の意見を聴きながらホームレスの状態の人々の状況に応じた個別的な支援の実施（第9条第3項），④市町村間の調整支援や情報提供（第13条）である。
　市町村の役割は，①地域の実情に応じた施策の計画的な実施（第9条第2項），②地域住民及び民間の支援団体の意見を聴きながらホームレスの状態の人々の状況に応じた個別的な支援の実施（第9条第3項）である。
　このようにホームレス対策は，全国調査による実態把握に基づく基本方針の

策定（国），実施計画及び基礎自治体間の連絡調整や情報提供（都道府県），基礎自治体による地域の実情に応じた支援の実施（市区町村），全国調査により実態を把握し新たな基本方針を策定（国）するという，国と地方公共団体によるPDCAサイクルに基づき実施されている。

3　ホームレス対策の現状と課題

（1）全国調査や基本方針から振り返るホームレス対策の現状

最初の基本方針は，ホームレス自立支援法施行の翌年である2003（平成15）年7月に策定されたものである。

そこでは，法第8条2項に掲げられた事項に基づく具体的なホームレス対策の推進方策が提示された。その後も基本方針は，全国調査の結果を踏まえて新たに策定されており，これまでに2008（平成20）年，2013（平成25）年，2018（平成30）年に策定されている。

ここでは，これらの基本方針の内容を概観することにより，これまでのホームレス支援制度の展開を振り返る。

①　2007（平成19）年の全国調査，2008（平成20）年の基本方針

この全国調査では，ホームレス自立支援法施行から5年を経た政策効果を振り返り，前回の調査時に比較しホームレスの人員は減少しているが，全国的には多くのホームレスが存在していること，高齢化，路上生活の長期化等により就労意欲が低い傾向があること，自立支援センター等の支援策の認知は進んでいるが，利用経験者は少ないこと，路上生活を脱した後に再び路上生活に戻るホームレスが存在することが指摘された。

これらの点を踏まえた基本方針は，ホームレスの就業の可能性を高めるため，就業能力の開発，向上，安定した居住の確保についてさまざまな社会資源を活用することの重要性を指摘している。

②　2012（平成24）年の全国調査，2013（平成25）年の基本方針

全国調査では，路上生活者の高齢化及び路上生活期間の長期化の進展と60歳以上の層で路上生活期間が10年以上の者が3割を占めること，高齢者層は収入のある仕事が暮らしを支えており長期層ほど「今のままでいい」と回答していること，「再路上化」について路上と屋根のある場所の行き来を繰り返す人々や自立支援センターを就労自立退所後に路上に戻っている層が一定数存在する

ことが明らかとなり，若年層で路上生活を開始した理由として「人間関係で仕事を辞めた」「労働環境が悪くて仕事を辞めた」「借金取り立て」「家庭内のいざこざ」等が挙がる結果となった。これを踏まえた基本方針では，高齢化・長期化については，巡回相談により路上生活が早期の段階から自立支援につなげていくことを示した。また，若年層に対する支援では，直ちに一般就労が困難な者に対する就労機会の提供や支援付の体験就労など「中間的就労」の推進・充実を図るという方針を定めた。さらに，再路上化については，アフターケアの充実と地域福祉の視点からの見守り支援への強化へ取り組むという方針が示された。

　この回の見直しにおいて，ホームレス化の要因が社会経済的な要因による失業だけではなく，人間関係，家族関係，疾病などの要因が複合的に重なり合っているため，多様なニーズに対応した施策の必要性が示された。また，2015（平成27）年に施行された生活困窮者自立支援法における支援内容とホームレス支援との関連から考える必要性が指摘された。

　③　2016（平成28）年の全国調査，2018（平成30）年の基本方針

　2017（平成29）年にホームレス自立支援法の期限を10年間延長するという法改正がなされたことを踏まえ，2018年に基本方針が策定された。

　この回の全国調査の結果からは，ホームレスの高齢化・路上生活の長期化がいっそう進んでいる傾向（65歳以上が全体の42.8％，65歳以上の者のうち，路上生活が10年以上の者が43.1％を占める），路上生活期間が長くなるほど「今のままでいい」と回答した者の割合が高くなる傾向（全体の55.6％が仕事による一定の収入を得ている），若年層は，直近の雇用形態が常勤職である割合が他の年齢層に比べ少なく，労働環境の変化や家庭内の人間関係等の問題が重複していることが特徴であることが明らかとなった。

　これらの点を踏まえた基本方針では雇用，保健医療や福祉等の各分野にわたる施策を包括的に推進していくことが盛り込まれている。特に，ホームレス対策については，ホームレス自立支援法の趣旨を踏まえつつ，生活困窮者自立支援法と一体的に実施していく方針が示された。

（2）全国調査や基本方針から振り返るホームレス対策の課題

　これまでに実施されたホームレス対策の概要を振り返ると，国や地方公共団体などの政策側が想定する「（経済的）自立」のイメージに適合する者を支援対

象とするため，ホームレスの中から「自立の意思」のある者を選別し，集中的に就労支援を実施することにより労働市場へ復帰させ経済的に「自立させる」ことを主な目的としていた。

　しかし，経済的自立を念頭に就労に特化した支援を推進したことで，逆説的に，ホームレスに至る背景や当事者が有するニーズの多様性や多層性が明らかとなり，従来までのワークファーストの視点に基づく支援ではこれらのニーズに対応することが限界であることを明らかにすることとなった。

　これまでに実施された全国調査の結果からは，第一に，一口に路上生活者または「ホームレス」の「状態」にある人々といっても，対象像や抱える生活課題は多様であり，必ずしも経済的貧困や失業が原因とは限らないという点が明らかとなった。路上生活という状況が表出する背景には，コミュニケーション能力の不足，年齢層の拡大化に伴う生活課題の相違，知的，精神，身体的な障害による影響など，多様で個別性の高い生活課題の影響が存在していた。

　第二に「ホームレス」の「状態」にある人々の「高齢化」や路上生活の「長期化」という傾向は，これまでの就労に特化した支援策では対応困難な人たちが路上に残っていること意味している。たとえば，この「路上に残った人」に注目した阿部彩は，「全体の４割以上は，自立支援センターが整備されていても，利用する意思がない」，「自立支援センターの『リスク』について，野宿者は十分に考慮しており，きわめて合理的に入所を希望していない」，すなわち「比較的に野宿生活が長く，高齢であり，自ら（通常の労働市場における）就労の見込みが少ないことを察しており，生活基盤が揃っている（揃えてきた，という方が正しい）路上生活を選択している」という点を指摘している[8]。

　第三には就労支援以外の「選択肢の不足」によるニーズと支援策の不整合の問題である。ホームレス対策が経済的自立に特化した支援という特徴があるということは，それ以外の多様なニーズに対する支援の不足を意味する。支援の選択肢の不足は，就労自立の想定が困難な人が支援を要する状況に陥った場合には支援の「横出し」あるいは「上乗せ」により本来的な支援対象とは「異なる人々」を受け入れることが求められた[9]。たとえば，自立支援センターでは，就労支援に特化した支援施設であるにもかかわらず就労自立の割合が低い点がしばしば指摘されているが，その背景には，就労以外のニーズへの対応を要する者を自立支援センターが受け入れたが，就労自立困難者として再び路上に戻すという，支援策の選択肢の不足に伴うニーズとの不整合が見られた。

　以上を踏まえて本章の冒頭に示した「広義のホームレス」と「狭義のホーム
レス」の考え方に立ち戻るならば，ホームレス自立支援法では，先述の通り
ネットカフェ難民を排除していることに加え，「自立の意思がある」ことを支
援対象の条件として設定することにより「自立の意思がない者」も支援の枠組
みから排除されるおそれがあった。

　ホームレス自立支援法は，本章の冒頭で規定した「狭義のホームレス」より
もさらに狭い範囲で支援対象を規定していた。

　しかし，施策が進行するにつれて路上に残った者の状況を見てみるとホーム
レス自立支援法が規定する定義とは異なる多様なホームレスの生活形態が存在
しており，「広義のホームレス」の視点に基づいてホームレス対策を再検証し
ていくことが必要なのではないかと考えられる。

　このようにホームレス自立支援法に基づくホームレス対策の課題点が明らか
となったが，現在のホームレス対策は生活困窮者自立支援法に基づく施策と一
体的に実施されている。次節では，生活困窮者自立支援法の特徴を念頭に置き
ながらホームレス対策の今後について考える。

4　ホームレス対策における今後の展望

（1）ホームレス自立支援法と生活困窮者自立支援法による相互補完

　ホームレス対策は，これまでのホームレス自立支援法に基づき就労による経
済的自立に特化した自立支援から，2015（平成27）年の生活困窮者自立支援法
の施行により同法の一時生活支援事業に組み込まれ，一体的に実施されること
となった。

　先述のようにホームレス自立支援法は時限立法という法的な性格があるため，
期間延長の決定がなされない限りは法的効果が消滅する。一方，生活困窮者自
立支援法は恒久法であるため，ホームレスに対する支援の法的根拠の強化がな
されたと解釈できる。しかし，生活困窮者自立支援法にはホームレスの実態把
握のための全国調査の実施や基本方針の策定，実施計画に基づく支援実施など
の PDCA サイクルに基づく政策推進が規定されていない。

　このように，ホームレス対策においてホームレス自立支援法と生活困窮者自
立支援法は相互補完の関係にあると考えられる。

（2）「広義のホームレス」支援に向けた発展の可能性

　先述の通りホームレス自立支援法による支援対象である「ホームレス」の定義は，一般的にイメージされる「ホームレス」よりも限定された範囲を示していた。

　しかし，ソーシャルワークの視点に基づく「ホームレス」の「状態」の人々を対象とした支援を考えた場合，「ホームレス」の「状態」に至る過程において自立の意思を「喪失」，もしくは「減退」させている者に対し，「選別」ではなく，なぜ自立の意思が減退したのかを考え（本人のストレングスを阻害する要因のアセスメント），本人がストレングスを発揮し自立の意思の向上を促す（エンパワメント）という働きかけが行われる必要がある。

　法第3条に「生活困窮者」が，「現に経済的に困窮し，最低限度の生活を維持することができなくなるおそれのある者」と位置づけられている。ホームレス自立支援法に見られた「自立の意思の有無」あるいは「居住場所」により対象が限定されていないため，ホームレス対策が生活困窮者自立支援法と一体的に推進されることで，「広義のホームレス」へ法的根拠に基づいた支援実施の可能性が広がるといえる。

（3）「自立」支援の捉え方の拡大化に向けて

　生活困窮者自立支援法の法理念に基づけば，同法の基本的視点の一つである「自立と尊厳」では，「本人の内面から沸き起こる意欲や思いが主体となり，支援員がこれに寄り添って支援する。本人の自己選択，自己決定を基本に，経済的自立のみならず日常生活自立や社会生活自立など本人の状態に応じた自立を支援する。生活困窮者の多くが自己肯定感，自尊感情を失っていることに留意し，尊厳の確保に特に配慮する」とされている。

　さらに，生活困窮者自立支援法が法案として成立した「理由」として，「生活困窮者が増加する中で，生活困窮者について早期に支援を行い，自立の促進を図るため，生活困窮者に対し，就労の支援その他の自立の支援に関する相談等を実施するとともに，居住する住宅を確保し，就職を容易にするための給付金を支給する等の必要がある。これが，この法律案を提出する理由である」とあり，従来までの「就労を前提とした経済的自立に特化した支援」の姿勢を改め，すでに路上に残っている人々も含め生活困窮者支援の一環として「個々の自立のあり方に応じた支援」する方向へ考え方が変化した。

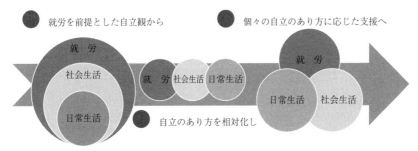

図 10 - 2　3つの自立（「就労・経済」「社会生活」「日常生活」）の関係性
出所：筆者作成。

　また，生活困窮者自立支援法との一体化は，「自立」の捉え方の広がりも見せている。つまり，これまでの経済的自立から，「日常生活自立」や「社会生活自立」を含めた捉え方に変化した。このことは，就労支援のみならず当事者の自己選択や自己決定の実現を支える仕組みや社会的な居場所を構築していくこと，社会とのつながりを結び直すことも自立支援に含まれることとなり，他の福祉分野に共通した自立の考え方に基づくようになった。

　これら自立の概念は，健康や日常生活をよりよく保持する「日常生活自立」，社会的なつながりを回復・維持する「社会生活自立」，経済状況をよりよく安定させる「経済的自立」の3つにより構成されている。また，この3つの自立は，並列的な関係であり，相互に関連し合っているものであるとされる（図10 - 2）。

5　ホームレス支援におけるソーシャルワークの可能性

　本章では，ホームレス対策の概要と役割について，ホームレス自立支援法と生活困窮者自立支援法を中心として，これまでの福祉施策やソーシャルワークの支援の展開過程を概観した。その結果，1990年代以降に社会問題化した「ホームレス」の「状態」の人々の増加という問題と地域社会とのコンフリクトを調整するために，公共空間に定住する「ホームレス」の「状態」の人々を労働市場に復帰させるという自立支援策が講じられるようになった。ただし，この時点で想定された「ホームレス」の「状態」の人々とは，地域コンフリクトを解消するために居住の場を移動する際の反射的利益として就労支援を受け

る存在と位置づけられる。

　このような意味では，「ホームレス」の「状態」の人々とは社会に増加した「対策」の対象であった。その後，ホームレス自立支援法に基づく就労支援に特化した自立支援では「選別」の対象と位置づけられていたが，生活困窮者自立支援法との一体的な実施により，「ホームレス」の「状態」は自らの自立のあり方を主体的に選択し決定するため「支援」の対象に位置づけ直された。

　この対象認識の変化に伴い支援者は，「ホームレス」の「状態」の人々の自己選択や自己決定を支え，実施する家庭における伴走者としての役割に変化した。

　また，「生活困窮者支援を通じた地域づくり」という観点に基づく自立支援は，「ホームレス」の「状態」に至るという原因を当事者のみに帰さず，地域課題として位置づけ，地域社会の福祉力を向上するための機会と捉えて「ホームレス」の「状態」に置かれる人々を地域課題の解決に向けた主体的な参加者として位置づけて支援することが求められている。

　最後に，ホームレス支援には職と居住の場の確保が重要であることは変わりがない。従来までの自立支援では，路上生活から脱却するためには，就労による経済的自立を成し遂げた後に居住の場を確保するという支援が展開されてきていたが，現在は居住福祉の観点から，居住の場を確保した後に個々の状況に応じた就労のあり方を検討していくこと，その過程で必要となる制度資源を主体的に選択しながら活用するというハウジングファーストの視点に基づく寄り添い型支援も進められるようになってきている。

注
(1)　独立行政法人労働政策研究・研修機構「ホームレス問題に対する当面の対応策について」(https://www.jil.go.jp/jil/kisya/syokuan/990526_01_sy/990526_01_sy_betten.html　2021年11月16日閲覧)。
(2)　奥田知志らは「経済的困窮が社会参加の機会を奪い，また社会参加を阻害されることで，他者との関係が疎遠となり，自分の存在意義や働く意義を見失い，さらなる経済的困窮を生む」と述べ，生活困窮者における，経済的困窮と社会的排除の相互の関連性にあることを指摘している。奥田知志ほか (2016)『生活困窮者への伴走型支援——経済的困窮と社会的孤立に対応するトータルサポート』明石書店，43頁参照。「出会いから看取りまで」のトータルサポートを実施する「寄り添い型支

援」という取り組みも提唱している。奥田知志（2018）「困窮者支援における伴走型支援とは」埋橋孝文編『貧困と生活困窮者支援——ソーシャルワークの新展開』法律文化社，9〜44頁。

(3)　第154回衆議院厚生労働委員会議事録第25号（平成14年7月17日）（https://kokkai.ndl.go.jp/simple/dispPDF?minId=115404260X02520020717#page=26　2021年11月16日閲覧）参照。

(4)　リーマン・ショックの影響による「年越し派遣村」に注目されたいわゆるネットカフェ難民のように一時的な生活の場と路上を往来しながら生活を維持しながら生活を維持している人々は，「住居喪失不安定就労者」とされ，法的には「ホームレス」とは異なる位置づけとなっている。

(5)　東京都の「路上生活者自立支援事業実施要綱（平成27年3月改正）」（http://www.tokyo23city.or.jp/ki/dataroom/ro/jiritusien.pdf?_=1505　2021年8月12日閲覧）では，第1項の「目的」，第2項の「定義」に続く第3項にて「就労支援」が記載されている。そこでは，「自立支援事業における就労支援は，宿泊援護，相談及び指導とする」と記されるように，就労支援の下位に「宿泊援護」「相談及び指導」が位置づけられている。

(6)　「ホームレスの実態に関する全国調査」のうち，概数調査は2018年以降は毎年実施されている。また，生活実態調査は，概ね5年ごとに実施されており，これまでに厚生労働省により2003年，2007年，2012年，2016年に実施され，2016年の調査は4回目となる。

(7)　厚生労働省および名古屋市ウェブサイトより，各年度の全国調査（生活実態調査）の結果概要および基本方針は以下を参照（いずれも2021年9月10日閲覧）。2007年結果概要「平成19年度ホームレスの実態に関する全国調査（生活実態調査）分析結果」（https://www.mhlw.go.jp/bunya/seikatsuhogo/homeless08/pdf/data.pdf）。2008年基本方針「（参考）ホームレスの自立支援等に関する基本方針の概要（平成20年7月31日厚生労働省・国土交通省告示第1号）」（https://www.city.nagoya.jp/kenkofukushi/cmsfiles/contents/0000012/12883/kihonhoushingaiyouban.pdf）。2012年結果概要「ホームレスの実態に関する全国調査（実態調査の結果について）報道発表資料（https://www.mhlw.go.jp/bunya/seikatsuhogo/homeless08/pdf/data.pdf）。2013年基本方針「ホームレスの自立支援等に関する基本方針（平成25年7月31日厚生労働省・国土交通省告示第1号）」（https://www.mhlw.go.jp/bunya/seikatsuhogo/homeless08/pdf/data.pdf）。2016年結果概要「（資料1）生活実態調査の結果（概要）」（https://www.mhlw.go.jp/file/04-Houdouhappyou-12003000-Shakaiengokyoku-Shakai-Chiikifukushika/01_homeless28_kekkagaiyou.pdf）。2018年基本方針「ホームレスの自立支援等に関する基本方針（平成30年7月31日厚生労働省・国土交通省告示第2号）」（https://www.mhlw.go.jp/content/000485229.pdf）。

(8)　阿部彩（2009）「『誰が路上に残ったか』——自立支援センターからの再路上者とセンター回避者の分析」『季刊・社会保障研究』45(2)，134〜144頁。

(9)　後藤広史（2017）「ホームレス自立支援センター再利用者の実態と支援課題」日本大学人文科学研究所『研究紀要』93，1〜15頁および岩田正美（2008）『社会的排除——参加の欠如・不確かな帰属』有斐閣，160〜163頁。

(10)　厚生労働省「一時生活支援事業の手引き」図表4「生活困窮者自立支援制度の理念」（http: //www. mhlw. go. jp/file/06-Seisakujouhou-12000000-Shakaiengokyoku-Shakai/03_ichiji.pdf　2021年8月12日閲覧）。

(11)　「生活困窮者自立支援法案（平成25年5月17日提出）　法律案案文・理由」（https: //www.mhlw.go.jp/topics/bukyoku/soumu/houritu/dl/183-49.pdf　2021年11月16日閲覧）。

学習課題

①　ホームレス対策では，国の定める基本方針に基づき地域特性に応じた施策の実施が求められています。あなたの住む町では，ホームレス対策として具体的にどのような制度や支援サービスが実施されているか調べてみましょう。

②　生活困窮者自立支援法の理念に「生活困窮者支援を通じた地域作り」とありますが，あなたの住む町では，「ホームレス支援を通じた地域作り」としてどのような取り組みがなされているか調べてみましょう。

第11章

貧困に対する支援における関係機関の役割

　本章では，貧困に対する支援を担う公私の各種機関や団体について解説する。支援が実践される背景には，その実践を支える機関や団体があり，そのバックアップなくして継続的な支援は不可能だからである。こうした機関や団体は法による規定を根拠に活動を行うことが多い。よって，どのような法的根拠などによって運営されているかも確認する。まずは貧困に対する支援制度（生活保護制度等）を中心的に担う福祉事務所について説明する。その後，生活困窮者自立支援制度をはじめとしたその他の制度を運営する自立相談支援機関その他の民間の団体についても説明を加えたい。

1　国と自治体の役割関係

（1）生活保護制度と国・自治体の役割関係

　日本国憲法第25条は**生存権**規定といわれ，「すべて国民は，健康で文化的な最低限度の生活を営む権利を有する」との文言を含む。憲法はせいぜい抽象的権利を定めるだけなので，その内容を具体化するために生活保護法が制定されている。**生活保護法**では，その理念を謳う第1条において，国が生活に困窮するすべての国民に対し必要な保護を行うように規定している。つまり，最低限度の生活を保障する最終的な責任は，自助努力や地域の連帯，地方自治体ではなく国であると明記されている（国家責任）。もちろん，同法第1条の後半には，「自立の助長」についての規定もあり，国による貧困に対する支援は被保護者へ金銭やサービスを給付することにとどまるものではない。

　このように国家責任の規定があるとはいえ，貧困に対する支援は国だけが行っているわけではない。生活保護制度の運営は地方自治体に委託されるからである（法定受託事務）。制度を委託された自治体は福祉事務所を設置してその

表 11 - 1　生活保護制度費用負担の区分

経　費	居住地区分・設置者	国	都道府県または 指定都市・中核市	市町村または 事業者
保護費 （施設事務費及 び委託事務費を 含む）	市または福祉事務所設置町村内居住者	3/4	—	1/4
	福祉事務所非設置町村内居住者	3/4	1/4	—
	指定都市・中核市内居住者	3/4	1/4	—
	居住地が明らかでない者	3/4	1/4	—
保護施設設備費	都道府県立または指定都市・中核市立	1/2	1/2	—
	市（指定都市・中核市を除く）町村立	1/2	1/4	1/4
	社会福祉法人・日本赤十字社立	1/2	1/4	1/4

出所：主に生活保護法第75条の規定をもとに筆者作成。

運営にあたる。保護を実施する費用に関しても国が全額を負担するわけではな
く，制度を委託された自治体も一部を負担する（表11-1）。たとえば，保護の
実費である保護費（施設事務費及び委託事務費を含む）のうち4分の3は国が負
担するが，残りの4分の1は委託を受けた自治体の負担となる。この費用は地
方自治体が地方税収入等により自前で賄うことができなければ国からの交付税
によって措置される。しかし，国と自治体間で実際にかかった費用の査定の行
き違いは多く，すべてが国から補填されるわけではないため，地方自治体が費
用に無頓着ではいられない。

　また，民間の人材や団体の協力も重要である。民生委員や社会福祉協議会，
社会福祉法人，その他民間の支援団体は重要な貧困支援の主体である。

（2）生活困窮者自立支援制度と国・自治体の役割関係

　貧困の一歩手前にある方々を支援する制度として生活困窮者自立支援制度が
ある。これは2013（平成25）年に成立し，2015（平成27）年4月に施行された生
活困窮者自立支援法に根拠をもつ制度である。

　生活困窮者自立支援制度は，先述の福祉事務所を設置する自治体が運営を担
うものであり，「必須事業」と「任意事業」からなる。必須事業には「自立相
談支援事業」（生活困窮者自立支援法第5条）と「住居確保給付金の支給」（同法第
6条）がある。任意事業には，「就労準備支援事業」「一時生活支援事業」「家
計改善支援事業」「子どもの学習・生活支援事業」，その他生活困窮者の自立の

促進に必要な事業がある。

　それぞれの事業の費用の負担に関しては，国庫補助が規定されている（法第
15条）。自立相談支援事業，住居確保給付金に関しては国庫補助として国が4
分の3を負担する。就労準備支援事業，一時生活支援事業に関しては国庫補助
として国が3分の2を負担する。家計改善支援事業，子どもの学習・生活支援
事業その他生活困窮者の自立の促進に必要な事業に関しては国庫補助は2分の
1である。また，2018（平成30）年の法改正により，就労準備支援事業と家計
改善支援事業を一体的に行った場合には国庫補助が3分の2へ引き上げられた。

　生活困窮者自立支援制度は自治体固有の事務である自治事務として運営され
るものであるため，生活保護制度のように国家責任が法律に明記されているわ
けではない。しかしながら，上記のように費用の国庫補助は義務化されており，
国に制度運営の責任がないわけではない。

2　福祉事務所

（1）福祉事務所の運営方法

　地方自治体で生活保護制度をはじめとした福祉行政の中心となる機関は福祉
事務所である。生活困窮者自立支援制度は福祉事務所が必ずしも運営するもの
ではないが，法律では福祉事務所を設置する自治体が運営することを想定して
いる。よって，福祉事務所と強い連携のもと自立相談支援機関等が実際の業務
を担う。

　この**福祉事務所**とは，社会福祉法に「福祉に関する事務所」として規定され
た行政機関である（社会福祉法第14〜17条）。地域の福祉に関する相談窓口とし
ての存在であり，主に福祉六法（都道府県事務所では三法）に関係する措置の事
務を行っている。

　もともと福祉事務所は，生活保護法を担う専門職である社会福祉主事を配置
するために設置された機関であった。1946（昭和21）年に制定された**生活保護
法（旧法）**では，戦前の救護法体制下の制度思想が色濃く残っていたため，住
民の中から選任される民生委員が保護の末端事務を担っていた。こうした実務
を担う人材を補助機関と呼んでいる。しかし，民生委員は専任職員ではないた
めに必要な専門性が確保できないことが問題とされた。そのため，1949（昭和
24）年に当時の社会保障制度審議会が勧告し（生活保護制度の改善強化に関する勧

表 11-2　所員の定数

都道府県	生活保護法の適用を受ける被保護世帯（以下，「被保護世帯」）の数が390以下であるときは6とし，被保護世帯の数が65を増すごとにこれに1を加えた数。
市 （特別区を含む）	被保護世帯の数が240以下であるときは3とし，被保護世帯数が80を増すごとにこれに1を加えた数。
町　村	被保護世帯の数が160以下であるときは2とし，被保護世帯数が80を増すごとにこれに1を加えた数。

出所：社会福祉法第16条をもとに筆者作成。

告），1950（昭和25）年に現行の生活保護法（新法）が制定された。この新法では民生委員は協力機関とされ，執行機関である知事もしくは市町村長の実務を担う補助機関には専任職員である社会福祉主事が充てられることになった。

社会福祉主事は，1950（昭和25）年に「社会福祉主事の設置に関する法律」（昭和25年法律182号）により制度化された新しい職種だった。こうして生まれた社会福祉主事が勤務する事務所として，1951（昭和26）年制定の社会福祉事業法（現在の社会福祉法）に「福祉に関する事務所」の規定が設けられた。同時に社会福祉主事の身分も社会福祉事業法の中に規定が設けられたので，社会福祉主事の設置に関する法律は廃止された。

このように，生活保護法を円滑に運営することを目的として福祉事務所は当初創設されたため，現在では福祉六法（もしくは三法）を所管する事務所であるのに，そのうちの一つにすぎない生活保護法に法律上の設置形態は大きく規定されている。たとえば，社会福祉法（旧社会福祉事業法）では，所員の数は生活保護の適用を受ける被保護世帯の数によって決められるとされている（表11-2）。

とはいえ，福祉事務所の業務には，もともとの生活保護法の事務だけではなく他法による事務が付け加わっていった。職員の数は生活保護法の事務を賄うだけしか雇われていないので，これでは適切な機関運営ができない。そのため，後に行政指導上の「通知」によって新たな規定が加えられることになった（社庶第42号昭和53年4月1日）。この通知によると，標準団体の市部福祉事務所は8名，郡部福祉事務所は7名が残りの五法担当者として配置され，さらに管内人口に応じて増員されることになった。

なお，1999（平成11）年に制定された地方分権一括法（地方分権の推進を図るための関係法律の整備等に関する法律）により社会福祉事業法（現在の社会福祉法）

表11-3　福祉事務所の所管事務

都道府県福祉事務所 （郡部福祉事務所）	福祉三法	生活保護法，児童福祉法，母子及び寡婦福祉法
市町村（特別区も含む）福祉事務所	福祉六法	生活保護法，児童福祉法，母子及び寡婦福祉法，老人福祉法，身体障害者福祉法，知的障害者福址法

出所：筆者作成。

の規定も改正され，こうした現業員の数は拘束力の強い「法定数」から弾力性のある「標準数」に見直された。この改正により，福祉事務所を設置する地方自治体ごとに条例でその数を決めることができるようになった。

（2）福祉事務所の設置

　社会福祉法では，市（特別区を含む。以下同じ）および都道府県は，福祉事務所を設置しなければならない（社会福祉法14条）。また，町村は福祉事務所を任意に設置することができる（第14条第3項）。これは，町村が連合して設置する一部事業組合または広域連合でもよい（第14条第4項）。2021（令和3）年4月現在で，福祉事務所は市に999，都道府県に205，町村に46あり，全部で1250か所が設置されている。

　市の福祉事務所（町村が設置していれば町村部福祉事務所）は，その市の区域を所管地域として業務を引き受けるので，福祉六法すべてを所管する（第14条第6項）。都道府県福祉事務所は，福祉事務所を設置していない町村の業務を引き受けるためのものである。そのため，「郡部福祉事務所」とも呼ばれてきた。町村が直接事務を所管していない事務のみを行うので，福祉三法のみの所管である（表11-3）。

　もともとは市部も郡部も福祉事務所の所管する事務は同じであった。しかし，1990（平成2）年に成立した福祉関係八法改正により，1993（平成5）年4月には老人および身体障害者の施設入所措置事務等が都道府県から町村役場へ移譲された。また，2003（平成15）年4月には支援費制度導入に備えた児童福祉法および知的障害者福祉法の一部改正により，知的障害者福祉などに関する事務の一部が市役所および町村役場に移された。そのため，都道府県福祉事務所は福祉三法のみを所管することになった。

（3）福祉事務所の業務

　貧困に対する支援において福祉事務所の行う業務（事務）についてまとめたい。主となるのは生活保護法に関連する事務である。すなわち，①生活保護申請に対し必要な調査を行い決定（開始・却下）し，②保護世帯への経済給付と自立へのさまざまな援助を行うことである。また，保護施設への入所措置を行う。2005（平成17）年からは，自立支援プログラムの作成もはじめている。これは，ソーシャルワーク的な手法をはじめとした被保護者に対するさまざまな自立支援策を体系化したものである。従来は福祉事務所内で経験則として蓄積されてきたものを明文化した意義があった。

　また，生活保護法の隣接領域として生活困窮者自立支援法（平成25年10月成立，平成27年4月施行）に関わる事務も福祉事務所が担当する場合がある。

（4）福祉事務所の職員と組織の動向

　福祉事務所にはどのような人員が配置されるのだろうか。社会福祉法に規定されるのは所長（査察指導員を兼ねることができる），指導監督を行う所員（査察指導員・スーパーバイザー），現業を行う所員（ケースワーカー），事務を行う所員である。このうち，社会福祉主事の資格が必要なのは指導監督を行う所員と現業を行う所員であるが，所長が指導監督を行う所員を兼ねる場合は社会福祉主事である必要がある。

　福祉事務所に配置されている所員は兼任するものもある。以前から，所長には専任規定が緩和されていたので（社会福祉事業法附則9昭和26年），福祉事務所長を市町村の社会福祉関連部局の長（福祉部長・福祉課長等）が兼任している場合も多い。この場合，福祉事務所と市役所の担当部局が融合した設置形態となる。そのため福祉事務所は，福祉六法以外の社会福祉サービス・社会保険関連事務も一手に担うことが多くなる。こうした福祉事務所の設置形態を「大事務所制」という。一方で，福祉事務所が独立している通常の形態は「小事務所制」という。

　大事務所制を採る福祉事務所は，市役所（福祉事務所設置自治体では町村役場）の福祉部局（福祉局・厚生局等）の中に福祉事務所が組み込まれている。そのため，生活保護課や地域福祉課等の名称にして福祉事務所が運営されている場合も多い。

3　自立支援組織

（1）生活困窮者自立支援制度自立相談支援機関

　新しくできた制度を運営するための専門性・ノウハウが行政庁内に存在しない場合，庁外の事業者のもつ専門性・ノウハウを活用することになる。

　先に取り上げた生活困窮者自立支援制度は，生活保護に至る一歩手前にいて支援の対象になりづらかった生活困窮者を支援するための制度であり，就労支援等の福祉サービスが必要とされる。この制度は，福祉事務所設置自治体が運営を担うものとされており（生活困窮者自立支援法第4条），福祉事務所が中心となってサービス提供することが想定されているといえるだろう。とはいえ，制度運営のノウハウは，自治体とその中に設置される福祉事務所に十分な蓄積があるわけではない。

　この制度の必須事業のうち住宅確保給付金の支給については，自治体が担当することは難しくはない。しかし，もう一方の自立相談支援事業は，就労その他の自立に関する相談支援，事業利用のためのプラン作成等を行うものであり，自治体にはその経験が十分ではない。よって，自治体が直営としてもよいが，社会福祉協議会や社会福祉法人，NPO等への委託も可能となっており（生活困窮者自立支援法第5条第2項），多くの自治体でこの委託が選ばれる。自治体外の組織に委託することでそのノウハウが活用される。これは，各種の任意事業についても同じである。

　生活困窮者自立支援制度の実施状況調査（2018年度）によれば，自立相談支援事業は，直営方式との併用を含めると，約64.9%の自治体が委託による実施を採用している（直営35.1%，委託54.7%，直営と委託の併用10.2%）。委託先は，社会福祉協議会が最も多く，全体の76.2%となっている（NPO法人11.8%，社協以外の社会福祉法人8.7%と続く）。

　自立相談支援機関には，主に相談支援業務のマネジメントや地域の社会資源の開発等を行う「主任相談支援員」，相談支援全般にあたる「相談支援員」，就労支援に関するノウハウを有する「就労支援員」の3職種を配置することが基本とされる（厚生労働省「自立相談支援事業の手引き」）。ただし，相談支援体制は，自治体の規模，相談件数や相談内容が多様であるため，事業の実施に支障がない限り，地域によっては相談支援員と就労支援員は兼務してもよいことになっ

ている。

（2）ホームレス自立支援センター

　ホームレスに対する支援も生活困窮者自立支援法の枠組みにおいてなされる。同法に基づき，一時生活支援事業，**ホームレス自立支援センター**などの事業が実施される。ただし，これらの事業は制度成立の経緯が少々複雑である。

　もともとホームレスに対する支援は，2002（平成14）年に施行されたホームレス自立支援法（ホームレスの自立の支援等に関する特別措置法）を根拠として行われていた。これは時限立法であったが，延長を繰り返し，最近では2017（平成29）年8月に期間が満了したところでさらに10年間延長された。同法に基づき，①ホームレス総合相談推進事業，②ホームレス緊急一時宿泊事業，③ホームレス自立支援事業，④ホームレス能力活用推進事業，⑤NPO等民間支援団体が行う生活困窮者等支援事業等が実施されている（詳しくは第10章参照）。

　生活困窮者自立支援法が成立すると，同法に規定される施策とホームレス自立支援法の施策が一部重なることになった。そのため，ホームレス自立支援法の②ホームレス緊急一時宿泊事業（シェルター事業）と③ホームレス自立支援センターの衣食住に係る業務が，生活困窮者自立支援法の一時生活支援事業に移行することになった。

　ホームレス自立支援法体制下では，シェルター事業やホームレス自立支援センターの運営は，大都市など一部の自治体において行われていただけだった。しかし，生活困窮者自立支援法では，全国の福祉事務所設置自治体が必須事業として自立相談支援事業に取り組むことになったため（ホームレスを支援する一時生活支援事業は任意事業ではあるが），支援の大都市偏在は一定程度解消されたと考えられている。

　とはいえ，懸念もある。ホームレス自立支援法では財源が全額国庫負担であったのに対し，生活困窮者自立支援法では3分の2の補助となる。また，同法体制下では，ホームレスの実態に関する全国調査実施を実施し（ホームレス自立支援法第14条），それを踏まえた国の基本方針，自治体の実施計画の策定をもとにして積極的にホームレス支援を展開していた。この支援の流れが生活困窮者自立支援制度では不明確なのは心配なところである。

4　その他の関係機関

　貧困・生活困窮に対する支援は，法に基づく事業がすべてではない。金銭支援に関しては，生活保護の支給だけではなく，社会福祉協議会の実施する生活福祉資金の貸付事業もある。就労支援については，ハローワークによるきめ細かな職業相談・職業紹介や求職者支援制度，地域若者サポートステーションなどさまざまな制度や機関が存在する。貧困や生活困窮の状況は多様であるため，その状況に合わせ，社会福祉領域に限らずさまざまな関連制度・関係機関が連携・協働していくことが重要である。

（1）社会福祉協議会
　社会福祉協議会は民間の団体であり行政機関ではないが，社会福祉法（第109～111条）に根拠をもち行政機関と密接な連携をとりながら活動する団体である。社会福祉法人としての法人格をもつことが多く，地域福祉の推進を図ることを目的としている。社会福祉協議会には，全国社会福祉協議会（全社協），都道府県社会福祉協議会，市区町村社会福祉協議会といったように，公共団体の各レベルに対応した組織が整備されている。
　生活保護法第14条第5項に保護申請の結果の通知は原則14日以内とされてはいるものの，生活保護の給付に至るには少々の時間を要する。そのため，当座の生活を維持する緊急に必要な資金を融資することが求められる場合がある。この資金を提供する役割を担う制度の一つが，社会福祉協議会の生活福祉資金貸付制度である。
　生活福祉資金貸付制度は，都道府県社会福祉協議会を実施主体として，都道府県内の市区町村社会福祉協議会が窓口となって実施している。低所得世帯，障害者世帯，高齢者世帯等へ，世帯単位でそれぞれの状況と必要に合わせた資金を貸し付けている（詳しくは第15章参照）。
　この生活福祉資金貸付は，生活困窮者自立支援制度がはじまると，同制度と連携を図る制度改正が行われた。この生活福祉資金のうち総合支援資金と緊急小口資金の貸付では，就職が内定している者等を除いて生活困窮者自立支援制度における自立相談支援事業を利用することを貸付の要件とすることになった。
　2020（令和2）年から世界に拡大した新型コロナウイルス感染症に対応する

ために，貸付制度の柔軟な運用も行われることになった。感染拡大に伴う雇用への影響が長期化したことに対応し，従来の貸付の対象であった低所得世帯以外にも対象が拡大され，休業や失業等によって収入が減少したことを条件に，緊急小口資金，総合支援資金の特例貸付が実施され，その後期限が延長された。

（2）ハローワーク，地域若者サポートステーション

　ハローワークや地域若者サポートステーションでも貧困や生活困窮に対して支援が行われている。

　ハローワークは公共職業安定所が正式名称であるが，一般的にはこの呼び名が浸透している。憲法に定められた勤労権の保障のため，国民に安定した雇用機会を確保することを目的とした機関である。厚生労働省設置法第23条を根拠に設置され，その業務は職業安定法を根拠にしている。2020（令和2）年度現在では全国に544か所ある。

　ハローワークは，障害者や生活保護受給者の方など民間の職業紹介事業等では就職へ結びつけることが難しい就職困難者に無償で支援を行う雇用のセーフティネットの中心的役割を担っている。そのため，ハローワークは，職業紹介，雇用保険，雇用対策（企業指導・支援）の3業務を一体的に実施する。

　事業として生活保護受給者等就労自立促進事業を実施しており，福祉事務所にハローワークの常設窓口を設置するなど両機関が一体化したワンストップ型の支援体制を全国的に整備している。生活保護受給者だけでなく広く生活困窮者の就労による自立を促進する。

　また，求職者支援制度を実施しており，雇用保険を受給できない求職者の方などを対象に，厚生労働省の認定を受けた民間職業訓練機関と協働して職業訓練を実施している。一定の要件を満たせば，訓練期間中に職業訓練受講給付金（職業訓練受講手当月額10万円や通所手当）が支給される。

　地域若者サポートステーション（サポステ）は，就労への悩みを抱える15歳から49歳までの方に特化した就労支援を行う。キャリアコンサルタントなどによる専門的な相談，コミュニケーション訓練，協力企業での就労体験等が行われる。厚生労働省が委託した NPO 法人，株式会社などが実施する。2021（令和3）年度現在では全国に177か所ある。もともと若年無業者（ニート）等で，ただちには働けない諸条件を有する若者の出口を確保することを目的に，2006（平成18）年に開始された事業だが，その対象は拡大されている。後に，事業内

容に高校中退者等のためのアウトリーチ事業や継続支援事業等が追加されている。

（3）民生委員・NPO 等

　早期に貧困や生活困窮の状態にある方を発見し支援の手を差しのべる仕組みとして民生委員制度がある。**民生委員**は福祉事務所などの関係行政機関の業務に協力する特別職の地方公務員である（民生委員法第1条）。実態としては，地域の有志がボランティア的に地方行政の運営に協力していると考えてよいだろう。担当区域内の住民の実態や社会福祉ニーズの日常的な把握，社会福祉の制度やサービスについての住民への情報提供，住民を関係行政機関，施設，団体などへつなぐパイプ役，生活支援などの仕事を行っている（同法第14条）。戦前の救護法体制下で存在し貧困者への救護を担当した方面委員に起源をもち，福祉事務所へ貧困・生活困窮者の情報を伝え，支援に協力する大きな役割を担っている。

　児童福祉法により，民生委員は同時に全員が児童委員にも充てられたものとされている（児童福祉法第16条第2項）。すなわち，民生委員と児童委員は同じ人物が兼務する。**児童委員**は，児童および妊産婦につき状況を把握し，情報提供等の援助・指導を行い，地域の事業者や行政職員と連携をとること等がその職務である（同法第17条）。児童虐待や子どもの貧困が社会問題になっている現代では，児童委員もまた貧困や生活困窮者への支援の一端を担うといってよいだろう。1994（平成6）年から，今までの区域担当児童委員に加え，児童福祉に関する事項を専門的に担当する主任児童委員制度が設けられた（同法第16条第3項）。

　地域の支援組織としては，行政機関・準行政機関だけではなく民間の団体も活躍している。1998（平成10）年に施行された特定非営利活動促進法（NPO法）に基づく法人格である非営利活動法人を取得している場合が多い。

5　貧困に対する支援における関係機関の課題

　最後に貧困に対する支援における関係機関の今後の課題について若干ふれておきたい。貧困に対する支援を行う機関は，従来福祉事務所を中心とする行政機関であった。しかし，近年は行政庁外の事業者と連携しつつ支援を行うこと

が多くなってきたため，新たな支援のあり方が模索されるようになっている。

　外部事業者へと委託するのは，①新しい施策・事業を実施するための専門性・ノウハウが行政庁内に存在しない場合，それを庁外の事業者に求める（専門性の確保），②民間事業者の事業効率を導入することによってコストを削減する（運営効率化），といった理由によるものだろう。①について，とりわけ就労支援事業などにおいては，外部の事業者の専門性を活用しなければ事業実施自体が難しい場合も多い。働くための心構えやソフトスキルなどを身につけさせる「就労準備支援」，働くための具体的なスキルを身につけさせ就職先へつないだり就職先を開拓したりする「就労訓練」，総合的な相談に応じる「自立相談支援」といった事業は公務員ではなかなか難しい業務である。

　しかしながら，①の専門性の確保を隠れ蓑に②の運営効率化の無理な手段として利用される場合があるため，慎重になるべきである。安易なコストカット，人件費削減などの便法として利用されかねないからである。

参考文献

畑本裕介（2021）『新版　社会福祉行政——福祉事務所論から新たな行政機構論へ』法律文化社。

学習課題

①　貧困に対する支援は国家責任が求められるものの，地方自治体と役割分担をしながら行われている。国の役割と地方自治体の役割について，制度上どのような関係にあるかをまとめてみよう。

②　貧困に対する支援は，福祉事務所などの行政機関を中心とした公的機関が中心となるべきだろうか，それとも民間の支援団体との協働をめざすべきだろうか。論拠をあげて自分の主張を展開してみよう。

第12章

貧困に対する支援における専門職の役割

　貧困状態に陥ってしまった人々が生活の再建をめざすうえで，どのような制度や社会資源があり，それをどのように活用していくのか，独力で考えのりきっていくことには限界がある。また，貧困は，単に経済的な問題にとどまらず，複合的な問題を生じさせていることも少なくない。こうした状況の改善・解決のために専門職の果たすべき役割は大きい。また，複雑に重なり合った生活問題の背景の中心に貧困問題があることも少なくなく，一つの専門職だけではなく複数の専門職のチームによる支援が有効な場合もある。

　本章では，ソーシャルワーカー（社会福祉士）をはじめとして，こうした貧困問題に関わるさまざまな専門職とそれらの連携等も視野に入れたアプローチについて理解を深めていきたい。

1　貧困問題に関わる専門職等

（1）自治体職員等

　貧困問題に関わる専門職として，まず最初に思い浮かべるのは，いわゆる「ケースワーカー」と呼ばれる福祉事務所の生活保護担当の現業職員である。もちろん，部署内での業務分担があったり，一部では派遣職員による業務が行われているが，生活保護の申請相談，生活保護利用者の生活指導，訪問（調査）活動，自立支援などを担っている。こうした職員は主に「社会福祉主事」と呼ばれるが，大学等で厚生労働大臣が指定する社会福祉とその隣接領域（法学や経済学・教育学なども含む）と見られる34科目（2022年現在）の中から，3科目を履修すると「**社会福祉主事任用資格**」を取得することができ，自治体の職員として社会福祉に関する業務に従事することができる。しかし，複雑化・複合化する貧困問題に対し，それらの科目を履修したというだけでは必ずしも十

分な「専門性」を兼ね備えているとは言い難く，近年では，ソーシャルワーカーの国家資格である社会福祉士を採用する自治体も増加してきている。

　また，ここでは自治体が民間に委託する形で展開されている事業の職員についても紹介しておきたい。

　たとえば，2013（平成25）年に成立（2015年施行）した「生活困窮者自立支援法」によって誕生した「生活困窮者自立支援相談員」は，生活保護制度の適用になる前の段階で，就労相談や生活相談に応じている。社会福祉士等の有資格者であることも多いが，「生活保護制度の適用を防ぐ」ということが目的化して就労指導ばかりに偏重してしまうなど本来の支援のあり方を見失ってしまうこともある。生活保護を活用することは権利であり，また，関連する諸制度や社会資源へ当事者がどのようにつながっていくことができるかという柔軟な思考が必要である。

　また，**地域生活定着支援センター**の職員は，社会福祉士や精神保健福祉士等であって刑務所等の矯正施設から出所する者／出所した者（刑余者）の就労や居住支援，生活支援などを行っている。

　このように，自治体には，委託事業も含めて貧困問題に関わる職員も少なくないが，正職員ばかりではなく非常勤職員や外部委託化による派遣労働なども増加してきている。自らの身分が安定しない中で，生活困窮者の支援に携わるという状況が生じてきていることも事実であり，生存権を保障する公的責任のあり方を考えるうえで，今後の課題となってくるであろう。

（2）地域包括支援センター職員・介護支援専門員等

　今日，生活保護利用者のうち，過半数が65歳以上の高齢者であり，そのうち約9割が単身高齢者である。こうした現状の中で，高齢者の貧困が確実に拡大してきており，介護保険に関わる職種である地域包括支援センターや介護支援専門員の役割も大きくなってきている。

　地域包括支援センターに必置の職員は，社会福祉士と保健師，主任介護支援専門員から構成され，虐待対応やさまざまな生活困難を抱えたケースに対応している。介護支援専門員は，社会福祉士や介護福祉士，看護師などの基礎資格をもち，5年以上といった実務経験が必要とされ，介護支援計画（ケアプラン）の作成などに関わるが，所得が低いケースの場合，必ずしも十分なサービス提供が支援計画に組み込めないこともあり，それらの調整に努める一方で，葛藤

を抱えている場合も少なくない。

　介護保険導入をはじめとする2000（平成12）年前後の社会福祉基礎構造改革によって，社会福祉の領域にも事実上の市場原理が持ち込まれ，所得の高低によるサービス格差が生じている。こうした課題を実践の中で整理し積み重ね，言語化し，発信していくことも専門職として意識すべき点である。

（3）保護施設職員等

　生活保護法第38条には，「救護施設」「更生施設」「医療保護施設」「授産施設」「宿所提供施設」の５つの**保護施設**が規定されている（第7章参照）。

　職員は，福祉事務所等の他機関とも連携し，日常生活の支援，介護，就労支援，自立支援などを担う。利用者の中には，精神障害，知的障害，重複障害などをもつ人も少なくなく，こうした利用者のケアに従事している。

　こうした生活保護法に規定されている施設は，日本国憲法第25条の生存権保障を担うものであるが，たとえば，救護施設では，プライバシーの保護など「生活の質（QOL）」の向上が求められる現在においては，施設の老朽化等で個室ではなくやむを得ず多床室での対応や利用者の高齢化に伴う介護負担の増加などといった課題もある。

（4）民生委員（児童委員）・保護司等

　民生委員は，地域住民の中から厚生労働大臣によって委嘱される非常勤の国家公務員であり，児童委員と兼務している。地域において，福祉事務所や児童相談所の職員と連携し，地域住民の福祉課題の改善・解決をめざす役割を担っている。また，子どもの学用品や給食費等の援助を行う就学援助が適用される世帯の相談にのることもある。

　一方で，地域住民の中には，誰が民生委員なのかということがわからないことも少なくない。また，ほぼ無償の活動となるために深刻な担い手不足になっていたりするのが現状である。

　保護司は，法務大臣から委嘱を受け，保護観察所等と連携し，刑余者の生活支援等にあたるが，身分は民生委員と同じ非常勤の国家公務員である。刑余者の境遇は日常的に就労や居住などさまざまな場面で不当な差別にさらされ，保護司の働きかけが報われないことも少なくない。こうした状況が，保護司においても民生委員と同様に担い手不足となっている。

（5）就労支援ナビゲーター等

　ハローワーク（公共職業安定所）では，「就労支援ナビゲーター」を配置し，就労相談などを行っている。厚生労働省によると「就労支援ナビゲーター」とは，「ハローワークに所属する就職支援の専門家で，非常勤の国家公務員」であり，上司の指揮監督の下，職業相談・職業紹介，履歴書・職務経歴書の個別添削等の就職支援，患者のニーズに応じた求人開拓などを行」うとされている。しかし，非正規であり相談スキルの蓄積という問題もさることながら，就労相談にのる側の身分保障が極めて弱く，「明日は我が身」という不安をもちながら業務にあたっていることも大きな課題である。

（6）教育機関の専門職等

　厚生労働省が発表している「国民生活基礎調査」を用いた推計によると，「子どもの貧困率」は，2018（平成30）年で13.5％だった。約7人に1人が「貧困」状態にあるが，子どもの貧困は，当然のことながら世帯の経済状況が大きく影響しており，その背景には，複雑に絡み合った生活課題を抱えていることも少なくない。

　子どもたちが日常的に生活している学校では，日々，いじめや不登校，虐待，あるいは非行といったさまざまな問題が起こる。そして，その背景には，貧困が潜んでいることも少なくない。こうした学校に配置され，教諭らと連携し，それぞれの生活状況に寄り添うのが**スクールソーシャルワーカー**である。たとえば，生活保護や就学援助といった制度やその他のさまざまな社会資源などとつなげたり，虐待の疑いがあることを発見することもある。このように，学校現場における生活課題の改善・解決を図る専門職としての役割は大きい。

　一方で，全国的に配置が進んできたとはいえ，現時点では，非常勤や嘱託での配置にとどまっているところも少なくなく，スクールソーシャルワーカー自身の身分保障という観点からは課題も多い。

（7）医療機関の専門職等

　医療機関で最も貧困問題に関わる職種は，**医療ソーシャルワーカー**（MSW）であろう。大病院に配置されていることが多く社会福祉士や精神保健福祉士等の有資格者であることが多い。患者の療養後の生活や家族の生活などについて相談を受け，各種制度や社会資源につなげていく仕事である。特に経済的な問

題は，生活の基盤を確立していくうえで最重要課題となってくる。

　また，医療機関には，医師，看護師，保健師，看護師，理学療法士，作業療法士といったさまざまな専門職が在職していることもあり，連携して患者の生活の安定に努めていくことが求められる。

（8）司法関係の専門職等

　貧困問題に関わる司法関係の専門職には，弁護士や司法書士，保護観察官などがある。

　弁護士や司法書士は，「クレジット・サラ金被害者の会」などの運動を通じて，早くから多重債務者等の生活再建問題などに精力的に関わってきた。また，生活保護申請支援や生活保護利用者の争訟・訴訟の支援などにも積極的に関わってきた。一方で，その活動の多くは，無報酬もしくは低額の報酬であり，ボランタリーな活動となってきた。そうした活動の一つとして，日本司法支援センター（通称法テラス）では，弁護士や司法書士といった法律家が無料で相談にあたっており，経済的に厳しい事情にある場合には，多重債務の整理や破産手続きに伴う費用の立替えも行っている。(3)

　保護観察官は，少年院や刑務所から出所した者の保護観察を行い，更生を支援する法務省管轄下の保護観察所に所属し，保護司等と連携し，刑余者の生活再建にあたる。

　こうした職種や分野は，近年では「司法福祉」という言葉で表されるようになり，法律家との連携や刑余者の更生に関わる領域として新たな注目を集めている。

（9）民間支援団体・NPO 職員等

　貧困問題に関わる民間支援団体には，ホームレス支援団体をはじめ，生活相談，就労相談，労働相談，あるいは奨学金返済問題に関する相談を受けたり，直接的に支援も提供している団体も少なくない。対応するスタッフは，社会福祉士や精神保健福祉士等の有資格者であることもあるし，そうでない場合もある。一方で，提供されるサービスの質という点については格差も激しく，いわゆる「**貧困ビジネス**」といわれるように，劣悪なサービス提供に比して，高額の報酬を得る団体も存在している。

　また，自治体からの委託事業を受託している場合，そのことで自由で創造的

な動きを制限することもあり，専門職としての力がかえって発揮できない事態となっていることなども少なくない。すべてではないが，民間支援団体やNPOが，本来生存権保障の責務をもっている行政の「下請け機関」として機能しているという現実も存在している。こうした状況を変えていくためにも，民間支援団体やNPOの力を蓄積し，新たな創造的な実践を展開していくことも今後の課題である。

(10) 自助グループ・住民・ボランティア等

　地域には，就労が必ずしも容易でないために経済的に厳しい状況に置かれているアルコール依存症や薬物依存症の人々を支える自助グループも存在する。たとえば，お酒による深刻な失敗経験などをお互いに語り合い，アルコール依存からの脱却のために感情をコントロールしていく禁酒会などを実施したり，社会復帰へ向けた訓練などを行っている団体も存在する。

　また，地域住民，ボランティアは，いわゆる専門職ではないが，貧困当事者の課題改善・解決に向けて少なくない役割をもっている。「貧困」という大きな生活課題を抱える中で，こうした存在とのつながりが，社会的孤立を防ぎ，主に精神面でのサポートを受けることができる。しかし，一方で，そうした「サポート」が期待できる状況にない場合も少なくない。核家族化や都市化が進む中で，昔ながらの，あるいは地域性による相互扶助的な機能が失われつつある現代社会において，安定的，継続的に支援を期待するのはもはや困難となってきているのが現状である。

　また，近年では，子ども食堂や賞味期限内でまだ食べられるにもかかわらず店頭に出せない食品などを集め生活困窮者に無償配布を行うフードバンク活動，経済的事情のために塾などに行けない子どもに対する学習支援事業なども急速に広がりを見せてきており，子どもや地域住民の孤立化の防止や，環境という視点からフードロスの軽減などに大きく貢献している。

　しかし，こうした活動の多くがボランティア活動に依存しており，事業の継続性や質の維持という意味では，極めて不安定な状況である。あくまでも，生存権を保障する責任をもっている公的な支援が積極的に関わったうえでのプラスαのものであると位置づけておく必要があるだろう。

2　貧困問題における専門職としてのソーシャルワーカー

（1）ソーシャルワーカーの専門性

　「ソーシャルワーカーの専門性とは何か？」と問われたときに，明確に答えられる人はそれほど多くはないだろう。しかし，生活困窮者支援においてもその「専門性」を発揮することは，非常に重要なことである。

　2020（令和2）年の6月にソーシャルワーカーの国家資格である社会福祉士の職能団体，日本社会福祉士会が採択した「社会福祉士の倫理綱領」には，「社会福祉士は，差別，貧困，抑圧，排除，無関心，暴力，環境破壊などの無い，自由，平等，共生に基づく社会正義の実現をめざす」ことが言明されている。つまり，ソーシャルワーカー（社会福祉士）は，何らかの理由で本来の人間の尊厳や人権を侵害されている人々を専門的な知識や技術，価値や倫理に基づき擁護し，そうした状況を変えていくために，社会や環境に働きかけていく専門職である。

　こうした認識は，ソーシャルワーカーの専門性を考えるうえで前提となる。ここで，大切なキーワードとなってくるのは「生活を構造的に捉える視点」と「生活分析」そして「生活支援」である。

　まず，「生活を構造的に捉える視点」についてであるが，貧困問題の多くは，個人が抱える課題の背景に社会的な問題が隠れている。その背景を把握，理解することなしに，本質的な問題の改善・解決へは結びつかない。生活困窮は，単に「お金がない」という状態にとどまらない。たとえば，「失業」という問題について考えてみよう。失業の背景には人間関係の課題であったり，いわゆるブラック企業といわれる企業体質の問題であったり，疾病などの問題などさまざまな背景が複雑に重なり合っている。そして，それらはときには，政治のあり方や社会のあり方とも密接に関係しているともいえる。それらの一つひとつを丁寧に解きほぐし，現状を理解していくことにより解決の道筋を見通せるようになる力が求められているといえよう。目の前の課題だけにとらわれず，さまざまな角度から課題を検討する幅広い視点が必要であり，そのためには十分な知識を身につけ，想像力を働かせることが大切である。

　次に，「生活分析」についてであるが，すでに述べた「生活を構造的に捉える視点」に基づき，「生活分析」を行っていくとするならば，特に，困窮当事

者の生活史（ライフ・ヒストリー）に注目することが大切である。生活史は，その人の人生そのものであり，現在の状況や価値観の形成に大きな影響を与えている。特に生活困窮に至った背景には，必ずしも個人の責任に帰結するものばかりではなく，景気の動向や政治や社会の動向に翻弄された人生が浮かび上がる。そうした人生と現在の生活状況を「身体・医療的側面」「心理・社会的側面」「経済・制度的側面」などから分析し，それらがどのように結びついているのか，そして，これから，課題の解決に向けてどのような方向性をもっていくのかということが見えてくることで，ニーズを正確につかむことができるだろう。

　そして，こうした構造を捉える視点と緻密な生活分析こそが「生活支援」の質に影響を与える。たとえば，生活を再建するために何が何でも「就労」を進めるということではなく，なぜ，「働けなくなってしまったのか」という背景を社会的構造とその人個人が抱える課題の両面から見ていくことにより，段階的な就労への道の模索，あるいは，当面の方向性について，個人に合わせた支援が可能となる。また，そのプロセスの中で，ソーシャルワーカーの価値を押しつけることなく，困窮当事者の主体性を尊重した支援を展開することが可能となるであろう。

　つまり，このようなスキルが貧困問題に関わるソーシャルワーカーに求められる素養だといえよう。

（2）生活保護制度の申請手続きにおける役割

　貧困問題に専門職として関わるソーシャルワーカーにとって具体的な支援の現場で遭遇する大きな問題の一つに「申請」という問題がある。ここでは，この生活保護申請とソーシャルワーカーの役割について考えてみたい。

　生活保護制度をはじめ，わが国の社会保障制度の多くが，当事者の「申請」によってサービスが開始される仕組みとなっている。一方で，こうした制度を知らない，あるいは，制度の名前などを「言葉」として知っていても「どう活用したらよいのかわからない」といった状態にある人々も少なくない。そして，この申請手続きの問題が，生活保護の現場にさまざまな混乱を生じさせている。

　日本では，1970年代半ばの二度のオイルショックにより経済は低成長の時代となり，その一方で急速に高齢化が進んだことで，社会保障費が増大することとなった。こうした社会保障費の増大に危機感をもった政府は，臨時行政改革

審査会を立ち上げ，生活保護の「不正受給」に着目した。その後，1981（昭和56）年に厚生省は通知123号「生活保護の適正実施の推進について」を発出し，生活保護支給前の調査等の強化により「不正受給」の徹底的な排除を行うことにした。しかし，この通知が，窓口で申請者を追い返してしまうといういわゆる「水際作戦」につながってしまった経緯がある。

　また，生活保護制度の利用支援よりも就労指導が強化されるようになり，その結果，本当に必要としている者が制度を利用できず，餓死や孤立死を招いてしまうといった悲劇も起こった。そして，現在においても，「水際作戦」はなくなっていないのが実態である。

　他にも，生活保護申請にあたり，たとえば，高齢や障害のために生活保護申請の意思をうまく伝えられない，あるいは，福祉事務所の職員等と十分なコミュニケーションがとれないといったことも生じることがある。一方で，生活保護の申請を受け付ける窓口の側にも，ソーシャルワークの専門職である，いわゆる「ケースワーカー」が対応することも少なくないが，必ずしも申請者の生活実態やニーズに即した対応が行われているのかという点においては十分ではないこともある。たとえば，「生活保護だと車はもてない」「生活保護は，住所がないと受けられない」「年金をもらっていると生活保護は受けられない」など「正しくない情報」によって対応が行われるケースも少なくない。

　こうした対応は，生活保護法および関連規則に則った対応でないだけでなく，いわゆる「水際作戦」の口実にもなっている。そこで，申請者の権利を擁護するために，民間支援団体のソーシャルワーカー，あるいは民生委員や自治体議員などの同行支援が行われることもある。このような第三者の同席については，プライバシーを理由に断られることもあるが，申請者の意思を確認したうえでの同席であれば，生活保護申請の権利を守るためにも，極めて有効な手段である。

　一方で，窓口側となるケースワーカーの中には，こうした現状を憂い，**全国公的扶助研究会**(5)などのように実践の課題などについて検討を行う自主的な勉強会に参加し，対応スキルを高めていこうという意思をもつ者も存在する。

（3）生活保護バッシングに抗する専門職の役割

　2012（平成24）年に，人気お笑い芸人の親族が生活保護を受けていたことがバッシング報道にエスカレートするという事件があった。そして，この「問

題」は，後に，わが国の生活保護政策に大きな影響を与えることとなったといっても過言ではない。

　当時，人気を博していたその芸人の親族が生活保護を利用していたことで，多くのマスコミが「扶養義務を怠った『不正受給』ではないか」という論調で報道を繰り返した。しかし，こうした「扶養義務」は民法上の規定であり，生活保護上では「扶養義務」を定めているわけではなく，事情を考慮して運用することになっている。また，扶養義務を果たしていないというだけでメディアやSNSなどでたたかれ，国民的なバッシングの対象になることは，人権侵害となる場合もある。

　一連の騒動の中で，この芸人の親族の受給は福祉事務所と協議のうえでの決定だったことが判明し，「不正受給」ではないことがわかった。にもかかわらず，バッシングは止まるどころか，ますます過熱化し，結局，謝罪会見を行うまでに追い込んでしまった。

　ソーシャルワークに携わる専門職として，こうした「生活保護バッシング」がなぜ起きてしまうのかということについて思いをはせる必要がある。たとえば，「扶養義務」についての理解や知識が不足したままで発言等を行うことにより，生活保護制度の運用に大きな影響を与えたり，ときには生活保護バッシングに加担してしまうことになりかねないといういうことである。ソーシャルワークに携る専門職として，生活保護利用者に対し，「甘えている」あるいは「意外といい生活をしている」といった主観的な捉え方をするのではなく，専門職として，生活保護利用者の本当の生活の実態から目を背けずに向き合うことが求められるだろう。

　こうした「生活保護バッシング」によって生活保護を利用している者が世間から白い目で見られたり，蔑まれたりすることは，明らかに差別的なことである。福祉事務所のソーシャルワーカーは，利用者に対して高圧的・抑圧的にならないように配慮し，また専門職として「生活保護を利用することは権利」であることを正面から掲げ，人権を侵害する「生活保護バッシング」に抗していくことが求められる。

3　生活保護訴訟運動と専門職

（1）訴訟運動と専門職

　「人間裁判」ともいわれ，1957（昭和32）年に岡山県の国立療養所で療養中だった朝日茂さんが憲法第25条が規定する「健康で文化的な最低限度の生活」を求めて起こした朝日訴訟は，専門職と訴訟運動との関わりを考えるうえでも大きな示唆を与えてくれる。**朝日訴訟**では，朝日さんの生活実態を克明に伝える医療ケースワーカーや研究者，調理員等を原告側証人として立証活動を展開したことが裁判官の心を揺さぶり，結果として第1審の勝訴に導いた。第2審では敗訴となったが，専門職が協力して当事者の生活実態を解明した意義は大きいといえる。生活保護などに関する行政訴訟での原告勝訴は困難である場合も少なくないが，生活実態をどれだけ正確に捉えることができるか，そしてそれを言語化し，処分等の不当性を訴えることができるのかといったことは，高度な専門性が問われるところでもあろう。

　こうした訴訟運動は，憲法違反や人権侵害が疑われるような政策等に対し，広く国民的議論を行っていくきっかけをつくる問題提起として行われ，人権や社会保障に対する国民の意識を変化させていこうとする目的をもっている。朝日訴訟以後，そうした目的の実現のために，司法関係者だけでなくソーシャルワーカーなどさまざまな専門職や市民が連携し取り組んできた「ソーシャルアクション」として有意義なものであり，本来の社会保障のあるべき姿が追求されていることにも注目がなされてよいだろう。

（2）生活保護基準引下げと「いのちのとりで」裁判アクション

　2013（平成25）年から2015（平成27）年にかけて政府は，生活扶助基準を670億円，最大10％とする戦後最大の引き下げを行った。この引き下げの背景は，前述した芸能人に端を発した「不正受給」の問題と「劣等処遇」の考え方がある。

　「**劣等処遇**」とは，たとえば，生活保護を受けていない者よりも生活保護利用者が贅沢をすべきでないという考えに基づき，生活保護の水準を，それ以外の低所得者等の生活水準よりも低く設定しなければならないという原則である。

　また，政治家が「生活保護は恥の文化である」と発言したことが，生活保護

利用者に対するバッシングとなり，「国民感情」として形成されていくことも
ある。また，生活扶助基準に大きな影響を与える物価下落率についても，算出
方法に疑問を残しながら強行された基準引き下げを受けて，全国で1000人
（2020年2月現在）を超える原告が，「生活保護引き下げ違憲訴訟」を提起し，[(6)]
現在進行中である。この訴訟への取り組みを「いのちのとりで裁判全国アク
ション」と呼んでおり，全国のソーシャルワーカーや研究者，弁護士，司法書
士など専門職も支援者として参画している。2020（令和2）年6月に，名古屋
地裁では「棄却」判決が出されたが，その際には，日本精神保健福祉士協会が
膨大な金額になる訴訟費用の補填のために独自にカンパ活動を行ったり，日本
ソーシャルワーカー連盟（日本精神保健福祉士協会，日本社会福祉士会，日本医療社
会福祉協会，日本ソーシャルワーカー協会，日本ソーシャルワーク教育学校連盟）が
「生活保護基準引き下げを巡る訴訟判決についての声明」を発出している。[(7)]

　こうしたソーシャルワーク専門職団体の動きは，これまであまり見られない
ものであったが，社会正義の実現を旨とするソーシャルワーク専門職の運動的
実践として今後も積極的に追求されるべきであろう。

注

(1)　厚生労働省（2019）「ハローワークとの連携による就職支援導入マニュアル――療
　　養の先にしごとが見える」（https://www.mhlw.go.jp/content/11600000/000497401.
　　pdf　2021年10月4日閲覧）。

(2)　厚生労働省（2020）「2019年 国民生活基礎調査の概況」Ⅱ「各種世帯の所得等の
　　状況」（https://www.mhlw.go.jp/toukei/saikin/hw/k-tyosa/k-tyosa19/dl/03.pdf
　　2021年10月4日閲覧）。

(3)　「日本司法支援センター（法テラス）」ホームページ（https://www.houterasu.or.
　　jp　2021年11月27日閲覧）。

(4)　日本社会福祉士会「社会福祉士の倫理綱領」（https://www.jacsw.or.jp/citizens/
　　rinrikoryo/documents/rinri_koryo.pdf　2021年11月27日閲覧）。

(5)　公的扶助研究会全国連絡会は，生活保護ケースワーカーたちが実践を持ち寄り検
　　討する自主的な勉強会であったが，1993年に生活保護利用者を揶揄するような川柳
　　を機関誌に掲載したことで批判を浴びた。いわゆる「福祉川柳事件」である。もち
　　ろん，許されるべき行為ではないが，厚生省123号通知に代表される1980年代以降
　　の生活保護締め付け政策の歪みとしてケースワーカーの過酷な就労実態が明らかに
　　なった。1995年3月に「全国公的扶助研究会」として再建され，生活保護問題につ

いて積極的に研究運動を展開している。全国公的扶助研究会「公扶研活動の歴史」
（https://kofuken.com/concept/history/　2021年10月 4 日閲覧）参照。
(6)　いのちのとりで裁判全国アクション「各地の裁判について」（https://inochinotoride.
org/trial　2021年10月 4 日閲覧）。
(7)　日本ソーシャルワーク教育学校連盟（2020）「生活保護基準引き下げを巡る訴訟
判決についての声明」（http://www.jaswe.jp/doc/20200717_seikatuhogo_seimei.pdf
2021年10月 4 日閲覧）。

参考文献
井上英夫ほか編（2017）『社会保障レボリューション──いのちの砦・社会保障裁判』
高菅出版。
加美嘉史・松木宏史監修／大阪福祉事業財団救護施設高槻温心寮編（2019）『救護施
設からの風──「健康で文化的な最低限度の生活」施設×ゆたかな暮らし……』ク
リエイツかもがわ。
繁澤多美・高木博史編（2015）『いっぽいっぽの挑戦──沖縄の貧困・差別・平和と
向きあうソーシャルワーク』福祉のひろば。
生活アセスメント研究会編／大野勇夫・川上昌子・牧洋子編集代表（2007）『福祉・
介護に求められる生活アセスメント』中央法規出版。
生活保護問題対策全国会議編（2012）『間違いだらけの生活保護バッシング──Q＆
A でわかる生活保護の誤解と利用者の実像』明石書店。
東京都社会福祉協議会（2020）『ふくしのしごとがわかる本　2021年版』。
成清美治・加納光子編集代表（2019）『現代社会福祉用語の基礎知識（第13版）』学文
社。
ミネルヴァ書房編集部編（2021）『社会福祉小六法 2021』ミネルヴァ書房。
山口道宏編（2010）『申請主義の壁！──年金・介護・生活保護をめぐって』現代書
館。

学習課題
①　貧困問題と向き合うソーシャルワーカーの専門性とは何か考えてみよう。
②　生活保護法の目的と運用の実際について考えてみよう。

第Ⅲ部

貧困に対する支援の実際

第 13 章

生活保護制度における専門職の役割と自立支援

　社会福祉士が活動するフィールドが広がる中で，社会福祉士が行政に採用され，専門職として生活保護業務に携わる例も一般的になってきている。「最低生活の保障」（経済的給付）と「自立支援」（ケースワーク）をともに目的とする生活保護制度の中で，社会福祉士は専門職としてどのような役割を担い，どのような実践を展開していくべきなのか。

　また，行政においては専門職と専門職ではない一般職が組織内で混在していることが多い。その場合，専門職の特徴とは何だろうか。何をしたら専門職らしい実践といえるだろうか。その問いを，自立の定義や社会福祉士の倫理綱領に照らして検討していこう。

1　生活保護制度における専門職

（1）さまざまな専門職

　「専門職」といっても，その意味するところは実は一つではない。たとえば地方自治体が採用している専門職であっても，あるところは社会福祉士の有資格者を「専門職」として採用枠を設けている。しかしまたあるところは社会福祉士の資格の有無にかかわらず，福祉関連の部署専門に配属することを目的として「専門職」という採用枠を設けている。また，国家資格をもって支援をする自分自身を「専門職」と称することもあろう。このように，「専門職」という言葉は実際には極めて多義的である。ただいずれの場合であっても支援にあたっての何らかの専門性をもっているという前提は共通のものであり，社会福祉士の資格もその専門性をもっていることを証明するものであるといえるかもしれない。ではその専門性とは何だろうか。その一端を，本章では示していく。

　ところで，生活保護行政の中で実務にあたる現業員（以下，ケースワーカー）

表13-1　生活保護に携わる専門職の一例

職　名	資　格
現業員（ケースワーカー） 査察指導員（スーパーバイザー） 面接相談員 就労支援員 自立支援専門員	社会福祉主事（任用資格） 社会福祉士 精神保健福祉士 臨床心理士 公認心理士 保健師 看護師

出所：筆者作成。

は，社会福祉士だけではない。社会福祉法第15条第6項には，ケースワーカーおよび査察指導員は「**社会福祉主事**」でなければならないと定められており，戦後まもなくの生活保護制度の黎明期からこの社会福祉主事が制度を中心で担ってきた。社会福祉主事「でなければならない」のであるから，少なくとも社会福祉主事の任用資格がなければ本来生活保護における現業（ケースワーク業務）には携わることはできない。現代においてもそのことは一貫しており，社会福祉主事の任用資格は，生活保護業務に携わるための基礎資格のようなものであるといえる。

　社会福祉主事として任用されるためにはいくつかのルートがあるが，最も数が多いと思われるのは「大学等において社会福祉に関する科目を3科目以上修めて卒業した者」というものである。この要件は，多くの人が大学進学をする現代にあっては決して難しいものではない。しかし以前は現代よりも大学進学率も低く，前述のルート以外で任用資格を取得するためには講習会や養成機関を経る必要があるため，決して簡単に取れる資格ではなかった。現代においては社会福祉主事が専門職といえるかどうかは議論の余地があるかもしれないが，以前に社会福祉主事に寄せられていた専門性の高い実践への期待と同様の期待を，現代では社会福祉士が担っているといえるのではないだろうか。

　また，社会福祉主事と社会福祉士以外にも，生活保護にはたくさんの専門職が関わっている。表13-1に例を示したが，これはあくまで一例である。自治体によって他の職名や資格の専門職を採用しており，その内容は千差万別である。その分，専門職採用の動向を見ることで自治体が生活保護業務の中で何を課題と考え，その解決のためにどのような専門性が必要だと考えているのかがわかるかもしれない。

（2）福祉事務所における専門職の組織的な課題

　ここでは福祉事務所における専門職の課題を検討する。前述の通り，そもそも，ケースワーカーや査察指導員として業務に携わっているのは専門職として採用された者だけではない。むしろ，一般行政職として採用された職員が人事異動で“たまたま”福祉事務所に配属され，ケースワーカーとして業務に携わっている方が多いのであって，多くの福祉事務所では一般行政職と専門職が混在している。それでは，一般行政職をすべて専門職に置き換えれば，より専門性の高い支援ができるのかというと，決してそうとは言い切れないところに福祉事務所における適材配置の難しさがある。

　なお厚生労働省が2016（平成28）年に行った「福祉事務所人員体制調査」では，全国のケースワーカー１万8183名のうち社会福祉士の有資格者は2458名（13.5%），査察指導員では3120名のうち270名（8.7%）と，社会福祉士の配置が広がっているとはまだいえない状況となっている。これからこの数字がさらに増えていくかどうかは，社会福祉士の専門性に対する社会的な認知が広がり，現に各自治体に採用され，日々実践に携わっている社会福祉士による高度な実践と実績の積み重ねが必要であろう。

　ちなみにケースワーカーや査察指導員も公務員である以上，人事異動がつきものである。よく「公務員は３年で次の部署へと異動する」等といわれるが，異動サイクルは自治体によって異なるため，一概に３年で異動するとはいえない（筆者も入庁して最初に配属された部署に８年間在籍した）。ただ，何十年も同じ部署にいることは極めて稀であり，せっかく仕事を覚えてきたと思ったら次の部署へ異動……というのはよくある話である。このように短い異動サイクルで人が入れ替わることは，職員がさまざまな部署で経験を積むことができる一方，専門性が蓄積されないという問題がある。ケースワーカーや査察指導員として培った知識や技術を，次に来る人にどう伝えていくか。このことは生活保護行政全体の課題であるといえる。

　また近年，生活保護の実務の外部委託化に注目が集まっている。これまで訪問調査や生活保護費の決定事務等のケースワーク業務については行政が直接執り行うことが通常であり，厚生労働省も公権力の行使に当たる業務の民間への委託は認められないとしている。一方で，通知類の封入や返還金の収納事務等，「明らかに公権力の行使に当たらない業務」については外部委託が可能としている。ただ主に地方からは，ケースワーカーの負担軽減や，生活保護利用者の

抱える課題が複雑化・多様化する中でより専門的な支援を行うためといった理由で，ケースワーク業務の外部委託化に前向きな声もある。ケースワーク業務の外部委託化については，可能とする立場と不可能とする立場，さらには形式上は可能だが，委託化は公的責任を蔑ろにするものであるので認められないとする立場等，多様な立場が存在する。いずれにせよ重要なのは，生活保護利用者にとってどの形が最も利益があるのかという点である。一方で，委託化が「より質の高い支援を提供する」といった建前とは裏腹に，「コスト」面から語られていないかについては，注意しておく必要がある。行政運営においてコストを無視することはできないが，委託は「安価な労働力の確保」ではない。そのことを理解したうえで，あくまで利用者にとっての利益になるか否か，また，委託が支援の公的責任を削減するのかといった観点から，委託化の問題を考えていくべきであろう。

（3）福祉事務所における専門職の実践面での課題

　生活保護業務においては，生活保護法だけを知っていればよいわけではない。生活保護を利用している人々の中には高齢者も障害者も子どももおり，さらには借金を抱えていたり，税金の滞納があったり，ライフライン（電気や水道，ガス等の生活に必須のサービス）が停止していたりする場合もある。つまり生活保護業務においては生活全般にわたる非常に広範な知識が必要になるということであり，豊富な知識を得るための日常的な努力をすることや，何かあったときに担当部署に気軽に尋ねることができるような関係を日頃から作っていくことが業務を円滑に進めていくうえで重要になる。そうすると，複数部署を渡り歩いてきた一般行政職の方が人脈と実用的な知識をもっている場合がある。一方で専門職は相談援助に関する体系的な学びを経ているため，一般的に社会福祉に関する制度や面接に関する知識・技術は長けている。どちらにも強みが存在するため，一概に「一般行政職だからダメ」「専門職だから良い」といえるものではない。ただ，倫理綱領において社会正義や人権，社会変革等を謳う社会福祉士等が専門職として支援に携わることで，より利用者本位の，寄り添った支援が展開されていくことが期待される。倫理綱領に謳われている支援の価値や倫理は，専門職か否かにかかわらず，生活保護の実践に携わる者であれば誰もが大切にするべき理念である。専門職は，そうした価値や倫理を職場内に広め，支援の質を底上げしていく役割も担っているといえる。

　生活保護は「最後のセーフティネット」と呼ばれながら，生活保護の申請を
福祉事務所から拒絶された人が餓死をしたり，利用者を脅すような文言を書い
たジャンパーを着用して業務にあたっていたといったような不祥事がこれまで
数多く起こっている。社会福祉士は「社会正義」や「人権」といった概念を武
器に，利用者の人権を侵害するような出来事が実践の現場で二度と起きないよ
うに努め，「最後のセーフティネット」をより強固なものにしていく役目を
負っている。

　以前から専門職を積極的に採用してきた実績のある自治体（たとえば神奈川県
横浜市や兵庫県神戸市等）もあるが，多くの自治体にとって専門職はまだまだ発
展途上であり，職場内での専門職の「色」は自分で出していくしかない。しか
し地道に実践を続け，専門性の高い支援の実績を積み上げていくことで，専門
職の存在意義がよりいっそう認識されていくだろう。そして，専門職として採
用された職員がキャリアを積み重ね，管理職や幹部職員になっていったときに
は，専門職に対する自治体全体の認知もいっそう広がっているかもしれない。

2　生活保護制度における自立支援

　生活保護制度は生活保護法第1条にある通り，「最低限度の生活の保障」と
「自立の助長」を目的としている。前者は「生活困窮に対する経済的な支援」
と言い換えればわかりやすいと思う。では，後者は具体的にどのようなことを
表しているのだろうか。その問いに対する答えを出すにあたっては，「そもそ
も『自立』とは何か」ということを理解しておく必要がある。

(1)「自立」とは

　「自立」という言葉自体は，多くの人にとって耳馴染みがあるのではないだ
ろうか。法律でも「生活困窮者自立支援法」「ホームレス自立支援法」といっ
た名称があったり，「児童自立支援施設」「自立援助ホーム」という名称の施設
があったりと，各所で用いられている言葉である。しかし，では具体的に何を
もって自立というのかは，一つの社会的な合意があるわけではない。特に生活
保護制度における自立の概念は，常に論争の渦中にあり，いまだに決着を見て
いないといえる。

　そこでここでは，2004（平成16）年に厚生労働省「生活保護制度の在り方に

関する専門委員会」の報告書で示された3つの自立および熊谷晋一郎による自立の概念について注目してみたい。

　報告書では自立を，①就労自立（就労による経済的自立），②日常生活自立（身体や精神の健康を回復・維持し，自分で自分の健康・生活管理を行う），③社会生活自立（社会的なつながりを回復・維持するなど）の3つに整理している。ここで重要なのは，「自立」という単語が単に就労自立のみを指すものではないことである。たとえ十分な就労収入を得ていても，栄養バランスに欠けた食事ばかりを摂っていたり，清掃が行き届かず不衛生な家に住んでいたり，他者とのつながりがほとんどなく孤立していたりすると，それは「自立している」とはいえない状態となる。日常生活面・社会生活面にも着目した自立の概念は旧来的な「生活保護を受けずに自分で得た収入で生活すること」といったような狭い自立の概念とは一線を画す大変重要な概念である。

　また，それとは違った切り口で自立に言及しているのが熊谷である⁽²⁾。熊谷は，自立とは「依存しないこと」ではないという。そもそも，人間は日々たくさんの人々と関わりながら生きている。その中で，衣食住はじめあらゆる場面で何物にも頼らず，純粋に自己の力だけで生活している人はまずいないだろう。そこで熊谷はむしろ自立を「依存先の分散」であるとする。たとえばアルコール依存症等のさまざまな依存症は，依存先が一つしかない状態に陥ってしまっているからそれに頼る他ないことが問題なのであり，さまざまな人・物・事に依存先を分散させることで心身と生活の安定をもたらすことができる。このような自立の概念は従来の自立観をある意味逆転させるものであり，それだけに重要な視点であるといえる。

　ここまで自立の概念について2種類の立場を見てきたが，実際には桜井啓太⁽³⁾が指摘するように，自立の概念は極めて政策的に用いられてきた背景がある。自立が単に「生活保護を受けないこと」であると捉えてしまうと，自立支援はイコール「生活保護の廃止」「生活保護の抑制」になってしまう。しかし自立支援は目的ではなく手段である。自立支援を行った先にあるべきなのは利用者のより良い生活であり，そのことを踏まえ，前述した3つの自立等もあわせ，自立という言葉を考えていく必要があるだろう。

（2）自立支援における専門職の視点

　前項で検討した自立の定義を踏まえ，それでは社会福祉士はどのように自立

支援に携わっていくべきなのだろうか。

　先ほど出てきた「3つの自立」に即していえば，繰り返しになるが，自立は単に就労自立だけではなく，日常生活・社会生活の各面も含めて考えなければならない。そしてこの3つは，どれか一つが達成されればよいというものではなく，3つすべてが達成されるように支援を展開していく必要がある。ただその際，就労自立をイコール経済的自立として「働いて生活保護基準以上の収入を得ること」だけと考えてはならない。生活保護世帯の約半分は高齢者世帯である。他にも障害や傷病等のさまざまな理由で，就労収入を得ることが難しい利用者もいる。それらの人々にとっては生活保護で経済的基盤を確保することが経済的自立なのであり（もちろん生活保護基準が利用者の生活を十分に満たす水準であることが前提であるが），「経済的自立＝就労」と安直に結びつけることはできない。自立の形は十人十色である。重要なのは，一人ひとりに合った自立の形があるということを認識することであり，支援者側が考える単一の自立像を押しつけないことである。

　また，自立支援のためには，常にその人のストレングス（強み）を生かした支援を心がけ，病気や失業，人間関係の失敗等で傷ついてしまった自尊心やアイデンティティの回復を側面から支援していくことも重要なことであり，そのことはまさにエンパワメントを通した自立支援であるといえる。自立を考える際にはまずこのことが前提とされているべきであり，支援の「土台」をなすといっても過言ではない。

　また，特に福祉事務所は支援を進めるうえで大きな裁量をもっている。裁量といっても福祉事務所が好き勝手に判断してよいということではなく，法律や通知類だけでは機械的に答えが出ないため，最終的には現場が個別の状況を鑑みて判断をすることが求められる。当然ながら法律や通知類に日々現場で起きる無数の出来事の隅々にまでどう対応すればよいかがあまねく記載されているわけではないので，現場に裁量があることは必然的である。そして，そのもてる裁量を最大限利用者本位に活用するために羅針盤となるのがすでに述べた社会福祉士の倫理綱領やソーシャルワーク専門職のグローバル定義である。裁量を生かすには価値や倫理が不可欠であり，倫理綱領やグローバル定義を支援の基盤に置くことで，価値や倫理が形作られていく。そして，多くの社会福祉士が共通の基盤をもつことで，社会福祉士の専門性を明確にしていくことができるのではないだろうか。

　社会福祉士及び介護福祉士法第44条の2では，「社会福祉士及び介護福祉士
は，その担当する者が個人の尊厳を保持し，自立した日常生活を営むことがで
きるよう，常にその者の立場に立つて，誠実にその業務を行わなければならな
い」と定められている。相手の立場を慮り，常に利用者利益の最優先を心がけ
て誠実に支援にあたること，このことこそが自立支援を行ううえで社会福祉士
に求められることであるといえる。

　ただ忘れてはならないのは，社会福祉士による支援は「名人芸」ではないと
いうことであり，その人にしかできない支援は「専門性」とはいえない。常に
価値と倫理をもち，情熱を傾けて支援に取り組むものは非常に大事なことである
が，一方でその知識や技術を後進に伝え，自らの実践を理論的に語ることがで
きなくてはならない。支援における一般性・客観性をもちつつ，個別性の高い
実践をしていく。そのことが社会福祉専門職としての専門性を体現していくこ
とであることもまた，忘れてはならない。

（3）生活保護と居住支援

　近年，生活保護実践の中で注目されていることの一つに居住（住まい）の問
題がある。住居は生活の拠点となる場所であり，寝食や余暇を過ごしたり療養
の場としたりする等，日々の生活をより良いものにしていくためには十分に生
活を送ることができる居住環境が欠かせない。居住環境は単なる「箱」ではな
く，まさに健康で文化的な生活の基礎となるものであり，支援にあたっても十
分な居住環境の確保は最優先事項である。

　しかし生活保護の現場においては，さまざまな事情で適切な居住環境が確保
されていない場合がある。たとえばいわゆる住む所がなくホームレス状態にあ
る人々がその一例である。他にも，心身機能の低下から在宅生活に困難が生じ
ている高齢者や，一人ひとりのプライバシーを守ることができないほどに狭隘
な住宅に住んでいる家庭等，例は枚挙に暇がない。さらに生活保護制度におい
ては住宅扶助で支給できる上限額が地域別・世帯人数別に定められているため，
基準額の範囲内では十分な住居が見つからない場合もある（生活保護申請時に住
宅扶助の基準額を超える物件に居住していると基準額内の物件への転居を命じられるこ
とがある）。

　ホームレス状態にある人の場合には，まずは生活保護を受給しながら居住の
場を確保することがめざされることになる。ところが即入居できるアパート等

の賃貸物件は極めて数が少なく，一時的な滞在場所として無料低額宿泊所等の施設を利用せざるを得ない場合がある。

　　無料低額宿泊所は社会福祉法第2条第3項に定めのある第二種社会福祉事業のうち，「生計困難者のために，無料又は低額な料金で，簡易住宅を貸し付け，又は宿泊所その他の施設を利用させる事業」と定められており，法律に定められた施設である。しかし一部の無料低額宿泊所が劣悪（狭い，汚い，著しく古い等）な居住環境に生活保護利用者を囲い込み，入居者から生活保護費を搾取しているとして「**貧困ビジネス**」といわれ，そのあり方が問題になっている。当然，個室対応を原則として，利用者に寄り添った支援を行っている無料低額宿泊所も多くあり，すべてを貧困ビジネスと呼ぶことはできない。重要なのは施設ごとの質の高低を見極めることであり，ケースワーカー等の福祉事務所側が劣悪な施設を利用しないよう配慮することである。

　　なお2020（令和2）年からは，無料低額宿泊所のうち一定の要件を満たす施設を「日常生活住居支援施設」とし，より質の高い支援をしていくための制度ができている。さらに，地域によって数に差があるが，生活保護法に基づく保護施設として救護施設，更生施設，医療保護施設，授産施設，宿所提供施設も設置されている。ここで一つひとつを詳細に論じることはできないが，日常生活や医療，就労の支援等，施設によって支援の内容は異なる。そのため，利用にあたっては各施設の目的に応じて適切な施設を選択する必要がある。

　　また，病気や傷病，高齢による心身機能の低下等により，それまで住んでいた住居では生活ができなくなってしまう場合もある。特に在宅生活が困難な状態になってしまった高齢者については，特別養護老人ホームや介護老人保健施設，養護老人ホーム等のサービスが整備されているが，特に介護保険施設は入居希望者が多くすぐには入ることができない場合も多く，やむなく比較的費用の高いサービス付き高齢者向け住宅や有料老人ホーム等に入居せざるを得ないこともある。ただ近年は生活保護基準でも入居できるサービス付き高齢者向け住宅等が増えており，高齢者の新たな住まいの形として注目されている。しかし数が増えてくれば質のばらつきが生じるのはやむを得ないことであり，この場合も施設による支援や設備の質の高低を見極める必要があることはいうまでもない。

　　住居はすべての生活の基盤となる最も重要なものであり，適切な住居なくして支援が成り立たないことを認識する必要がある。日々の生活は安定した住居があってはじめて成り立つものであり，このような「**ハウジングファースト**」

の視点をもつことが，これからの生活保護実践には求められる。

（4）生活保護と就労支援

　本章の最後に，生活保護と**就労支援**の問題を取り上げる。就労支援について
はこれまでに非常にさまざまな施策が打ち出されてきているため，そのすべて
をここで論じることはできない。ただ，就労支援は経済的な自立に直接に結び
ついていくことから，常に生活保護制度における支援の中心的課題であった。
　特に景気の悪化や感染症の流行等で多くの稼働年齢層（15〜64歳）の人々が
生活保護を利用せざるを得ない状況になると，就労支援はいっそうクローズ
アップされる。
　前述した「生活保護制度の在り方に関する専門委員会」報告書では，各自治
体が「自立支援プログラム」を策定することが推奨され，自治体ごとに取り組
みの差はあったものの，就労支援を内容とするプログラムを中心に多彩なプロ
グラムが組まれた（特に東京都板橋区で策定された豊富な自立支援プログラムは注目
に値する）。現在はハローワークと連携した「生活保護受給者等就労自立促進事
業」や「被保護者就労支援」，「被保護者就労準備支援」等の施策が設けられ，
今後も就労支援は生活保護における自立支援施策の中心であることは間違いな
いだろう。
　ただ，就労支援は単に就労に結びつければよいというものではない。「生活
保護法による保護の実施要領について」（昭和38年4月1日社発第246号厚生省社会
局長通知）では，稼働（就労）能力について，①稼働能力があるか否か，②その
具体的な稼働能力を前提として，その能力を活用する意思があるか否か，③実
際に稼働能力を活用する就労の場を得ることができるか否か，により判断する
こととされており，単に「身体が健康だから働くことができる」というもので
もない。当たり前ではあるが就労支援の結果は雇用情勢と密接に関わるため，
就労支援を行ったからといって雇用情勢が悪ければ結果は容易には出ない。そ
して雇用情勢はその地域の産業構造等により差があるため，就労支援を行うに
あたっては地域の産業構造や，産業ごとの雇用情勢等，地域性を十分に把握し
ておく必要がある。
　さらに，たとえば長期の傷病やひきこもり等により，不就労の期間が長く，
就労に対する不安が強かったり，履歴書や面接，基本的なビジネスマナーやコ
ミュニケーションといった，より基礎的な面で支援が必要な利用者もいる。最

終的に就労に結びつくことを目標としつつも，より基礎的なところからじっくりと時間をかけて支援をしていかなくてはならない場合があることを，支援する側は理解しておく必要がある。

　実は生活保護と就労をめぐってはその指導・指示の妥当性や福祉事務所側の稼働能力の認定についての裁判例が決して少なくなく（たとえば新宿ホームレス訴訟，林訴訟，長浜訴訟等），これまでに述べたような就労支援にあたっての留意点を踏まえた支援を行う必要性はここでも示されているといえる。

　長年神戸市でケースワーカーとして業務に携わった衛藤晃[4]は，自身の経験を踏まえて，就労支援にあたってのポイントの一つを「希望を持って待つ」ことであるとする。就労支援を行う場合，なるべく短期に効果をあげることに集中しすぎると，実際に支援される側の思いや希望が蔑ろにされてしまう。「世の中に仕事はたくさんあるのだから，選り好みしなければすぐ働ける」という人もいるかもしれないが，すでに述べたように自立支援はあくまで「手段」であるので，その先にある利用者のより良い生活が実現されるように就労支援を行わなければならない。その意味では，「何でもいいからとにかく働く」よりは多少時間がかかるかもしれないが，利用者に「ディーセント・ワーク」（働きがいのある人間らしい仕事）が結びつくよう，支援する側はときに「希望を持って待つ」ことが必要になってくるのである。

注

(1)　厚生労働省社会・援護局保護課事務連絡「保護の実施機関における業務負担軽減に向けた方策について」（2021年3月31日）。
(2)　熊谷晋一郎（2013）「依存先の分散としての自立」『身体を取り囲む人工環境』東京大学出版会，109～136頁。
(3)　桜井啓太（2017）『〈自立支援〉の社会保障を問う──生活保護・最低賃金・ワーキングプア』法律文化社。
(4)　衛藤晃（2013）「寄り添い，希望を持って待つ就労支援──神戸市の福祉事務所での取り組み」池谷秀登編『生活保護と就労支援──福祉事務所における自立支援の実践』山吹書店，133～154頁。

参考文献
生活保護手帳編集委員会編（2021）『生活保護手帳　2021年度版』中央法規出版。

『生活保護手帳　別冊問答集　2021年度版』中央法規出版。
『生活保護関係法令通知集　令和3年度版』中央法規出版。

学習課題

① 　自分自身にとって「自立」とは何だろう。具体的にどうしたら「自分は自立して いる」と感じることができるだろうか。そして，その自立のためにどのような社会 サービスがあったらよいだろうか。考えてみよう。

② 　近年，公的機関でも業績評価が広がってきている。「業務の結果に基づいた評価」 という意味ではいかにも説得力がありそうな仕組みではあるが，では生活保護の業 務や，社会福祉士の主な業務である相談援助においては，何を評価点とするべきだ ろうか？

～～～～ コラム1　福祉事務所以外の支援機関・支援者 ～～～～

生活保護に携わる支援者というと，福祉事務所のケースワーカーを思い浮かべる人が 多いと思われるが，実際は生活保護に関する支援を行っているのは福祉事務所だけでは ない。生活保護利用者が利用する医療機関や介護サービス，障害福祉サービスの事業所 はもちろん，地域で活動するNPO等の団体の中にも，生活保護に関する支援を行って いる団体がある。就労支援や教育支援等を委託している場合には委託先の事業者も支援 機関の一つとなる。特にNPOは，生活保護利用者のみを対象としたサービスを提供し ている場合もあるが，生活に困窮するすべての人を広く支援対象としながら，その支援 の一つとして生活保護の利用を勧めたり，ときには申請の支援で行政に同行したりする 活動を行っている場合もある。より具体的には生活相談をはじめ，炊き出しや夜回り， 食料や衣類の提供，宿泊所の運営，医療の提供，福祉的就労の運営等，団体によって実 にさまざまである。団体によっては，より質の高い支援を行うために社会福祉士等の有 資格者を積極的に採用しているところもある。また，ボランティアを随時募集している 団体もあるため，自身の身の回りに支援団体があれば，見学や活動への参加をしてみる のも良いかもしれない。

いまや生活保護の支援は行政だけでは行えず，さまざまな機関との協力・連携が欠か せない。福祉事務所のケースワーカーの役割は決定的に重要であるが，それを取り巻く 周囲の社会資源も同様に重要である。

ただ，インターネットや雑誌等のメディアでは，生活保護の運用等をめぐってしばし ば行政と民間の支援機関が対立構造として報道されることがある。もちろん，違法・不 当な運用を福祉事務所が行っているのを糾し，改善するよう働きかけることは当然必要

である。ただ本来，両者は対立構造（敵）ではなく，利用者の生活を守るために手を携えていくべき関係（味方）である。生活保護の違法・不当な運用はその都度指摘して改善に向けて働きかける必要があるが，そのような緊張関係を（良い意味で）保ちつつ，本来，両者は志を同じくする関係にあることは，認識しておく必要があるだろう。

コラム2　各地の自主勉強会

市役所職員有志の勉強会の様子（筆者撮影）

生活保護制度は非常に煩雑で，覚えるべき知識も生活保護制度そのものだけではなく，高齢者や障害者，子どもやその他行政全般に及ぶ。他機関との連携も欠かせない。逆にいえば，他機関との連携や生活保護制度以外の知識なくして生活保護の実践は成り立たないのである。そのため地域や自治体によっては自主的な勉強会を立ち上げ，知識や技術の向上，他機関や他部署との交流に努めているところもある。

全国規模ではケースワーカーを中心とした研究・交流を目的とする「**全国公的扶助研究会**」という団体があり，年1回の全国大会や，不定期に全国各地での研修を開催している。また，全国規模ではなくとも，たとえば「横浜社会福祉研究会」「ふじみ野市社会福祉研究会」のように，その自治体職員が中心となって研究会を組織している場合もある。学ぶテーマも，生活保護制度を中心に学ぶ場合もあれば，生活保護に限らず広く社会福祉に関することを学んでいる場合もある。

全国の自主的な研究会・勉強会の中には，福祉事務所やその自治体の職員でなくとも参加できるものもある。開催形態も，対面で行っている場合とオンラインで行っている場合等，さまざまである。またこれらの活動のほとんどは業務時間外や休日に行われており，参加することで参加者それぞれの支援にかける思いや価値，実践上悩んでいることといったリアルな現場の空気にふれることができる。

興味のある方は，自分が参加できる勉強会が開催されているか，調べてみてはどうだろう。

第14章

生活困窮者自立支援制度における
専門職の役割と自立支援

　生活困窮者自立支援制度においては「包括的な支援」「個別的な支援」「早期的な支援」「継続的な支援」「分権的・創造的な支援」が求められる。自立相談支援機関に配属される各支援員は，これらを念頭に役割分担して支援にあたる。

　本章では自立相談支援機関の役割や人員体制を踏まえ，専門職に期待される役割を解説する。そして生活困窮者自立支援制度における支援の理念や実態についてみていく。

1　生活困窮者を支える自立相談支援機関

（1）自立相談支援機関

　自立相談支援機関は**生活困窮者自立支援制度**（以下，本制度）において必須事業となる自立相談支援事業を行う実施機関である。生活困窮者自立支援法の趣旨に照らしていえば「生活困窮者等からの相談に応じ必要な情報の提供や助言，関係機関との連絡調整等を行い，認定就労訓練事業の利用のあっせん，プランの作成等の支援を包括的に行う自立相談支援事業を実施する機関」といえる。

　機関の運営については福祉事務所を設置している自治体，そしてそこから委託を受けた社会福祉法人やNPO法人が担っている。なお，厚生労働省によると自治体の直営が31.7％を占めている（総数905か所）。委託の場合には社会福祉協議会が77.7％と最も多く，続いてNPO法人12.0％，社団法人・財団法人が10.8％となっている（総数618か所）[1]（表14‐1）。

（2）自立相談支援機関の役割

　本制度において自立相談支援機関に期待されている役割やめざす支援のあり方について，『自立相談支援事業従事者養成テキスト』[2]で示されている「新し

表14-1　支援相談機関の委託先

委託先区分	自治体数	割　合
社会福祉法人（社協以外）	49	7.9%
社会福祉協議会	480	77.7%
医療法人	1	0.2%
社団法人・財団法人	67	10.8%
株式会社等	34	5.5%
NPO法人	74	12.0%
生協等協同組合	10	1.6%
その他	33	5.3%

（複数回答　n＝618）

出所：厚生労働省「生活困窮者自立支援法等に基づく各事業
の平成30年度事業実績調査集計結果」。

い生活困窮者支援の形」のキーワードを手がかりに見ていこう。

　まず期待されているのが「包括的な支援」である。これまでの社会福祉制度は分野別の縦割りで構築されており，近年は「制度の狭間」の問題に注目が集まってきた。たとえば，8050問題[3]のように親の介護問題と子どもの就労そして世帯そのものの困窮といったように複合的な問題に対応せざるを得ないケースが増えてきている。包括的支援は本制度に限らず今後のさまざまな社会福祉制度において進めていかねばならない課題である。

　次に「個別的な支援」である。困窮に陥る要因やプロセスは生活困窮者によってさまざまであり，適切なアセスメントが必要となる。特に複合的な問題を抱えた世帯では，これまでの相談経験の中で福祉制度やサービスに対して不信感を募らせているケースも少なくない。目の前の相談者の尊厳を守り信頼関係を築くという点からも重要な視点である。

　3つ目には「早期的な支援」である。生活困窮者の中には暮らしの行き詰まりが続き，文字通り精魂尽き果てている状態の人もいる。長いひきこもり生活やうまくいかない就職活動，困窮状態が続くことにより生活費が底をつく恐怖，複雑な医療・介護・福祉の制度など目の前の問題で身動きがとれない人も多い。そうした人たちに必要なのはこちらから積極的にアウトリーチを試みることである。相談室で「待つ」だけでなく，地域に出向いて関係機関や地域住民からさまざまな形で情報を得ることも重要である。

　4つ目には「継続的な支援」である。複雑な生活課題を背負った人たちへの支援は一筋縄ではいかない。支援が長期化することも珍しくない。たとえば支援の最中に経済状況が悪化するかもしれない。同居親族の要介護度が上がるかもしれない。そうしたときに生活保護制度や介護保険サービスに「切れ目なく」結びつける必要がある。自立相談支援機関で抱え込むのではなく現有サービスの活用や地域での支援の輪を増やしていくことも大切である。

　最後に「分権的・創造的な支援」である。生活困窮者が直面している生活問題には，必ず地域性がある。都市部と近郊・農村部では問題の現れ方に違いがある。たとえば就労支援一つとっても，地方では働き口が極めて少なかったり，車を保有していないとそもそも就職活動が困難だったりする。人口構造も経済構造も自治体によってさまざまである。こうしたことを念頭に置くと，まずは自立相談支援機関が地域の共通の課題や生活問題を把握し，それを解決するための社会資源がどれくらい存在するか明らかにしている必要がある。また社会資源の開発や地域づくりも大事になる。まさに地域に根差した（分権的）独自性のある（創造的な）支援が求められている。

（3）自立相談支援機関に配置される支援員

　自立相談支援機関には，「主任相談支援員」「相談支援員」「就労支援員」が配置される。地域の状況によって相談支援員と就労支援員を兼務する。

　主任相談支援員は，自立相談支援機関のリーダーとしての役割が求められる。支援員としての資質に加えて，職場のマネジメントや地域の社会資源の開発や地域連携，啓発などさまざまな業務に携わる。各相談員のスーパービジョンや支援困難事例への対応も重要な業務である。

　相談支援員は，相談支援全般を受け持つ。大きくは個別ケースについての自立支援計画を作成する業務と具体的な支援業務がある。相談支援プロセスに則り支援をすすめ，記録を確実に管理し，アウトリーチを行う。地域の社会資源との連携も欠かせない。

　就労支援員は，一人ひとりの「自立」の一つである就労に向けた支援を行う。まずは本人の就労意欲に合わせた支援が必要である。そのうえで，ハローワークへの同行訪問や履歴書の作成支援，面接対策といった具体的な支援も重要である。また求人の開拓や就労後も見据えたフォローなど目に見えにくい仕事も多くある。

表14-2　各支援員の役割と求められる能力

	主な業務	必要とされる能力
主任相談支援員	相談業務のマネジメント 高度な相談支援 地域への働きかけ	相談業務マネジメント能力 高度な相談支援能力 社会資源開発と地域づくりを行う能力
相談支援員	生活困窮者への相談支援全般 個別的・継続的・包括的な支援の実施 社会資源その他の情報の活用と連携	ニーズの判断・適切な選択肢の提供能力 調整能力，コミュニケーション能力，面接技術 個人をチームや地域で支える支援に関する能力
就労支援員	就労支援 キャリアコンサルティング ハローワークや協力企業との連携	職業安定機関や企業等法人との調整能力 雇用・労働分野に関する横断的な知識 キャリアコンサルティング能力 就労の場を開拓する能力

出所：自立相談支援事業従事者養成テキスト編集委員会編（2014）『生活困窮者自立支援法　自立相談支援事業従事者養成テキスト』中央法規出版，47頁より一部改変し筆者作成。

2　専門職に期待される役割

（1）自立相談支援事業の人員体制

　自立相談支援事業の人員配置を見ると，平均では主任相談支援員が1.36人，相談支援員が3.11人，就労支援員が2.01人となっている。しかし，表14-3を見ると自治体の規模によって大きく開きがあることがわかる。

　自立相談支援事業の支援員には一定の要件がある。まず相談支援員・就労支援員には，一定の経過措置を前提としつつ，国が行う養成研修の受講が課されている。加えて，主任相談支援員はその役割や事業所内での位置づけから以下のような資格または実務経験が求められている。①社会福祉士・精神保健福祉士・保健師として保健・医療・福祉・就労・教育等の分野における業務に5年以上従事している者であり，かつ生活困窮者への相談支援業務その他の相談支援業務に3年以上従事している者，②生活困窮者への相談支援業務その他の相談支援業務に5年以上従事している者，③相談支援業務に準ずる業務として，実施主体である自治体の長が認めた業務に5年以上従事している者である。

　この条件と図14-1をあわせて見ると有資格者または実務経験保持者は多くの自治体で1～3人ということになる。またモデル事業の時点での調査では職[4]

表 14-3　支援員の配置体制（人口規模別・自治体当たり平均支援員数）

人口規模	H30年度			
	全支援員数 （実人数）	職種別の状況		
		主任相談 支援員数	相談 支援員数	就労 支援員数
5万人未満	2.46	0.93	1.36	1.11
5万人以上10万人未満	3.61	1.09	2.15	1.37
10万人以上30万人未満	5.62	1.46	3.44	2.28
30万人以上50万人未満	9.11	1.77	6.26	3.37
50万人以上100万人未満	14.07	2.74	9.04	5.81
100万人以上	65.00	12.36	39.45	21.45
全　体	5.11	1.36	3.11	2.01

注：「職種別の状況」欄は同一の者が各職務を兼務している場合はそれぞれにカウントして
　　いるため，その合計は「全支援員数（実人数）」とは一致しない。
出所：厚生労働省「生活困窮者自立支援法等に基づく各事業の平成30年度事業実績調査集計
　　結果」より。

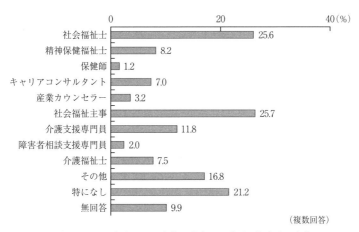

図 14-1　2014年度モデル事業の時点での職員が保有する資格
出所：厚生労働省（2014）「生活困窮者自立支援制度全国担当者会議資料（2014年9月26日）
　　モデル事業実施状況調査集計結果について」。

員の一定数は何らかの資格を所持していることがわかる。

（2）社会福祉士に求められる役割

　2020（令和2）年に新たに採択された「社会福祉士の倫理綱領」では，社会福祉士が「人々がつながりを実感できる社会への変革と社会的包摂を目指す専門職」と定義されている。こんにち，貧困問題・生活困窮に直面している人たちへの視線は厳しい。長期にわたる構造的不況や長時間労働，労働条件そのものの悪化・不安定化を根底に，社会福祉そのものへの風当たりが強くなっている。インターネットには生活保護受給者へのバッシングがあふれ，テレビでは施設コンフリクトが報道され，もはや保育所すら迷惑施設扱いである。そこに新型コロナウイルスの蔓延が疑心暗鬼に拍車をかけている。自己責任論がひろがり，「つながりを実感」できるはずもなく，日本はいま分断状態にあるといってよい。

　このように「荒れた」社会情勢を背景に生活困窮者を支援するためには，社会福祉学がこれまで培ってきた知見を十分に生かしていく必要がある。貧困状態に陥るのは，就職活動がうまくいかないのは，長期にわたってひきこもり状態なのは果たして自己責任なのか。学用品をそろえられないのは，野宿状態にあるのは，不登校状態にあるのは果たしてその人がだらしないからなのか。社会福祉学はこうした「俗説」に対応し得る知見を積み重ねてきている。社会福祉士は社会福祉学を修め，その知見を実践に応用する専門職である。

　生活困窮者支援の現場では即応性が求められ，制度につなげることを何よりも優先せざるを得ない状況もある。先に見たように専門職の配置も十分であるとは言い難い。社会福祉士がソーシャルワーク実践を行ううえで困難な状況が立ちはだかっている。このようなときこそ，社会福祉士の「つなぐ・つながる」力が求められている。

　何より生活問題の解決は，単一の専門職が関わって事足りるということはない。生活とは人間が社会で生きていく営みの総体だからである。社会福祉のみならず医療や保健，大人であれば労働問題，子どもなら教育の視点も欠かせない。複合的に困難を抱えた生活困窮者を支援するにはさまざまな専門職や地域の手助けが必要となる。社会福祉士にはさまざまな専門職をつなぎ，生活困窮者の生活を俯瞰する視点が期待されている。

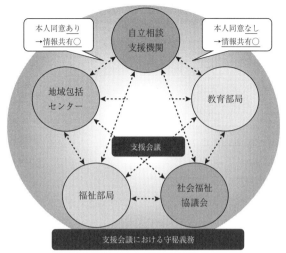

図14-2　改正生活困窮者自立支援法における
「支援会議」のイメージ

出所：厚生労働省社会・援護局地域福祉課生活困窮者自立支援室（2018）
　　　「生活困窮者自立支援制度等の推進について　②改正生活困窮者自立
　　　支援法の施行に向けて」。

（3）なぜ連携が必要か

　2018（平成30）年に生活困窮者自立支援法が改正され，生活困窮者への適切な対応を可能とするための情報共有の仕組みとして「支援会議」の設置が可能となった。「**支援会議**」は「会議の構成員に対する守秘義務を設けることで，構成員同士が安心して生活困窮者に関する情報の共有等を行うことを可能とするものであり，地域において関係機関等がそれぞれ把握している困窮が疑われるような個々のケースの情報の共有や地域における必要な支援体制の検討を行うもの」とされている。[(5)]

　「支援会議」では関係機関が把握している困窮（あるいは困窮が疑われる）事例の情報共有が行われることになる。そこでは本人の同意なしに関係機関での情報共有が求められるため，会議体の構成員には守秘義務が求められる（図14-2）。

　かつて，家賃の滞納を理由に県営住宅から退去を命じられた母親が追いつめられた末に娘を窒息死させる事件が起こった。家賃の督促状には「事情がある場合には相談に応じる」と書かれていたが母親は相談することはなかった。以

前には国民健康保険の担当課で短期保険証（保険料の滞納があった場合に一時的に発行される）の手続きを行った際に生活保護の相談を勧められ，福祉事務所へ行ったが「制度の概要を聞きに来ただけ」と報告されており，それ以降の相談はなかったという。このように複数の窓口で母親の困窮状態が把握されていたが情報の共有がなされなかった。また，彼女は複数の相談窓口を訪れたにもかかわらず問題解決に至らなかった。(6)連携の不十分さが悲劇を生んだ。

この事件は大きく報道され社会問題となった。「連携」の不備はときに命にかかわる。こうした事例は全国どの地域でも起こり得るものだとして，庁内や関係機関との連携体制の構築，そして相談窓口における適切な支援の提供が確認された。

3　生活困窮者自立支援制度における自立支援

生活困窮者自立支援制度はすでに学んだように，社会保険・労働保険制度と生活保護制度の間に挟み込まれた「第二のセーフティネット」としての位置づけにある。特に制度創設時は生活保護制度の見直しとセットであった。簡潔にいうと年金制度や健康保険制度，労働保険制度の不備不足によって困窮状態に陥った人たちが利用する想定である。したがって相談を受けたとき，また生活困窮者と出会ったときにはまずは「断らない相談」が必要となる（図14-3）。相談を受けたうえで制度の対象外であることも考えられるが，先にも述べたようにこの制度は「命にかかわる」ものである。親身に話に耳を傾けるという姿勢が重要である。

支援が必要であるとなった場合には，今その人はいったい何に困っているのか分析する必要がある。継続支援が必要なのかを見極めるアセスメントの段階に入る。アセスメントの結果，既存の制度で対応可能な場合は情報提供を行ったり，他機関へとつなげていく。

そして自身の機関で支援していく場合には，経済的困窮に至った背景を踏まえつつ就労状況や心身の状況，地域での関係性も含めて包括的に支援する段階に入る。

この継続支援の段階において，よく「**伴走型支援**」の考え方が援用される。伴走型支援では生活困窮者を「経済的困窮と社会的孤立状態にある(7)」と捉える。そして個人に対しては本人と伴走しつつ必要な支援に「つなぎ」，支援が役割

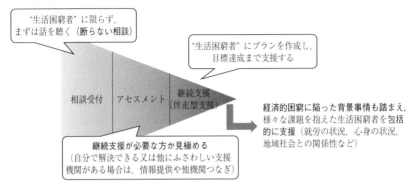

図14-3　生活困窮者自立支援制度における支援のイメージ

出所：大阪市福祉局生活福祉部自立支援課（2019）「生活困窮者自立支援法の改正に伴う支援会議の運用について」。

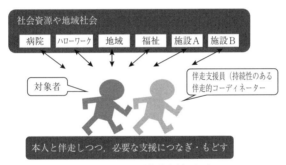

図14-4　個別型伴走支援の概念

出所：奥田知志ほか（2014）『生活困窮者への伴走型支援——経済的困窮と社会的孤立に対応するトータルサポート』明石書店，73頁。

を終えたり適切でなかった場合には「もどし」て別の社会資源に「つなぐ」というような「つなぎ」と「もどし」を連続して行う（図14-4）。これは，従来ともすれば社会資源へのつなぎが「丸投げ」になっていたことへの反省に基づいている。加えて，地域への働きかけが重視される。社会資源の開発にとどまらず，就労の場づくりに向けての働きかけや政策提言・啓発も視野に入れている。

注

(1)　厚生労働省「生活困窮者自立支援法に基づく各事業の平成30年度事業実績調査集計結果」。

(2)　自立相談支援事業従事者養成テキスト編集委員会編（2014）『生活困窮者自立支援法　自立相談支援事業従事者養成テキスト』中央法規出版。

(3)　「8050問題」とは，高齢の親と中高年の子の同居世帯を表す。80歳を過ぎた親の立場から見れば，子が経済的に自立できないために同居せざるを得ず，自身の介護問題や子からの年金の搾取といった経済的虐待に直面しやすい。また50代の子の立場に立つと，中高年の労働問題や長期化するひきこもり，精神疾患などの複合的な課題が見られる。問題提起されるようになってから時間がたち，現在では「9060問題」と表記されることも増えてきた。

(4)　モデル事業については第8章を参照。

(5)　厚生労働省社会・援護局地域福祉課生活困窮者自立支援室（2018）「生活困窮者自立支援制度等の推進について　②改正生活困窮者自立支援法の施行に向けて」。

(6)　(5)と同じ。

(7)　奥田知志ほか（2014）『生活困窮者への伴走型支援——経済的困窮と社会的孤立に対応するトータルサポート』明石書店。

参考文献

一般社団法人社会的包摂サポートセンター編（2015）『事例でみる生活困窮者——相談支援員必携』中央法規出版。

大阪市福祉局生活福祉部自立支援課（2019）「生活困窮者自立支援法の改正に伴う支援会議の運用について」。

岡部卓編（2015）『生活困窮者自立支援ハンドブック』中央法規出版。

奥田知志ほか（2014）『生活困窮者への伴走型支援——経済的困窮と社会的孤立に対応するトータルサポート』明石書店。

垣田裕介（2014）「全国の自治体の生活困窮者支援体制——準備は整ったか」同志社大学社会福祉教育・研究支援センター講演会「4月からの生活困窮者自立支援法の施行に備える」資料。

厚生労働省（2014）「生活困窮者自立支援制度全国担当者会議資料（2014年9月26日）モデル事業実施状況調査集計結果について」。

厚生労働省（2018）「生活困窮者自立支援法に基づく各事業の平成30年度事業実績調査集計結果」。

厚生労働省社会・援護局地域福祉課生活困窮者自立支援室（2018）「生活困窮者自立支援制度の推進について　②改正生活困窮者自立支援法等の施行に向けて」。

自立相談支援事業従事者養成テキスト編集委員会編（2014）『生活困窮者自立支援法

自立相談支援事業従事者養成テキスト』中央法規出版。
三塚武男（1997）『生活問題と地域福祉——ライフの視点から』ミネルヴァ書房。

学習課題
①　自分の住む自治体でどのような生活困窮者支援が行われているか調べてみよう。
②　自分が学校を卒業したのちにどのようなときに困窮状態に陥る危険があるか考えてみよう。

～～～～～～～～　コラム　「民から公へ」制度をいかすために　～～～～～～～～

　貧困研究会が発行している学術誌『貧困研究』（年2回発行）では，2015年度から2019年度までに9件の生活困窮者支援の実践紹介が掲載されている。以下にタイトル・団体・主な支援内容を列挙してみよう。

- 「一人ひとりと向き合う個別的な支援」（一般社団法人インクルージョンネットかながわ）寄り添い型の相談支援事業
- 「刑事司法手続きにおける貧困への対応」（NPO法人静岡市司法福祉ネット明日の空）被疑者・被告人への「入口支援」
- 「誰もが何度でもやり直せる社会へ」（特定非営利活動法人 Homedoor）ホームレス状態の人をはじめとする生活困窮者支援
- 「子どもたちと新しい明日をつくる」（公益財団法人あすのば）子ども支援
- 「広がれ，子ども食堂の輪　つながれ！ゆるやかなネットワーク」（豊島子ども WAKU WAKU ネットワーク）子ども食堂
- 「断らず関わり続ける相談支援——福岡県中間市の生活困窮支援現場から」（特定非営利法人抱樸）市民生活相談センター
- 「シニアシングルズ——ひとりと一人がつながれば，知恵と力と笑みがわく」（わくわくシニアシングルズ）高齢単身女性のつどい
- 「ひと花プロジェクト——話し合って決めよう，オール世代でひと花咲かす，居場所と往来のクロスオーバー」（特定非営利活動法人釜ヶ崎支援機構）高齢単身生活保護受給者のつながりづくり

　まさに年代や直面している問題にかかわらず，多様な支援活動が行われていることがわかる。そして活動の多くが，既存の制度枠組みでは十分に対応しきれなかったものだ。高齢単身女性への支援や被疑者・被告人への支援はその典型だろう。子ども食堂も今でこそ全国に広がっているが，つい数年前まではお腹をすかせた居場所のない子どもたち

は家にいるか街をさまようしかなかった。社会問題のフロンティアを切り開いた活動には目を見張るしかない。

　ここで，第3節でも述べた生活困窮者自立支援制度の位置づけを思い出してみよう。社会保険・労働保険制度と生活保護制度の間に挟み込まれた「第二のセーフティネット」であり，社会保障の不備不足によって困窮状態に陥った人たちを対象としている。高齢女性・野宿者・困窮した子ども・被疑者や被告人への公的支援が十分ではなかった事実は重い。全国で取り組まれているさまざまな支援を生活困窮者自立支援制度や熱心な民間団体にゆだねっぱなしにしてはいけない。国は最終的に既存の制度の不備不足を是正する責任を負っているのだ。

第15章

生活福祉資金貸付制度にみる
専門職の役割と自立支援

　第二次世界大戦後の混乱期の中，絶対的貧困状態に陥っている「生活保護受給者」が激増した。これを抑制するとともに，相対的貧困状態（生活保護の手前の状態）にある低所得世帯や何らかの原因（病気・けがや障害等）によって一時的に困窮に陥った場合の生活を維持するために，1955（昭和30）年から「世帯更生資金貸付制度」がスタートした。

　1990（平成2）年からは「世帯更正資金」から「生活福祉資金」へと名称や制度が変更され，低所得世帯の自立更生のみを目的としたものではなく，低所得世帯，障害者世帯および高齢者世帯の経済的自立と生活意欲の助長促進と，在宅福祉および社会参加を図ることを目的にするものと改められた。その中で，民生委員と社会福祉協議会の職員が中心的な役割を担ってきた。

　しかしながら，ニーズが高まる社会状況にありながら，生活福祉資金貸付制度の利用が年々減少しており，抜本的な対策が必要となっている。制度が複雑多様化する中で，社会福祉士や精神保健福祉士の活躍が重要になっていると考えられる。本章では，生活困窮者の救済制度から「生活福祉資金」の歩みを俯瞰しながら，現状から課題を捉え直し，専門職の役割と具体的な対策について検討していくことにする。

1　生活困窮者に対する援助・救済における専門職の役割

（1）生活困窮者支援と方面委員

　1918（大正7）年，大阪市の市長の林市蔵と顧問の小河滋次郎が，一方面（小学校区域約2500世帯）に無報酬の方面委員15から20人を配置し，貧困者の実態を調査し個別救護を実施するため，「方面委員規程」(1)（大阪府告示第255号）を定め，大阪府における**方面委員制度**(2)を誕生させた。この方面委員制度は次第に

他の府県にも広がり，1928（昭和3）年には，全国の府県に普及した。内務省社会局によると，「従来の補助機関（市町村の機関）では，細民（生活困窮者）に対する濫救・漏救を改善することができない」「従来の補助機関では，細民に対する懇切なる指導と救護を行うことが難しい」ことから，1929（昭和4）年4月に公布された「救護法」（昭和4年法律第39号）の第4条で「市町村に救護事務の為に委員を設置する」「委員は名誉職とし救護事務に関し市町村長を補助する」ことが明記され，生活困窮者対策事業において名誉職である「方面委員」を市町村の補助機関として設置すること決定した。実際に方面委員は，無給である代わりに，個々の家族の実情に応じた「個別裁量的救済権」＝（名誉職裁量権）を保有することになった[4]。方面委員は戦時国策への協力，戦争遂行への寄与に終始してきたため[5]，敗戦を機に民主的な考えをもち「無差別平等の原則」に則った法の適用を遂行することが難しかった[6]。

　そのため，第二次世界大戦後において「方面委員制度」の存続が認められず，1946（昭和21）年9月には「民生委員令」が公布され，生活困窮者のみならず民生業務全般を担う民生委員が設置され，同時に制定された「生活保護法」（現在の同名の法律とは別の旧法）の第5条では，新たに**民生委員**が生活保護事務に関して市町村長を補助することが規定された。全国社会福祉協議会は，方面委員が民生委員に置換された理由を「国家社会全体の大きな変革の中にあって方面委員制度のみがひとり従来のままの組織と態勢で存立運営されることは却って本制度を時代の遺物と化せしめられるおそれがあるため」としており[7]，GHQ／SCAP（連合国軍最高指令部）統治下においては，軍国主義下で重宝された「方面委員」を消滅させ，民主主義の象徴としての民生委員を誕生させるという流れが必然であったと考えられる。

（2）生活困窮者支援と民生委員

　第二次世界大戦により，家族を失い自宅を失い仕事を失った多数の国民が生活に困窮をきたし，わが国における政治や経済の混乱は，国民の生活を脅かしていた。そのような状況の中で，1945（昭和20）年12月に「生活困窮者緊急生活援護要綱」，1946（昭和21）年2月に「緊急就業対策要綱」が発出されたが，臨時的なものであった。そこで，GHQ／SCAPは，①救済の総額に制限を設けない，②困窮者に対して平等に食糧，衣料，住宅ならびに医療を提供する単一の全国的政府機関を設立する，③実施・運営を私的・準政府機関に委譲・委

任してはならないという高度な救貧福祉の方針となる「SCAPIN775」を日本政府に発令した。そのため政府は，1946（昭和21）年9月には**生活保護法（旧法）**を制定のうえ，本格的な生活困窮者対策を開始し，これら生活困窮者対策における保護の決定・実施については，民生委員が中心的な役割を担っていた。

しかし，生活保護法（旧法）では，要保護者に対する国家責任の原則とともに無差別平等（旧軍人を優先しない）の原則を定め，表面的には一般扶助主義となったが，実際には**欠格条項**（勤労意欲のない者や素行不良の者等には保護を行わない）が設けられたため保護の対象は限定的であるだけでなく，民生委員には「名誉職裁量権」が付与されたため恣意的な考えで保護の対象が決定されるおそれがあり，GHQ／SCAP の「SCAPIN775」の3原則とは程遠かった。「民生委員が隣組の衣替えであり，民生委員が上で扶助を受ける者が下になる危険性[8]」や「一部の民生委員が圧制的で，扶助受給者から寄付金を強要している事態から，民主化路線を打ち出す GHQ に問題視された[9]」等が指摘された経緯から，1949（昭和24）年9月に社会保障審議会会長が内閣総理大臣に対して，「市町村において生活保護に当る職員は，別に定める資格（社会福祉主事任用資格）を有する職員でなければならない」「民生委員は次に掲げる事項につき市町村長の行う保護に協力するものとすべきである」等の「生活保護制度の改善強化に関する勧告」を行った[10]。

そのため，1950（昭和25）年に生活保護法（旧法）が廃止となり，新しい生活保護法が制定された。日本国憲法第25条の生存権（国民は健康で文化的な最低限度の生活を営む権利を有する）に基づく法律であることを明文化し，保護受給権を認め，不服申立制度を法定化するとともに，民生委員は直接には関与せず保護の決定実施はすべて行政機関が行うこととなった。軍国主義が敗戦によって解体されても，政治家や有力者がすべて入れ替わり，その思考や方法等が180度変化したわけではないため，いくら民主主義を標榜し新しい「生活保護制度」になったとしても，受給することを道徳的によしとはしない風潮が主流だったといえる。そのような状況の中で，新たな生活保護法第2条で「すべて国民は，この法律の定める要件を満たす限り，この法律による保護を，無差別平等に受けることができる」と無差別平等の原則が謳われたことは画期的であり，生活保護が選別的救済から権利的救済に転換した第一歩を記したのである。

1951（昭和26）年の被保護世帯70万世帯のうち，世帯主が働いている世帯は39万世帯と55％を占めており，働いていても低賃金のため生活ができない者が

多いことを示している。また，日雇労働市場の状況についてみると，就労延べ人員584万人に対して就労できなかった不就労延べ人員が138万人もおり，日雇労働者を希望しても，雇用の需給バランスの関係で就労できなかった者も多く，低所得者世帯の自立助長は重要な課題であった。[11]生活保護制度だけでは低所得者対策として不十分な状況に鑑み，民生委員の中には，自らの資産の一部を担当地域の低所得者世帯に貸し出すケースも少なくなかった。民生委員が適切な生活指導と必要な援助を自主的に行う活動として**世帯更生運動**（後に「しあわせを高める運動」と改称）が全国各地に広がり，1952（昭和27）年の第7回全国民生委員児童委員大会で「世帯更生運動実施に関する実践申し合わせ」が，1953（昭和28）年の第8回全国民生委員児童委員大会では「世帯更生資金貸付法制定要望」が決議され，1955（昭和30）年に「世帯更生資金貸付制度」が創設されるきっかけとなった。

（3）世帯更生資金貸付制度における民生委員の役割

　発足当初の「**世帯更生資金貸付制度**」は，低所得階層対策の一環として，民生委員の適切な指導により，その世帯の経済的自立と生活意欲の助長を促進し，安定した生活が営まれるようにすることを目的として，低所得世帯，身体障害者手帳の交付を受けた者のいる身体障害者世帯に対し，生業費（生計を維持する目的を建前とした，小規模の事業を営むために必要な費用），仕度費（就職が確定して働く際に身の回り品の購入費や交通費），技能修得費（生業に就くための技能や資格の修得費用）の3種類について必要な資金を低利または無利子で貸し付ける制度として，各都道府県の社会福祉協議会において運用が開始された。[12]

　低所得世帯を援助するための制度として，生活保護制度は行政機関である福祉事務所が実施主体となり，一方で世帯更生資金貸付制度の実施主体が都道府県社会福祉協議会であることは，公的扶助の2つの制度を行政と民間団体がそれぞれ担うという「ダブルスタンダード」と「制度の歪曲」が発生することになったのである。

　当時の政府が「生活保護制度」とは別に「世帯更生資金貸付制度」を創設した背景について，吉田久一は「この時期は『膨大な数の低所得層の存在』『適正な労働環境（完全雇用や最低賃金制）や社会保障の欠如』による生活保護行政へのしわ寄せが深まり，政府が強力な保護引き締めに突入していた。それは，『低所得層』対策としての世帯更生資金の運用にも密接に関連していた」と指

摘している。また真田是は，「低所得層対策の中核的存在である世帯更生資金
貸付制度は，生活保護受給層に対する保護『適正化』政策と呼応して登場し，
『世帯更生運動』と結びつきながら，低所得層再生産政策に貢献していった」
と指摘している。つまり，「世帯更生資金貸付制度」は，生活保護行政による
「引締め」と生活保護の「適正化」が背景にあり，流入を食い止める引締め政
策と防貧としての低所得層対策が目的であった。そのため「世帯更生資金貸付
制度」は，単なる融資制度でなく，民生委員が貸付世帯に対して経済的自立と
生活意欲助長のための援助・指導の責任をもつ点が特色であった。事実，「世
帯更生資金貸付制度要綱」の目的に「人々に対して適切な生活指導と援助を
与え，被保護層への転落を防止」することが明記され，生活保護制度が権利
的救済となりながらも，実質的には抑圧的かつ抑制的であった状況が明確で
ある。民生委員は，かつて生活困窮者を救済するための生活保護制度（絶対的
貧困の救済制度）において「名誉職裁量権」という強い決定権をもち中心的な
役割を担っていたが，引き続き低所得者を援助するための世帯更生資金貸付
制度（相対的貧困の救済制度）においても中心的な役割を担うようになっていっ
た。

　世帯更生資金貸付制度の発足当初は，社会事業（社会問題に対応するために，
国家権力の指導により組織化された救済事業と環境を改めて保護し矯正教育をほどこす
感化事業を結合したもの）の要素が強かったが，制度変革による経過とともに社
会福祉事業（社会的に援助することの必要な人々に対して，その独立心をそこなわな
いような仕方で，正常な社会人として生活できるように援助するための各種の事業）へ
と変化していった。その中には，低所得者層に寄り添う民生委員のたゆまぬ努
力があったことはいうまでもない。

2　低所得者支援における専門職の役割

（1）世帯更生資金貸付制度から生活福祉資金貸付制度へ

　世帯更生資金貸付制度において，更生資金の貸付件数は1955（昭和30）年度
の5601件から毎年増加し，1960（昭和35）年度には1万7119件とピークを迎え，
1986（昭和61）年には3797件まで減少した。また，生活資金，療養資金，福祉
資金についても新設された当初は利用が増加したが減少の一途をたどり，住宅
資金は低金利時代という背景もあり，償還期間が長期の住宅金融公庫，市中金

融機関との競合等もあって1972（昭和47）年度の1万401件をピークとして毎年減少傾向となり，対象が限定的な災害援護資金も大災害の発生時を除けば減少していった。その一方で，世帯更生資金の中で身体障害者更生資金と修学資金の貸付の重要性が増していった。ノーマライゼーション理念やIL運動（自立生活運動）の世界的な広がりにより身体障害者自身の自立と社会参加への意欲と関心が高まってきた反面，高度経済成長に伴う経済労働情勢が活況であってもハンディキャップがある身体障害者の就労は容易なことではなかった。また，高校や高等教育機関（大学・短大・専門学校等）の進学率の上昇により，資金需要の増大につながっていった[20]。

　その背景として，高度経済成長によるインフレに対応すべく，貸付限度額の引上げがたびたび行われ，結果的に原資不足を理由に生活福祉資金貸付制度に対して抑制的な運用を強いていた。また，実施主体の社会福祉協議会は，償還金の回収を強化する方策を立てざるを得なくなり，制度利用減少の要因となった[21]。

　さらには，制度の担い手である民生委員については，その活動分野が多様化してくるとともに，世帯更生資金貸付制度に対する民生委員の意識も変化し，民生委員の職業も自営業者等が減少し，被用者が増加していった，また，第二次産業や第三次産業に就業する世帯の増加により，資金を借り受けた世帯の他の地域への転居の増加などに伴い償還指導の困難なケースが増えるなどといった事態が生じていった。その他，貸付制度の運営では，貸付原資保有額，償還金免除額等について都道府県間に大きな格差も見受けられるようになってきたことも問題となった。

　1990（平成2）年，在宅福祉と家庭生活のいっそうの推進と安定化の要請にこたえ，また経済社会情勢の変動に応じた貸付条件の改善が図られ，名称は「生活福祉資金貸付制度」と改められた。生活福祉資金貸付制度の制度概要は，第9章を参照されたい

（2）生活福祉資金貸付制度における専門職の役割

　1990（平成2）年に改称された「生活福祉資金貸付制度」は，単に低所得世帯の自立更正のみを目的としたものではなく，低所得世帯，障害者世帯および高齢者世帯の経済的自立と生活意欲の助長促進と在宅福祉および社会参加を図ることを目的にするものと改められた。

　その後2009（平成21）年の改正によって，生活福祉資金貸付の種類は，①総合支援資金（生活支援費・住宅入居費・一時生活再建費），②福祉資金（福祉費・緊急小口資金），③教育支援資金（教育支援費・就学支度費），④不動産担保型生活資金（低所得高齢世帯向け・要保護高齢者世帯向け）に再編・統合され，生活の維持を主な貸付目的とすることとなった。その結果，それまでの更生資金（生業費・技能習得費）の名称は消え，生業を営むために必要な経費および就職・技能習得に必要な経費は，福祉資金の費目である福祉費（日常的な生活を送るうえで，または自立生活に資するために一時的に必要であると見込まれる費用）の中に位置づけられることとなった。つまり，世帯更生資金貸付制度から引き継がれてきた生活福祉資金貸付制度の目的が「臨時的支出」から「生計維持」へと変化したのである。

　2015（平成27）年度からスタートした生活困窮者自立支援制度と連関するために，総合支援資金と緊急小口資金等（臨時特例つなぎ資金を含む）の貸付にあたっては，原則として自立相談支援事業の利用が貸付の要件となった[23]。

　2020（令和２）年に入り全国に感染が拡大した新型コロナウイルス感染症により，緊急事態宣言が繰り返し発令され，全国各地で社会・経済活動が停止したことにより，多数の倒産・廃業や休業に伴う個人や事業者の収入減少，雇い止め，失業などが発生し，多くの世帯が困窮状態に陥った。このような状況に対応するため，2020（令和２）年３月から，生活福祉資金貸付制度を活用し「新型コロナウイルス感染症の特例貸付（総合支援資金・緊急小口資金）」の運用がスタートした[24]。

　災害時の特例措置や新型コロナウイルス感染症対応の特例措置は，限定された一部の低所得者層に対する制度利用から，広範囲にわたる国民の緊急時の生計維持のための貸付制度として，国民の認識や利用が広がるきっかけになっているのである。

　このように，制度創設当初より貸付種類が増加し，制度利用に至っては種々雑多な条件がある中で，適切な制度運営のための相談・指導を行う都道府県社会福祉協議会の職員や相談窓口に立つ市町村社会福祉協議会の職員に，より高度な専門性が求められている。しかしながら，「生活福祉資金（総合支援資金）の運営について」（社援発0728第12号）の第１「基本的事項」の３「相談員の配置」において市町村社会福祉協議会または都道府県社会福祉協議会の相談員は，常勤，非常勤を問わず，他の業務との兼務を可能とすると規定されている。ま

表 15-1　生活保護制度と生活福祉資金貸付制度の共通点

項　目	生活保護制度	生活福祉資金貸付制度
利用認定基準	本人の資産・能力を活用し，親族扶養・他法扶助を優先しても最低生活が維持できない場合	必要な資金の融通を他から受けることが困難であると認められる場合
給付・貸付の単位	世帯に対して給付が行われる（世帯単位の原則）	世帯に対して貸付が行われる（世帯単位の原則）
実施協力専門職	民生委員が市町村長・福祉事務所長又は社会福祉主事の事務の執行に協力する	民生委員が都道府県及び市町村社会福祉協議会の貸付事業に協力する
民生委員の役割	本人の資産・能力を活用し，親族扶養・他法扶助を優先しても最低生活が維持できない場合	①貸付対象となる世帯について常に調査を行い，その実態を把握する ②指導計画を立て，資金貸付の斡旋等の指導援助を行う ③借受人又は借入申込み者に対して，生活の安定を図るための必要な援助活動を行う

出所：佐藤順子（2001）「生活福祉資金貸付制度の現状と課題」『佛教大学総合研究所紀要』8，280〜281頁。

た相談員の条件として，①ファイナンシャルプランナーの資格を有する者，②金融機関に勤務経験を有する者，③福祉事務所に勤務経験を有する者，④社会福祉士の資格を有する者，⑤その他市町村社協の会長または都道府県社協の会長が適当と認めた者と規定されている。生活福祉資金貸付制度に従事する職員の専門性は十分に担保されていないうえ，福祉の知識や視点がなくても相談員になれる状況である。種々雑多な相談を受け，絶対的貧困状態と相対的貧困状態とを的確に判断し，相対的貧困状況のセーフティネットである生活福祉資金貸付制度を適切に運営するには，ニーズとリスクとを精細にアセスメントできる訓練を受けた社会福祉士等の専門職の配置が必要になると考えられる。

（3）生活福祉資金貸付制度の運用基準

　生活福祉資金貸付制度の運用基準は，生活保護制度と呼応しているため，①利用認定基準，②給付・貸付の単位，③実施協力専門職，④民生委員の役割等に共通の運用がなされている（表 15-1）。

　本来であれば，行政の生活保護制度よりも，民間の生活福祉資金貸付制度の方がより弾力的に運用され，生活保護制度を利用できない世帯のセーフティ

ネットとなるべきでありながら，制度利用の基本的なところで共通しており，制度利用をあきらめたり，こぼれ落ちたりする生活困窮者が発生する可能性がある。

（4）生活福祉資金貸付制度の利用状況

近年の生活福祉資金貸付制度の利用状況は，福祉資金（福祉費）・教育支援資金・不動産担保型生活資金は横ばいで，福祉資金（緊急小口資金）・総合支援資金は2011（平成23）年度の東日本大震災時の増加を除けば減少傾向にあり，制度の利用合計総数は年々減少傾向にある。

中産階級の減少に伴い，低所得者層と高所得者層が増加して格差社会がますます広がっているという状況で，各種の生活福祉資金の貸付が伸び悩んでいるのは，制度利用に難しさがあるか制度自体が認識されていないかであると考えられる。

生活福祉資金貸付事業は都道府県社会福祉協議会が運営し，都道府県内の貸付・償還に係る各審査や資金管理を統括しているが，実際に貸付前から償還完了まで，借入申込者（相談者）への直接の相談・手続きの窓口は，市町村社会福祉協議会（都道府県社協より委託を受けた）の職員が担っている。また，制度の担い手として，市町村社協の職員とともに重要な役割を占めているのが，民生委員である。「生活福祉資金貸付制度要綱」（厚生労働省発社援0728第9号）の第16「民生委員の役割」に民生委員は都道府県社協や市町村社協と緊密に連携し，借受世帯の相談支援を行うこと，民生委員は借入申込者と面談し，世帯の調査および生活実態の把握を行うことが規定されている。

潜在的には多くのニーズがあると予測されているが，居住地域の民生委員との面談や調査に抵抗のあるために生活福祉資金貸付制度を利用しない低所得者も多く，ニーズに適切に対応した制度となっていないという問題も孕んでいる。

3　生活福祉資金貸付制度の課題と対策

1990（平成2）年以降，資金の名称と貸付目的が変更されても，資金の総貸付件数は年々減少傾向を示してきた。そこで，全国民生委員児童委員協議会と全国社会福祉協議会は「生活福祉資金を活用した生活援助活動の強化方策」を策定し，次の重点項目を掲げている。すなわち，①実態把握の強化，②生活援

助の促進，③ネットワークの形成促進，④研修の強化，制度の改善・充実，⑥制度管理・運営体制の強化の6点である。

　この6点について，以下に具体的な問題を示す。

　1995（平成7）年度から1999（平成11）年度の借り受け相談者のうち，再来所なしの世帯（全10件中）で，世帯の収入が，生活保護基準以下のものが1件，生活保護基準の1.8倍以内のものが7件，生活保護基準の1.8倍以上のものが2件であった。生活福祉資金の貸付対象となる世帯でありながらも，「再来所なし」となっているものが80％を占めていることに鑑みると，フォローアップの体制が今後検討すべき課題といえる[29]。つまり，モニタリング機能の強化が求められている。

　現在，多くの社会福祉協議会における生活福祉資金貸付事業は，多数の嘱託相談員やアルバイト職員が担っており，正職員がいても兼任の場合が少なくない。それは，生活福祉資金貸付制度を担う社会福祉協議会に拠出される事務費が少なく不十分なためである。災害発生やコロナウイルスの感染拡大による緊急貸付の対応も，非常勤職員がいなくては回らない状況にある。事務費自体の増額も緊急の課題である。

　さらには，低所得者層の起業および事業の継続に対する貸付である生業費についての専門的な助言を行う体制の整備が必要である[30]。英国の経済学者であるクラーク（C. G. Clark）が分類した第一次産業（農業，林業，水産業，牧畜業）・第二次産業（製造業，鉱業，建設業）・第三次産業（運輸業，商業，サービス業）に加え，第四次産業（情報産業，医療産業，教育サービス産業：知識集約産業）が台頭し[31]，交替制やシフト制が導入され，職業や働き方も千差万別となり，多様な家族関係・形態や家庭環境が増加している中で，パターン化した援助や問題解決策は通用しない。より高度で多面的な援助のあり方が求められている。

　ニーズに応じて細やかかつ適切に支援するには，十分なマンパワーが確保できる事務費（運営費・人件費）が確保される必要があるといえる。また，無資格の非常勤職員に頼るのではなく，相談業務については有資格者の社会福祉士や精神保健福祉士等が対応することで，より効果的・効率的・論理的に実践することができるだろう。とはいっても，急に専門職や正職員だけの体制に変化するわけでなく，しばらくは兼任職員や非常勤職員中心の業務体制が続く可能性が高い。担当する職員一人ひとりが，時代や法律・制度の流れに即した質の高い実践を行うためにも，知識や技術・倫理観の修得ができる効果的・段階的な

研修体系を検討する必要もある。

　加えて，制度創設以来，中心的に運用に関わってきた民生委員の役割について，見直す必要があると考えられる。これまで民生委員が生業費貸付指導にあたる場面は，借受人の情報提供，事業のモニタリングや償還にあたって市町村社会福祉協議会職員との同行など貸付のそれぞれの段階においてむしろ限定的であった。しかし，地域住民である借受人の伴走者としての民生委員の役割は，特に都市部での地域住民の結びつきが弱まってきた現在，あらためてその役割の大きさが見直されるべきだと考えられる。

　昨今の金融経済情勢の悪化により暮らしの安心が脅かされている低所得者世帯などが必要に応じて活用でき，多重債務の未然防止や生活保護に至らないためのセーフティネット機能の役割を果たすためにも，あらためて「生活福祉資金貸付制度」の積極的な利用促進が課題となっていた。このため，実施主体である各都道府県社会福祉協議会における広報に加え，厚生労働省も政府広報などを活用した積極的な広報に努め，2008（平成20）年12月から政府広報オンラインにおいて，「生活福祉資金貸付制度」に関する記事や情報が掲載されている。しかしながら，生活困窮している低所得者のほとんどが政府のホームページを適宜閲覧するとは考えにくい。より効果的な広報に鑑みれば，インフルエンサーによる YouTube 等での動画配信・ライブ配信や SNS（LINE，Twitter，Instagram，Facebook 等）を活用した周知方法を新たに検討すべきではないだろうか。

　2015（平成27）年4月から生活困窮者自立支援法の施行に伴い「生活困窮者自立支援事業」が本格実施され，生活福祉資金（総合支援資金，緊急小口資金，臨時特例つなぎ資金）の借入を希望する市民がいる場合，貸付制度の担当者は，これまで主に関わってきた民生委員・福祉事務所等のケースワーカーや弁護士，地域包括支援センターの社会福祉士やケアマネジャー，地域活動支援センターの精神保健福祉士や相談支援専門員，児童相談所のソーシャルワーカーのみならず，新たに自立相談支援機関の相談支援員・就労支援員，就労支援事業所のジョブコーチ，学習支援事業のコーディネーター，子ども食堂の支援者，医療機関の専門職など，多様な専門機関・施設・事業所・専門職とのネットワーキング（連携や調整）が求められることになる。多面的で総合的な援助や解決が図られていくためにも，ソーシャルワーク機能が求められている。

　これらの課題の対応は，いずれも社会福祉士や精神保健福祉士が実践すべき，

ソーシャルワークの働きである。生活福祉資金貸付事業の担当者には，無資格者や社会福祉主事ではなく，社会福祉士や精神保健福祉士を必置とすることで，問題解決が図られる可能性がある。

　現在，生活福祉資金貸付事業の成功事例や失敗事例に関するデータベースが整備されていない。実践の根拠となるエビデンスが集積され共有されることで，より質の高い援助につながったり援助の失敗をあらかじめ防ぐことにつながったりしていくと考えられる。

注

⑴　小笠原慶彰（2013）「方面委員制度」山縣文治・柏女霊峰編『社会福祉用語辞典（第9版）』ミネルヴァ書房，344頁。

⑵　千葉県民生委員児童委員協議会「民生委員制度の源流」（http://www.chiba-minkyo.or.jp/minsei-history.html　2021年10月1日閲覧）。

⑶　内務省社会局社会部（1929）「救護法逐条説明」288頁。

⑷　菅沼隆（2005）『被占領期社会福祉分析』ミネルヴァ書房，202〜205頁。

⑸　全国社会福祉協議会（1964）『民生委員制度四十年史』285頁。

⑹　村上貴美子（1987）『占領期の福祉政策』勁草書房，88頁。

⑺　⑸と同じ，308頁。

⑻　社会福祉研究所木村忠二郎先生記念出版編集刊行委員会編（1980）『木村忠二郎日記』社会福祉研究所，482〜491頁。

⑼　⑹と同じ。

⑽　社会保障審議会会長（1949）「生活保護制度の改善強化に関する件」。

⑾　世帯更生資金貸付制度基本問題検討委員会（2000）「世帯更生資金貸付制度基本問題検討委員会報告」厚生省，130頁。

⑿　松村明監修（2002）「世帯更生資金貸付制度」『日本大百科全書（ニッポニカ）DVD-ROM 版』小学館。

⒀　吉田久一（1986）『社会福祉の日本的特質』川島書店，316頁。

⒁　真田是編（1977）『現代の福祉』有斐閣，82〜83頁。

⒂　田中聡子（2016）「世帯更生資金貸付創設時における低所得層対策と生活保護行政の動向」『社会政策』8（2），114〜115頁。

⒃　平凡社（2009）「世帯更生資金貸付制度」『百科事典マイペディア』。

⒄　⑸と同じ，639頁。

⒅　松村明監修（2002）「社会事業」『日本大百科全書（ニッポニカ）DVD-ROM 版』小学館。

⒆　小学館国語辞典編集部（2006）「社会福祉事業」『精選版　日本国語大辞典　第2巻』小学館。

⒇　⑾と同じ，131頁。

㉑　佐藤順子（2001）「生活福祉資金貸付制度の現状と課題」『佛教大学総合研究所紀要』8，269頁。

㉒　佐藤順子（2015）「低所得者層に対する自立支援」『福祉教育開発センター紀要』12，184頁。

㉓　厚生労働省（2015）「平成27年度　生活福祉資金貸付事業の見直しの概要」（https://www.mhlw.go.jp/stf/seisakunitsuite/bunya/hukushi_kaigo/seikatsuhogo/seikatsu-fukushi-shikin1/minaoshi.html　2021年9月10日閲覧）。

㉔　厚生労働省（2021）「生活福祉資金貸付制度における緊急小口資金等の特例貸付の実施について（社援発0817第1号：厚生労働省社会・援護局長通知）」（https://www.mhlw.go.jp/content/000801574.pdf　2021年9月10日閲覧）。

㉕　厚生労働省（2011）「『生活福祉資金（総合支援資金）貸付制度の運営について』の一部改正について（社援発1102第2号）」（https://www.mhlw.go.jp/web/t_doc?dataId=00tb7874&dataType=1&pageNo=1　2021年10月10日閲覧）。

㉖　厚生労働省（2017）「生活福祉資金制度の制度概要」（https://www.mhlw.go.jp/file/06-Seisakujouhou-12000000-Shakaiengokyoku-Shakai/syuro_2_kougi-siryo_8.pdf　2021年9月10日閲覧）。

㉗　厚生労働省（2011）「生活福祉資金貸付制度要綱」（https://www.mhlw.go.jp/web/t_doc?dataId=00tb7873&dataType=1&pageNo=1　2021年10月10日閲覧）。

㉘　全国社会福祉協議会編（1988）『民生生委員制度七十年史』全国社会福祉協議会，60頁。

㉙　㉑と同じ，278頁。

㉚　㉒と同じ，181頁。

㉛　平凡社（2014）「クラーク（Clark, Colin Grant）」『ブリタニカ国際大百科事典　小項目事典』ブリタニカ・ジャパン。

㉜　㉒と同じ，195頁。

㉝　厚生労働省（2016）「生活福祉資金貸付制度について」（https://www.mhlw.go.jp/seisaku/28.html　2021年9月10日閲覧）。

学習課題

①　世帯更生資金貸付制度から生活福祉資金貸付制度への移行に伴い，具体的に何が変化したかを整理して書いてみよう。

②　これから生活福祉資金貸付制度におけるソーシャルワーカー（社会福祉士・精神保健福祉士）が担うべき役割について考えを書いてみよう。

～～～～　**コラム1　教育格差をなくすための取り組み**　～～～～

　東京都足立区社会福祉協議会では，以前は，進学の時期にのみ区内の広報誌に教育支援資金を掲載し広報していた。しかし，年度によって貸付件数が大きく異なることから，区民に十分な情報が伝わっていないのではと考えた。また，それまでの教育支援資金の支援により把握した世帯の課題から，できるだけ早い時期に，進学資金にかかる制度をより具体的に知り，見通しを立ててほしいと考えた。

　そこで，区民向けに「教育支援資金説明会」を開催し，広く区民に広報する取り組みをはじめた。時期も高校進学者には志望校が決まる三者面談後の10月に開催し，大学進学者には日本学生支援機構の申請時期に合わせるなど工夫をしている。さらに，この説明会を，昨年までは土曜日の午前中に開催していたが，アンケートの結果，週末の夜の要望が高かったことから，金曜日の午後7時からの開催にした。その結果，父親の参加も多く一定の効果が得られた。

　足立区社会福祉協議会の担当プロパー（社会福祉士）は，「生活保護世帯やひとり親の世帯では，周囲からも孤立してしまい，真に相談できる相手がいない場合も多くある」「子どもの進級や進学を心配したり，どうしたら子どもが自立できるのかを考えたり，世帯と一緒に悩みながら相談をすすめている」「子どもが成長していく姿を世帯と一緒に喜びあえるのは，生活福祉資金ならではのもの。生活福祉資金でしか行えない支援を大切にしていきたい」と言う。

　ソーシャルワークの機能の一つに，「開発的機能」がある。既存の制度やサービスでは充分にニーズに応えられない場合は，足立区社会福祉協議会のように，ニーズ調査を行い新たな形や方法を模索し，柔軟に対応することが重要である。

参考：東京都社会福祉協議会（2019）「生活福祉資金・教育支援資金の貸付における昨今の課題と役割」『社会福祉NOW：2019年11月号』（http://fukushi-portal.tokyo/archives/444/　2021年9月10日閲覧）。

～～～～　**コラム2　より身近に相談できる場所づくり**　～～～～

　岩手県社会福祉協議会では，盛岡圏域5町を対象とする自立相談支援事業で，相談支援員（精神保健福祉士），就労支援員（社会福祉士）は生活福祉資金相談員を兼務し，償還指導に関わりながら，滞納者への生活相談，就労支援も行っている。

　交通機関や交通費がない等の理由から，支援機関まで足を運べない住民も多く，訪問や送迎を含む同行支援が重要な活動となっている。

　モデル事業開始時は，事業の理解が進まず，関係機関からの相談が低迷していたが，

モデル事業の対象となった2町では，その実績が評価され，独自に生活困窮者を支援する職員の人件費を確保するなど体制が整備されており，相談者からは，「誰にも相談できず自殺も考えたこともあった……」とか「相談できる場所ができてよかった」との声もあり，セーフティネット効果が表れてきている。

　都市周辺の町では，関係機関・団体の支援が受けやすい状況にあるが，債務整理の相談や食糧支援のニーズが増える中で，都市部から遠距離にある町では，支援機関から遠く，利用しにくい状況があり，全国各地で同様の問題が起こっている。

　そのため，より身近なところで相談できる体制整備，アウトリーチ手法の強化，相談内容の深刻化に対応したスーパーバイズ体制の確立などが課題であると考えている。

　ソーシャルワークが「ケースワーク」といわれた時代には，「ケースウォーク」（一つひとつの課題を解決するために，利用者のもとへ自ら歩いて訪問し，ニーズに対応した援助を行うこと）が重視されていた。ITやSNSが普及している時代であっても，ソーシャルワーカー自らが細やかにアウトリーチを行うことは，非常に大切なことである。

参考：全国社会福祉協議会（2015）「全国各地の福祉の実践事例（見る・わかる）：町村部における自立相談支援事業（岩手県社協）」(https://www.shakyo.or.jp/guide/miruwakaru/jirei07.html　2021年9月10日閲覧)。

第16章

多機関および多職種，住民，企業等の協働による地域づくり

　貧困に対する支援の領域において，生活保護制度を中心とする公的扶助とその現場のソーシャルワーク実践が支援の基礎になっているといえるだろう。この領域の制度に基づく支援としては，生活保護施設，生活困窮者自立支援法による事業等がある。

　本章で述べるのは，必ずしも上記の法に根拠づけられていない小規模な民間支援活動である。「フードパントリー」や「子ども食堂」，寄せ場の日雇労働者やホームレスの人々を対象とする「炊き出し」等による食料の緊急支援，アウトリーチ等である。これらの小規模民間支援は，独自の活動を展開しつつ，公的扶助等の情報提供や利用支援によって公的扶助の体制と協働し，かつアドボカシーを行うこともある。民間支援には，当事者の QOL の向上や社会的つながりと相互支援の構築等に関わる，ソフトウェアの支援に固有の役割があると考えられる。

1　貧困に対する民間支援活動とは

　貧困に対して，社会は，どのように支援すべきなのか。生存権，ナショナル・ミニマム保障の理念に基づき，生活保護法を中心とした「公的扶助」がその要であることはいうまでもない。同時に，住民等が担う民間の支援活動にも，さまざまな役割が期待されている。

　国は，2013（平成25）年 6 月に「**子どもの貧困対策の推進に関する法律**」を制定した。同法第 1 条において「子どもの現在及び将来がその生まれ育った環境によって左右されることのないよう，全ての子どもが心身ともに健やかに育成され，及びその教育の機会均等が保障され，（中略）子どもの貧困の解消に向けて，児童の権利に関する条約の精神にのっとり，子どもの貧困対策に関し，

基本理念を定め，国等の責務を明らかにし，及び子どもの貧困対策の基本となる事項を定めることにより，子どもの貧困対策を総合的に推進する」と目的を示している。また同法第5条は「国民は，国又は地方公共団体が実施する子どもの貧困対策に協力するよう努めなければならない」と示している。

2014（平成26）年8月には「子供の貧困対策に関する大綱」が閣議決定され，その「基本的な方針」で子どもの貧困対策を進めるに当たっては，国，地方公共団体，民間の企業・団体等が連携・協働して取り組むとともに，積極的な広報・啓発活動等によって国民の幅広い理解と協力を得ることにより，国民運動として展開していく必要があると示している。つまり，国の側は，その方針として，生活に困窮する子どもを支えるのは，国と地方自治体のみならず，民間の組織や住民主体の活動との協働によってなされるものと位置づけた。

住民の側から捉えるならば，子どもの貧困をはじめとする地域の生活問題について，もはや行政機関や福祉施設，社会福祉等の専門職に対応を任せるばかりではなく，地域社会全体の取り組み，住民主体の共助・支え合い活動等の促進と持続が課題であるといえるだろう。

貧困とは，経済的な困窮だけではない，総合的な困窮であり，転がる雪玉のように重複，深刻化していく。そのため，支援を行う側も，総合的な生活支援を展開することが求められる。

総合的な困窮とは，背負っている生活問題，経過等の幅が広いということでもある。具体的に言うなら，心身の健康問題・障害，家族問題，失業などさまざまな生活課題をもち，重複していることが多く，年齢等の基本属性も幅広い。加えて，社会的孤立や，虐待，貧困とその世代間連鎖，子育てや家族介護の困難とそこから派生する「ヤングケアラー」[(1)]，子どもの遊び場・居場所の減少等の問題が山積している。孤立，つながりの希薄化は，一部の人々の貧困問題を「他人事」と捉える意識とも密接に関わっているといえるだろう。

貧困に対する支援として，金銭給付だけではなく個人・家族へのソーシャルワークによる総合的な支援が必要とされる。特に小規模な民間支援として，つながりの支援や地域性という特徴を生かした支援が求められるであろう。

加えて，子どもの貧困の支援において，経済的な困窮に関係の深い，面前DVなどを含む児童虐待，養育者の精神疾患等も経験する子どもへの支援が課題である。子ども期のさまざまな経験の蓄積の差や健康の格差は，将来にわたって影響を与える。人生の始点である子ども期において，予防的観点に立つ

た支援が求められている。

2　貧困に対する民間支援活動における
ソーシャルワーカーの役割

　以下では，小規模な民間支援団体に所属，もしくは連携する社会福祉士等の
ソーシャルワーカーの具体的な役割を，課題ごとに整理する。

（1）社会的孤立への支援——アウトリーチとグループワーク

　社会的孤立とは，他者や社会とのつながりが希薄，またはない状態である。
家族を含む他者との断絶，あるいは他者を頼ることができない当事者に対する，
インフォーマルサポートの脆弱さも要因と考えられる。単身でつながりがない
孤立化と，栄養の不足や過度の飲酒等による健康問題がもたらす衰弱化，SOS
を発せない，拠り所がない無援化の重複は，「孤立・孤独死」に行き着いてし
まうことがある。加えて，DV による生活の不安定化，DV 加害者の追跡によ
る生活基盤の破壊なども，社会的孤立の要因の一つといえる。

　ソーシャルワーカーの支援としては，訪問活動（生活場面面接），関わりを拒
絶するなど接近困難な当事者へのアウトリーチによる支援が求められる。具体
的には，地域における民生委員との連携や，ボランティアの「夜回り」（路上
巡回支援）との連携によるホームレスへの支援がこれにあたる。

　また，孤立解消を目的とした通いの場，居場所づくり等の社会資源を開発す
ること，また人間関係の調整やコミュニケーションを不得手とする当事者の媒
介，各利用者の役割の創出，トラブルの仲裁等の援助が求められる。

　なお社会資源の開発においては，生活に困窮する当事者同士が相互に支援を
担い合うという形で相互扶助的ともいえる仕組みづくりを行う民間支援の先駆
的な取り組みが注目されている。

（2）心身の健康確保への支援

　心身に健康課題を抱える当事者も多い。ワーキングプアとなっている労働の
現場や，生活困窮によるストレスは，メンタルヘルスの問題を重複させる。
フォーマルおよびインフォーマルな支援からの孤立は，自殺（未遂）に追いつ
めることもある。特にアルコール依存症者の，連続飲酒中の死や，自殺，路上
死等も少なくない。

　ソーシャルワーカーの行う支援は，専門的な治療等の援助につなげること，その継続を支えることである。特に依存症からの回復等についての精神保健福祉領域の専門性が求められる。

　また，依存症患者同士など，共通の課題を抱えている当事者のセルフヘルプ・グループ（自助グループ）への参加の促進も役割である。医療機関だけではなく，自助グループで仲間を作ることも回復の力になるため，グループにつなぎ，見守る側面からの支援が求められる。

（3）支援が困難な当事者に関わる

　貧困・公的扶助の領域では，支援しようとアプローチしても，当事者がそれを拒否することによって支援につながらない場合がある。また，入院や施設入所につながっても，自ら中断して退院・退所する場合もある。当事者からの暴言，大声によるハラスメントを受けることもある。困窮によって追いつめられた危機感等が感情を不安定化させていること，ハンディキャップや「思い込み」の強さが原因の場合もある。

　当事者がお互いを信頼できずコミュニケーションがうまくとれないこと，ときには排除し，また自分よりも弱い利用者につけ込む行動をとることもある。これらは自分より弱く見える者と比べて，自らの自尊感情を確認しているともいえるだろう。根強いスティグマにより形成された当事者の低い自己評価，自尊感情の顕在化ともいえる。

　こうした傾向は，生活困窮とあわさって，周囲の人々に信頼感をもてず孤立を深める，社会的排除へとつながっている。パワーレスの状態から回復し，孤立から脱するには，持続的なエンパワメントのプロセスが鍵となる。コミュニティ内外の社会的な助け合いのネットワークづくりを促進すること等がこれにあたる。

　ソーシャルワーカーの役割として，グループワークのプログラムと，グループ内外の相互作用を活用して，個々のメンバーの成長をめざし，個人，集団，社会のさまざまな問題への効果的な対応を支援することが求められる。当事者にグループへの所属意識，成長，「仲間」との人間関係等を生み出す，新たな経験をもたらすことを促進する。

　具体的には，語りの機会，自己表現のグループプログラムによる促進が考えられる。表現ワークショップ等の形態で先駆的な事例を見出すことができ，精

神保健福祉の領域におけるダイアローグの実践からも示唆を得ることができる
だろう。これらは相互の自己表現の手段と内容を豊かにし，関わりのスキルを
相互に高めていくためのものとして重要である。

　その他にも，グループワークによるアート，音楽に関わる作業等によって，
自尊感情の低さという根源的なニーズに応えていくことが可能である。

（4）制度に基づく支援へのアクセス困難

　当事者は，公的な支援を受けられる状況にあるにもかかわらず，情報不足の
ため支援が受けられていないことがある。また，医療，社会福祉行政・施設に
拒絶された経験から不信感や諦観，無力感ももつことがある。またいわゆる
「貧困ビジネス」の存在も無視できない。

　ソーシャルワーカーの役割として，ワンストップの相談会の機会を開発する
こと，地域社会との関わりを深め，アウトリーチを行うこと等が挙げられる。
加えて，子ども食堂やフードパントリー等の小規模な民間支援との連携が求め
られる。

　上記の活動に「プロボノ」，すなわち職業上のスキルや知識を活かして取り
組むボランティアとして関わることも求められている。地域社会について理解
を深め，ネットワークの構築，新しいニーズを発見する近道にもなる。活動の
マネジメントや，既存の社会福祉協議会等の地域福祉活動の助成とつなぐこと，
ボランティア個々の支援，困難な相談を担うこと等，多様な役割が期待される。
プロボノは，横浜・寿町（本章コラム参照）の簡易宿泊所街の子ども支援等で行
われた，近年，他の領域の社会貢献として注目されている，「古い」が「新し
い」活動の形態である。プロボノこそ，社会の動きにより新たな課題が生じる
貧困の当事者にとっても，ソーシャルワーカーにとっても，未来を創る役割で
あると強調したい。

　総じて，貧困を個人や家族の問題から，私たちの地域社会の問題として捉え
る認識がなければ地域全体の問題として解決していく事はできない。さまざま
なマイノリティへの差別や偏見を解消し，排除しない地域づくり，多様性の尊
重と，寛容，共生をつくる地域福祉活動の一つとして，子ども食堂等が挙げら
れるが，ソーシャルワーカーは積極的に連携，参画し，ソーシャルインクルー
ジョンの実現を図る等の，こんにち的な使命を果たすべきである。

3　貧困に対する地域福祉活動の具体例1
——子ども食堂

（1）子ども食堂の概要

　「子ども食堂」の多くは，各地域の住民が自らの問題意識と力で設立し，こんにちでも新たな子ども食堂を各地で生み出している。地域の子どもと家族の貧困や子育て支援等の課題に対して，地域住民が「我が事」として考え，住民主体の地域活動として開始した。

　住民の手作りといえる「子ども食堂」は多様であるのだが，共通しているのは，子どもと家族の社会的な孤立を防ぎ，つながり，支え合いのきっかけをつくる場をめざしている点である。つながりの接点となるのが，食事である。

　しかし，新型コロナウイルス感染症の感染拡大の影響は，「食堂」における会食の難しさ等にも及んだ。また，コロナ前からある課題として，担い手からは，子ども食堂の継続に不安を感じる理由として「ボランティアの不足，高齢化」「資金の不足」「会場の確保」等が挙げられた。また個々のボランティアの子ども食堂の活動上のストレスの要因として，「食堂内の人間関係」と「行政などとの関わり」「支援が必要な子どもたちに届いていない」等が挙げられた。活動に対する支援，ボランティアコーディネートの不足があり，継続した活動が困難となる食堂もあった。

　2018（平成30）年6月，厚生労働省は「子ども食堂の活動に関する連携・協力の推進及び子ども食堂の運営上留意すべき事項の周知について」を通知した。ここで子ども食堂は「地域のボランティアが子どもたちに対し，無料又は安価で栄養のある食事や温かな団らんを提供する取組を行う」ものとして各地で開設され，「子どもの食育や居場所づくりにとどまらず，それを契機として，高齢者や障害者を含む地域住民の交流拠点に発展する可能性があり，地域共生社会の実現に向けて大きな役割を果たすことが期待されます」と提示された。

　加えて，子ども食堂は，子どもを中心にコミュニティのつながりを生み出し，共助を図る地域福祉活動である。子どもと家族の生活支援や，コミュニティづくり，つながりの再生等をめざし，個人やグループ，既存の特定非営利活動法人，社会福祉法人等が開催している。

　しかし，「子ども食堂」という一つの枠組みでまとめることは難しく，子ども食堂の対象や活動内容，形態，併行する支援，担い手の多様性が特徴である。

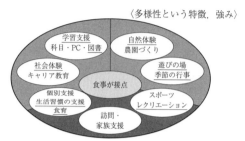

〈多様性という特徴，強み〉

双方向，参加型，つながり重視
子どもと地域のニーズに合った居場所づくりが求められている。

図 16-1　子ども食堂の活動内容

出所：筆者作成。

　半数の子ども食堂の対象は，子どもに限らず，高齢者まで多様な世代を対象としており，共生食堂といえる。コミュニティにおける，すべての世代に開かれた居場所の役割を果たしている。

　農林水産省による2018（平成30）年の調査によれば，[3]子ども食堂の運営形態は，独立した法人等による運営が80.7％，社会福祉協議会からの委託が2.9％，自治体の直営が1.8％等である。独立の運営のうち，任意団体が42.5％，NPO法人が23.1％，個人が14.9％等である。子ども食堂の開催頻度・開催日は，月1回程度が48.5％，2週間に1回程度が24.5％，週1〜2回程度が10.9％，ほぼ毎日開催が3.3％等である。

（2）子ども食堂の活動内容

　子ども食堂は食事の提供と会食が注目されているが，学習支援，レクリエーション活動，社会・自然体験等を併行して行う食堂も多い。これらに加え，食事の配達，就職等の準備教育等，新たな支援も生み出している。子どもの参加型，つながりの接点であることをめざす活動である（図16-1）。

　たとえば子ども食堂の代表的な形態として，埼玉県内のある子ども食堂は，地域の民生委員が中心となって，調理，教育，福祉関連の専門職のボランティアと，地域住民が担っている。参加者は，同じマンションの住民同士が誘い合ったり，親族に声をかける等，地域内のつながりが強い。また子ども食堂と並行して，同じ会場で学習支援を行っている。毎回，数十人の子どもが集まる理由として，近隣の小学校の校長を中心に，子ども食堂の案内の掲示や子ども

への告知等，積極的に協力，連携していることが挙げられる。活動の立ち上げ
時には，社会福祉協議会から，先行する子ども食堂との仲介，ボランティア希
望者等のコーディネートなどの支援を受けている。

　子ども食堂のメニューと献立の考え方は，多様である。春は筍等の旬の食材
を使ったり，節分や雛祭り，クリスマスなどの季節のメニューを提供しようと
いう子ども食堂も目立つ。子どもの食生活と野菜の摂取を考えて野菜を食べや
すいメニューを考える必要があり，たとえば，あんかけにモロヘイヤ等の野菜
を入れたり，春雨と緑黄色野菜のスープなどのメニュー等が工夫されている。
これらのメニューの工夫は，子ども食堂で子どもと一緒に食事をした親からも，
家庭料理の参考とされており，家事・生活支援の側面もある。

　このように，子ども食堂のメニューと献立の考え方には，子どもが野菜を食
べやすいように工夫した和風のメニュー，家庭らしい食事の提供，子どもたち
が食べたいものを中心とすること，子どもにとって安全安心な食材を使用する
こと等，さまざまにある。共通点を挙げるならば，手作りの家庭らしいメ
ニューということがいえる。その日の献立に使用されたそれぞれの食材と栄養
について，食前にレクチャーする食育プログラムを実施している子ども食堂も
ある。つまり子ども食堂の提供される食事は，栄養を補うのみならず，食事を
みんなで食べる地域交流や，季節感のあるメニューによる地域の食文化の継承，
健康を維持するための食育等の役割を果たしているのである。

　なお各地域の子ども食堂は，野菜等の食材の確保について，近隣の農業を営
んでいる住民の寄付，農協やスーパーなどの協力を受けていることもある。ま
た，フードドライブの開催による住民等からの寄付，フードバンクからの食材
の提供を受けている子ども食堂も少なくない。提供された食材を，子ども食堂
の月1回ないし2回の開催日まで，保管をする場所の確保という課題が生じる。
これについては，市などの範囲で子ども食堂の地域ネットワークを結成し，子
ども食堂間でシェアを行う等の方策が進められている。スーパー等の食品を扱
う企業の社会貢献の側面もあり，子ども食堂も企業も双方のメリットがある形
態で，さらなる連携が求められている。

（3）子ども食堂を運営するボランティア

　子ども食堂を運営するボランティアは，退職後のシニアからミドルの近隣住
民，高校生や大学生等，幅広い人々である。子ども食堂のボランティアの特徴

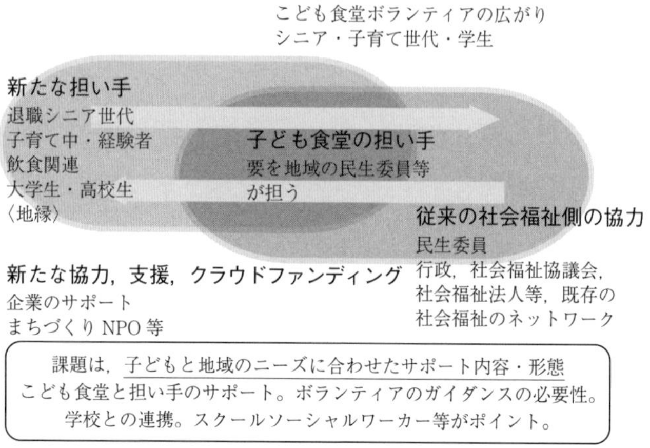

こども食堂ボランティアの広がり
シニア・子育て世代・学生

新たな担い手
退職シニア世代
子育て中・経験者
飲食関連
大学生・高校生
〈地縁〉

子ども食堂の担い手
要を地域の民生委員等
が担う

従来の社会福祉側の協力
民生委員

新たな協力，支援，クラウドファンディング
企業のサポート
まちづくりNPO等

行政，社会福祉協議会，
社会福祉法人等，既存の
社会福祉のネットワーク

> 課題は，子どもと地域のニーズに合わせたサポート内容・形態
> こども食堂と担い手のサポート。ボランティアのガイダンスの必要性。
> 学校との連携。スクールソーシャルワーカー等がポイント。

図16-2　子ども食堂のボランティアの広がり

出所：筆者作成。

は，次の4点が挙げられる。①「地域性」：主に小学校区の住民による「他人事に思えない」等の共感が動機の一つ。子ども食堂を支えるものは「地縁」でもある。②「子育て経験の当事者性」：子育てをめぐっての，また地域の生活者として「我が事」，当事者としてというところが活動の動機である。③「相互性」：上記の意識を基盤とした「お互い様」の意識による，共助・支え合いの活動でもある。④「食堂の明確さ」：活動が明確で，「自分でも協力できる」という印象を与える。

　ボランティアに参加しているのは，具体的には，退職者等のシニア世代，子育て中もしくは経験者のミドル世代の，市の一地域の範囲の地域住民である。調理の専門職や元・現職の教員，塾講師，高校生，大学生，ソーシャルワーカーや弁護士などの専門職等も含めて，幅広いボランティアが子ども食堂の担い手なのである。社会福祉法人等が主催する子ども食堂の場合は，その職員等が担っていることも多い（図16-2）。

　従来の社会福祉分野のボランティアの枠にとどまらない，ボランティアの文化が，さらに成長し定着したともいえるだろう。また，地域の多様な人々による，つながりの再生，地域づくりの意義もある。

　また，子ども食堂の担い手からは，活動に参加したきっかけとして，子どもの貧困の報道，こんにちの日本に食べられない子どもたちがいることへのショック等が挙げられることも多い。参加の具体的な理由として「食事に困っ

ている子どもの力になりたい」「子ども食堂なら自分たちでもできるだろう」「地域で子どもたちを，大人が支えたい」という思いから活動を開始した等がいわれるのである。これらの担い手の，地域の子どもを支えたい，食事をつくり共に食べることなら私たちにもできる，という思いは，地域共生，福祉の源流といえる。

　担い手の側が，ボランティアの希望者に対して「子ども食堂に関心をもち，協力したいという方がボランティアに加わることは，大歓迎です」という姿勢のグループもある。一方，参加する子どもの人数が少なく，会場も狭い等のバランスから新規のボランティアを受け入れていない子ども食堂もある。

　なお，子ども食堂のボランティアスタッフの主な役割として，調理や，併行して行われることが多い学習の支援，子どもの生活習慣の助言，その場所の運営などが挙げられる。これらは専門職ではなくても，一定のスキルが求められる。たとえば，調理のスキル，調理などに子どもが参加したときに，その手順や技術を教えたり，サポートする役割である。また，学習やレクレーションのサポートや見守り等にもスキルが求められることがある。

（4）子育ての当事者意識による支え合い

　多様性は，子ども食堂の特徴，その強みである。理念や活動内容，形態，学習支援等の併行する活動，担い手などにおいて，多様化が進んでおり，その特徴を次の4点にまとめることができる。

　①活動内容の拡大：食事の提供にあわせて学習支援や社会体験（キャリア準備）等に拡大の傾向がみられる。②利用者の拡大：高齢者への対象拡大と多世代交流，共助をめざしている。厚生労働省老健事業における調査によれば，[4] 半数の子ども食堂が高齢者も対象の多世代型である。③実施主体の多様性：高齢者対象の食支援給食活動や居場所が子ども食堂活動に拡大しており，高齢者や障害者福祉施設，医療機関がはじめた子ども食堂もある（共同開催を含む）。寺院や飲食店が開催する子ども食堂もある。④理念の多様性：子ども食堂の理念としてめざすものは「社会的孤立を防ぐ」「地域が子どもを育てる」「地域の多世代交流」「貧困等の理由により食事ができない子どもの支援」「地域と大学との連携」等，多様である。農林水産省の調査では，子ども食堂が活動目的として意識していることは「多様な子どもたちの地域での居場所づくり」（93.4％）が最多であり，次いで「子育ちに住民が関わる地域づくり」（90.6％），「生活困

窮家庭の子どもの地域での居場所づくり」（86.5%）が占めていることがわかる⁽⁵⁾。

　働く現役世代の子育てを，子育ての当事者や経験者であるシニアが支える相互支援の活動という側面もある。子育て中の人々が，多くの子ども食堂で，担い手に加わっていることも明らかになっている。

　子ども食堂と活動の担い手の人々の理念の源には，同じ子育て中（経験者）の「仲間」として，何かをしたいという子育ての当事者意識や，同じ地域の生活者としてという地域性からのゆるやかな連帯意識，同じコミュニティの住民であり身近な地域で「他人事ではない，放っておけない」という連帯の意識がある。その当事者意識，連帯を望む想いが実体化したのが，子ども食堂ともいえるだろう。

　総じて子ども食堂の活動理念は，子育てを地域で支え，コミュニティとして子どもを育てること，孤食の解消を含む家族支援，多世代のつながりの場をつくること等である。

（5）子ども食堂の経緯と新たな展開

　子ども食堂は，新型コロナウイルス感染症の感染拡大の前，「ブーム」ともいえる拡大をみせ，社会の注目を集めた。ブームの火付け役は2012（平成24）年の「豊島子ども WAKUWAKU ネットワーク」と，「気まぐれ八百屋だんだん」等の活動である。

　しかし，従来からの地域福祉や児童福祉分野は，今回の「子ども食堂ブーム」の前から，地域に密着し，地道に地域に開かれた子ども食堂，地域食堂の取り組みを行ってきた。

　1973（昭和48）年からはじまった，寿町（横浜市）における「子ども食堂」の取り組みが，その名称，子どもの食事と学習を支えるという活動内容からも「子ども食堂」の起源である。セツルメントや共同保育など，食事の提供を伴う子どもの居場所の活動にもいくつも先行事例がある。高齢者給食のような食支援活動，そして障害者の就労支援等の取り組みとして行われてきたコミュニティカフェ・レストラン，ベーカリーショップ，弁当屋なども子ども食堂のルーツとなってきた。こうした他領域の実践知，教訓を活かすこと，知恵を共有することによって，運営等の困難を乗り越えることもできるだろう。

　新型コロナウイルス感染症の感染拡大により，一時，半数を超える子ども食堂が「フードパントリー」の形態に転換し，「食堂」の再開には至っていない

団体も多くある。**フードパントリー**とは，生活支援を必要とする人々に，無料で食料品，生活必需品，衣料，生理用品等を提供する活動である。孤立した生活困窮の当事者とつながる仕組みとして優れており，「食料の配布」というメッセージのわかりやすさが特徴である。「緊急支援」としての食料配布は「アウトリーチ」の手法でもある。各地において，民生委員，生活困窮者支援団体，福祉事務所や保健所等との連携でニーズをキャッチし実施されている。

なお「**フードバンク**」とは，企業や農協・生活協同組合等の団体から寄付された食料品等の支援物資を，フードパントリー等の生活困窮者支援団体，子ども食堂等に届ける活動であり，その活動を行う団体を指している。支援物資等の安全な保管と，必要としている活動に配分，調整する役割がある。食生活の支援に関わる民間支援活動をサポートする活動として，フードバンクは大きな役割を果たしている。

また，生活困窮者等に対する民間の食料支援の新たな形態として，「**コミュニティフリッジ**」，食料のシェアのための公共の冷蔵庫が挙げられる。個人や商店等の余剰の食品を，コミュニティフリッジを通じて，食品を必要とする人々とシェアする仕組みである。寄付する側は食品ロス削減と社会貢献を，受け取る側はスティグマを感じずに，どの時間でも利用が可能である。欧州から日本に伝わり，岡山県等で地域社会のつながりと共助・支え合いを，さりげない形態で実現している。

4　貧困に対する地域福祉活動の具体例2
——ホームレス・簡易宿泊所街の支援活動

生活に困窮するホームレスや日雇労働者等対象の民間支援活動は，戦後，簡易宿泊所街である，東京「山谷」や，大阪「釜ヶ崎」，横浜「寿町」と，「寄せ場」と呼称される日雇労働市場である名古屋「笹島」等で行われてきた。

各地の寄せ場に共通する民間支援活動の三大領域は次の通りである。

①「**炊き出し**」と呼ばれる路上の給食活動。②「パトロール」「夜回り」等と称せられる，寒さと疾病，そして嫌がらせや路上強盗から身を守るためのアウトリーチ。③健康（医療），労働や借金などに関する相談活動。

③は，「炊き出し」の場で，並行して相談活動を実施することもある。これらの支援活動は，年末年始期に「越年活動」として集中して取り組まれてきた。

横浜市中区の簡易宿泊所街「寿町」においては，福祉行政による支援施策は

1962（昭和37）年５月から開始された中民生安定所の夜間出張相談がはじまりである。民間の活動は1964（昭和39）年の「子ども会ぼっこ」の活動が，支援の嚆矢となった。その翌年には，横浜市の隣保施設「寿生活館」が設置され，福祉行政と民間支援活動の拠点となった。1966（昭和41）年には，これらの活動を担っていた横浜市職員が，町内の簡易宿泊所に住み込み，セツルメントを志向した取り組みが開始された。その後，住民主体の地域福祉活動とソーシャルアクションが展開されていった。1973（昭和48）年には，「ことぶき共同保育」が開始され，民間のセツルメント的な実践が定着したといえよう。こうして，①②③の３つの領域にわたる民間支援活動は同年12月に完成した。

　また，特徴的な民間支援活動として「ことぶき共同保育」が挙げられる。単なる保育と異なり，寿町に居住と生活の場を置くセツルメントであり，民間による保育・生活・居住等の総合的な福祉実践であった。同時期，寿町には1000人ほどの子どもたちが居住していたが，親の日雇労働という生活の不安定さや，一室三畳足らずの簡易宿泊所の居住環境の劣悪さ，またアルコール依存症等による家族の離散も伴って，児童養護施設に保護される子どもも少なくなかった。この状況に対し「寿町の子どもたちを，地域のみんなの力で育てよう」というスローガンのもと開始された。昼間だけの保育から，子どもと共に生活するため，24時間体制へ移行した。子どもを含む当事者と支援者の生活共同体となり，ソーシャルアクション等も展開した。つまりグループの内と外で差別や人間疎外等からの解放と，血縁による家族主義に基づく社会の変革をめざした福祉活動，運動であった。

　なお，民間支援活動は，寿町においては，地域のニーズに応えて障害者支援施設等の社会資源を生み出した。加えて，外国人出稼ぎ労働者支援や高齢者ふれあいホーム，複数の特定非営利活動法人による，当事者の居場所づくりと地域食堂，リサイクルと便利屋等による当事者の仕事づくりの取り組み，訪問介護等の事業も行われてきた。また各地の活動は特定非営利活動法人をつくり，自前のシェルターや安定した住居として無料低額宿泊所や，仕事づくりの事業等を開発している。ボランティアの小規模な任意団体から出発し，事業化への発展ともいえるだろう。一方，ホームレス生活の場からの排除等に抵抗する当事者主体の活動や，働くこと，生存権等の権利擁護のソーシャルアクションも継続している。

　このほかにも寄せ場・簡易宿泊所街や，ホームレスの人々が集まる都市部に

おける，日雇労働者やホームレス等の生活困窮者等を対象とした「炊き出し」，子ども食堂やフードパントリー等の食事・食料の支援の源流ともいえる活動は，各地で行われてきた。当事者の「食」の支援，生存の支援として，各地の簡易宿泊所街，釜ヶ崎，寿町でも炊き出しが継続されてきた。

　寄せ場「笹島」の民間支援活動は，1975（昭和50）年寿町のドキュメンタリー映画『どっこい！　人間節』（小川プロダクション）の上映運動を契機に開始された。1976（昭和51）年には炊き出し，医療相談活動を開始し，年末年始には越冬活動を実施した。1977（昭和52）年には，名古屋駅からの野宿者強制排除に対するソーシャルアクション（名古屋市との交渉等）が行われた。これらの活動が，名古屋市内の支援活動の端緒となった。

　寄せ場におけるホームレス支援活動は，セツルメント活動（運動）を経て発展してきたといえる。その後，主に障害者の通所施設を開設し，当事者主体の相互支援活動とソーシャルアクションを志向した。さらなる活動形態の多様化として，アート・表現活動，オンラインイベントによる啓発活動等へと拡大を続けている。

　支援者の活動の理念としては，支援活動の内容と形態の多様化を受けて社会関係・つながりの重視，当事者との対等な関係，当事者主体等が重視されている。

5　貧困に対する民間支援活動のこれから

　各地の民間支援の新たな動きの概要を述べたい。

　第一に，情報通信の困窮への支援として，無料 Wi-Fi やスマートフォンの充電の支援を，炊き出しやフードパントリーに並行して実施している。また，生活困窮世帯の教育格差の緩和を図るため，Wi-Fi やパソコンの無償提供とオンライン学習プログラムも実施されている。就職活動や，支援制度の活用，子どもの教育のためにも，通信は社会生活の基本的なニードである。

　第二に，民間支援による食料・就労・住まい・相談の総合的支援は東京都，千葉県，大阪府等で行われている。加えて，保育と相談等付きシェアハウスや，インターンと就労スキルの研修プログラムと住まいの支援等，住まいの支援を基盤とした特色ある民間支援が行われている。また，民間支援活動の有給スタッフとして，当事者の積極的な雇用も行われる。ピアサポートと仕事づくり

の両面をもった有意義な取り組みである。

　第三に，コロナ禍以前，学生は活動の担い手，ボランティアであった。しかし，コロナの影響によりアルバイトの減少と，実家も困窮し仕送りも減るといった環境の変化もあって学生の困窮化が進んだ。学生対象のフードパントリー，学生食堂の無料の食事の提供，相談活動等，学生の支援が各地で民間支援，大学，地元団体などによって行われている。こんにち，学生は支援の「担い手」だけではなく，支援の「対象」でもある。

　第四に，民間支援を支える行政として，従来の助成金から，県庁や市役所を会場とするフードドライブの実施や，寄付を希望する企業と民間支援のマッチング，コーディネートが埼玉県等によって積極的に実施されている。公的扶助制度の実施のみという行政のあり方から脱皮した，民間支援活動に伴走し側面的な支援を行う，画期的な行政の役割である。

　新型コロナウイルス感染症の影響は，子ども食堂の活動にも及んでいる。感染予防等の理由から，多くの子ども食堂が「フードパントリー」の形態へと転換した。弁当の提供や，ドライブスルー形式の提供等も行われている。安全安心のため，もしくは会場の制約によって活動を休止した子ども食堂も少なくない。

　また，新型コロナウイルスによる「休校」期間中に子どもの学習を支援しようとするオンライン無料塾等の活動が行われた。これらの中には大学生によって担われた活動もあった。

　子ども食堂などの地域福祉活動は，つながりの構築をめざした取り組みである。しかし〈人とのつながりが，感染リスクになる〉ジレンマを経験した。これは，地域福祉活動全体の課題でもあり，専門や分野，官か民か，専門職かボランティアかを超えて，知恵を集める必要がある。

　コロナ禍による経済的な打撃は，低所得の子育て世帯，若者等を直撃した。子ども食堂やフードパントリーは，貧困に対する社会的な支え合いとして，これまでに増して大きな役割が期待されるのかもしれない。子ども食堂・フードパントリー等の食生活の支援を接点とした，支援制度の情報提供やSNSを含めた相談，訪問等の民間支援の拡大が求められている。困窮から連鎖する心身の健康破壊，社会的孤立，虐待等の家族問題，高校や大学の中退等の予防を図るため，行政機関や社会福祉等の専門職に地域の問題への対応を任せるばかりではなく，地域社会全体による取り組み，自らの地域は自らで守る住民主体の共助・支え合い活動の促進と維持が課題であることは明らかである。これは，

地域の未来のための活動でもある。

　それは行政の責任だという意見もあるが，果たしてそうだろうか。公助も共助も，社会全体のもてる力を結集して取り組む必要があるだろう。

　内務省官僚で社会事業家でもあった小河滋次郎は，地域に密着した支援を行うことを民生委員の源流である方面委員に期待し，その制度化に尽力した。その当時とこんにちの社会背景は異なるが，彼は近隣の支え合い，家族関係と食事の重要性等，地域と人々の生活に寄り添う方面委員・民生委員のあり方を示した。[14]

　民生委員創設から約100年を経て，子ども食堂・フードパントリー等の小規模な民間支援は，その精神を継承し，こんにちのコミュニティに実現するものの一つだと思われる。それは，小河が掲げた，家庭訪問等により，地域の人々との関わりを深め，生活の課題の理解を図り，食事を含めた生活の現実から出発する予防的活動を，こんにち的な活動の形態で実践しているからである。

　筆者が調査で訪れたある子ども食堂のオフィスでは，当該地域の大きな地図が掲げられている。そこには介護，生活支援，防災の視点から高齢者などのニーズが細かに書き込まれている。これこそ，小河が地域支援活動の第一歩として教えた，「まず人々の生活をよく調べ理解すること」を体現する取り組みであろう。この活動を支えているのは，多様なボランティアの「他人事とは思えない」という思いと力である。そしてこのようなローカルな実践であっても，SNS 等で全国にも発信し，実践知を共有するネットワークを構築していくことができる。

　本章で注目した子ども食堂とホームレス支援は，かけ離れているように見えるだろうが，あたたかい食事と，配慮のある関わりによって，失った居場所を取り戻し，生み出すことができるという点で共通する。食事を接点に相談を行い，孤立を脱し，つながりを構築する。現場から，当事者と住民主体で，支援の仕組み，社会資源を創り出していくものであろう。

　両者に共通するものは，当事者の「沈黙」である。ホームレス支援の場では従来も今でも，沈黙する当事者が多い。筆者が沖縄の子ども食堂調査に出向いたときに，子ども食堂の夕食を求めて列をつくっていた子どもの多くが，同様に沈黙したまま待っていた。経済的な困窮だけではなく，虐待，暴力，家出，ひとり親家庭の困難等が重複して子どもにのしかかり，沈黙の時間として顕在化していたと思われる。

　貧困問題は，この社会に拡散した。民間支援活動は，沈黙する当事者の声に耳を傾けることを起点に，語ることを支え，孤立した「声」をつなげていくエンパワメントにも使命があると考えられる。

　そして，このような民間支援の担い手とソーシャルワーカーが連携することによって，地域の多様なニーズに応える包括的支援，かつ当事者に寄り添う支援の実現に向けて前進することができる。地域共生社会をめざすうえで，今後も注目と注力すべき領域であるといえるだろう。

　注
(1)　ヤングケアラーについて，法令上の定義は未だないが，厚生労働省は「家族やきょうだいの世話，家事，労働など本来大人が担うような役割を日常的にしている18歳未満の子」とみなしている。病気や障害をもつ家族のケアだけではなく，年少のきょうだいを世話している子どもも含まれる。後者は，困窮世帯の相談においても目立つ。

(2)　貧困ビジネスは，ホームレス等の生活困窮者，社会的弱者を利用して稼ぐビジネスの総称であり，支援を装いながら，当事者を食い物にする。貧困ビジネスが行われてきた業態として，無料低額宿泊所，住み込み派遣，「ゼロゼロ物件」，「ヤミ金融」等が代表的である。

　　　無料低額宿泊所の一部には，路上を巡回し積極的にホームレスに声を掛け，生活保護申請も支援を行うものの，施設の住環境や食事は劣悪であり，利用者への適切な支援もなく，生活保護費のほとんどを天引きする事業者も存在した。また共同住宅の形態をとる困窮者対象の無届け「施設」も各地に存在する。

　　　寄せ場でも従来から，労働と宿泊の場である「飯場」において暴力による労働者の管理，給料不払い，労災のもみ消し，必需品の高価な販売等が行われていた。困窮する当事者を犠牲にしながら，コンプライアンスの姿勢も欠いて儲けるビジネスの本質は変わらず，業態は変化しながらも継続している。

(3)　農林水産省（2018）「子供食堂と地域が連携して進める食育活動事例集〜地域との連携で食育の環が広がっています〜」。

(4)　一般社団法人全国食支援活動協力会（2019）平成30年度老人保健事業推進費等補助金老人保健健康増進等事業「地域住民の社会参加活動等を基盤とした互助促進の手法に関する調査研究事業報告書」。

(5)　(3)と同じ。

(6)　簡易宿泊所街は，「ドヤ街」とも蔑称される。ドヤとは，宿の逆語であり，旅館やホテルと区別された，日雇労働者の簡易宿泊所である。寄せ場とは，大都市内の

ドヤの密集地域に位置づく日雇労働者の就労場所をいう。多くの場合，寄せ場は，周辺スラムとともに複合地域を形成する。寄せ場は，日雇労働者が集まる都市下層地域として，固有の社会と文化（生活様式）をもつ。それは，他の下層地域とは異なる。青木秀男（1989）『寄せ場労働者の生と死』明石書店。

(7)　「山谷」とは，東京都台東区と荒川区にまたがる，簡易宿泊所街・寄せ場である。「泪橋交差点」を中心にした，簡易宿泊所が集中する地域であるが，地域名として，「山谷」は残っていない。松沢哲成（2004）「主要寄せ場についての概要」日本寄せ場学会年報編集委員会編『寄せ場文献精読306選』日本寄せ場学会。

(8)　釜ヶ崎は，大阪府大阪市西成区萩之茶屋周辺の簡易宿泊所街・寄せ場である。1966年の「第五次釜ヶ崎暴動」以降は，行政や大阪府警により「あいりん地区」の呼称が用いられるようになった。(7)と同じ。

(9)　愛知県名古屋市中村区名駅南にある名古屋中公共職業安定所の周辺の寄せ場である。簡易宿泊所街はなく，日雇労働市場のみである。(7)と同じ。

(10)　子ども会活動報告書編集員会編（1966）『子ども会のあゆみ——寿町周辺簡易宿泊所街における活動の記録』子ども会ぽっこ。

(11)　住居のない者および簡易宿泊所宿泊者等の更生と福祉を図るために，横浜市が設置した。横浜市中福祉保健センターサービス課保護担当（2003）『寿のまち——寿地区の状況　改訂版』。

(12)　寿共同保育編（1982）『寿共同保育——寿ドヤ街での9年間』寿共同保育。

(13)　野本三吉（1974）『個人誌　生活者』2月号。

(14)　小河滋次郎（1924）『社会事業と方面委員制度』巌松堂書店。

学習課題

①　貧困に対する支援における，行政機関と民間支援活動のそれぞれの特徴，役割について整理しましょう。

②　失業と貧困の原因を，民間支援活動として，どのように捉えて，どのように取り組むべきだと思いますか。

③　支援を受けることを拒否する当事者，社会参加に消極的な当事者に対して，民間支援活動の関わり方，取り組みはどのようなものが考えられますか。

コラム1　簡易宿泊所街の精神科デイケアのグループワーク実践

「寿町」地域とは，神奈川県横浜市中区の簡易宿泊所が密集した「ドヤ街」である。面積は，およそ0.06平方キロメートルである。寿町には，120軒ほどの簡易宿泊所が集中し，6301人が宿泊している。このうち，3666人が60歳以上であり，4893人が生活保護の住宅扶助を受給している（2007年の時点）。

　かつては日雇労働者と子どもを含むその家族が住む街だったが，現在はその面影はなく，高齢者や障害者等の生活保護受給者が単身で集住する「福祉の町」である。

　医療法人・ことぶき共同診療所は，簡易宿泊所街・寿町に立地する，精神科・神経科・心療内科・内科・整形外科の医療機関である。通院するほとんどの人々が寿町地区の簡易宿泊所に居住し生活保護を受給している。通院患者の疾患は，アルコール依存症が最多であり，次いで統合失調症，気分障害，薬物精神病が多い。1999年，精神科デイケアを併設し，現在に至っている。

　現在，医療法人ことぶき共同診療所の精神科デイケアは，利用者の全員が生活保護受給者であり，また9割以上が，寿町の簡易宿泊所に単身で居住する精神障害者である。利用者の疾患は，アルコール依存症，統合失調症，薬物精神病（依存症，主に覚醒剤）等が主要なものである。各利用者の課題は，断酒の継続，心身の健康と日常生活の維持，金銭管理と借金・ギャンブル問題，人間関係やコミュニケーション，就労等であり，年齢層と合わせて幅広い。

　デイケアは，毎週火曜日から土曜日，午前10時から午後4時まで実施されている。一日のスケジュールは，9時半開室，10時半の朝会（一言ミーティング，体操等）の後，利用者と職員が共同で，食材の買出しと調理を行い，昼に会食する。午後は，各種のプログラムを実施している。それは，花の栽培等の公園の緑化・園芸作業や，造形と書道の創作活動，音楽，茶道，エアロビ，ヨガの講師の指導による教室的プログラム，カラオケ，各種ゲーム，卓球やゲートボール等のレクリエーション，散歩や映画鑑賞等の外出を行っている。

　また年間行事として，季節毎の農作業と自然体験等の宿泊プログラム，アルコール依存症者施設等との共同の運動会，クリスマスや年越し，餅つき等を実施してきた。なお，精神保健福祉士や社会福祉士，看護師等のスタッフがデイケアの実践を担っている。

　これまでのデイケアにおける実践の成果としては，統合失調症で簡易宿泊所に閉じこもっていた利用者が，デイケアに欠かさず通所し生活が安定した事例や，アルコール依存症から回復した事例等が挙げられる。反面，毎日通所していたが自室で孤独死，自殺を迎えた事例もある。

　近年，外部の専門家のサポートと，アート活動の助成も得て，表現ワークショップ「てがみ」プロジェクトを継続し，その舞台を動画サイトに公開している。精神科デイケア利用者の，それぞれの生きざまや想いを語り，自己を表現するプログラムである。貧困支援の現場等において，当事者が沈黙，諦めから脱し，力を回復するためのプログ

ラムとして有効だと思われる。

⌇⌇⌇　コラム 2　フードパントリーと生活困窮シングルマザー等支援　⌇⌇⌇

　「ハピママメーカープロジェクト」は，「夜の街」で働くシングルマザー等を対象とした フードパントリーや緊急支援，子どもの居場所などの支援を行うグループである。代 表や主だったボランティアも，夜の街で働く当事者である。その他，社会福祉士や精神 保健福祉士，弁護士，大学等の教員，主任児童委員・民生委員，医療機関職員，地域住 民等がボランティアとして加わっている。「夜」の仕事とはキャバクラ等の接客を伴う 飲食店と，「風俗」の仕事である。

　現在は食品や子ども用オムツ，日用品，生理用品等を無料配布するフードパントリー を隔月 1 回と学校の長期休暇時に，埼玉県川口市で開催している。フードパントリーに 合わせて，社会福祉や子育て支援等の困りごと相談と生活保護や無料低額診療事業を含 む支援制度の情報提供，弁護士による相談も無料で行われている。加えて，随時，SNS 等で寄せられる支援の要請に応じて，緊急の食料品等の支援物資を送っている。2021年 の活動の特徴として，関西からの支援要請が目立つ。当事者対象の「確定申告ガイダン ス」や，企業との連携による「住まいに関する相談窓口」，当事者のつながりの構築等 の活動の拡充も図っている。

　このグループの特徴の一つは，活動への広範なサポートである。新聞，地上波等のテ レビ・ラジオ，インターネットメディア等の報道もあったためか，化粧品メーカー等の 企業，フードバンクなどの民間支援，医療生協さいたま生活協同組合川口診療所等の協 力を得て，活動費への助成，寄付によって支えられてきた。また，当事者からの相談の 受付は SNS を活用し，ミーティング，つながりづくり，グループの説明等で Zoom 等 オンラインが基本の方法となっている。

　2020年 5 月，新型コロナウイルスの影響下で，グループは設立された。以前から，夜 の街で働く人々は，公的な支援に関する情報が届きにくい特性があった。グループの代 表は新型コロナウイルス感染症の感染拡大により，就労先の休業等で生活が困窮してい る，支援からの孤立等の相談を受けるようになり子ども食堂関係者や社会福祉士，弁護 士等のサポートを得てフードパントリーや緊急支援を開始した。

　「ハピママメーカープロジェクト」の理念は「夜の世界で働くシングルマザーが，自 信・誇りをもって安心して働ける社会づくり」「夜の世界で働く女性たちの自助ネット ワークを構築」である。また「他の職業と差異なく『彼女たち自らが考え，選択してい

ける』環境を整えていくこと」である。つまり，この活動は，直接はコロナの影響による困窮等の生活問題解決のための公的支援そのものと，関連する情報の不足，支援へのアクセスへの障壁の解決をめざし活動を行っている。また，夜の仕事の就労を継続するか，他の業種への転職かについては，自らの生き方を自身で決める，選択することを支えること，エンパワメントに基づく支援を志向している。

　加えて，夜の街の当事者は，その領域の内と外のつながりから孤立していることも少なくない。困難に対して諦めや無力感，孤立感やストレスを深め，解決への望み・エネルギーを喪失してしまうこともある。

　この活動がめざしているのは，相互支援のコミュニティづくり，換言するなら共通の体験をもつ「仲間」のピア・サポートであり，自己効力感，力を回復する居場所である。コミュニティ・エンパワメントでもあるといえるだろう。

　今後，当初から掲げていたビジョンである，「セカンドキャリア支援」，当事者の希望に応じた，他業種も含めた転職や独立の支援である。また託児サービス等の当事者の子育て支援，持続した居場所等の拡大が期待されている。

エピローグ

貧困に対する支援の動向と展望

1 わが国における貧困の動向
―――新型コロナウイルスの影響を題材として

　筆者がこの原稿を書いている2021（令和3）年は，新型コロナウイルス感染症の流行が収束せず，先行きの見えない日々が続いている。1年延期となっていた東京オリンピック・パラリンピックは，感染の爆発的な流行の中，原則無観客で開催された。これは，全国各地で病床のひっ迫をもたらし，本来助かる命が救えない事態にまで至った。

　新型コロナは，働き方や暮らし方，都市や地域のあり方に影響を及ぼした。それは，一面ではリモートワークの推進等，新しい働き方が推進され，長時間の通勤から解放された労働者を生み出した。都市部への人口集中と地方の人口減少に長年悩まされてきた日本社会だが，新型コロナの影響を受けて，結果的に都市ではなく地方での暮らしが再評価されるようになった。

　その一方で，人々は新型コロナの影響を受けて，多くの雇用機会を失った。今回の事態は，社会が感染症や災害等の非常事態に見舞われたとき，その負の影響は，人々に平等に降りかかるのではなく，より弱い者に集中するという事実をあらためて浮き彫りにしたといえる。

（1）自殺者の動向

　自殺対策の推進によって2010（平成22）年から減少に転じていた日本の自殺者数は，新型コロナウイルス感染症流行中の2020（令和2）年に増加に転じた。同年の自殺者数は，全国で2万1081人であり，前年から912人増加した。ここでの特徴は，40歳未満の若年女性の自殺者が増加していることである。これは，新型コロナの影響を受けて収入が減少に転じ，かつ，不安定雇

用の中で家族にも頼ることができず，将来展望を抱くことができない若年女性の増加を表したものである。まさに，新型コロナがもたらす影響は，社会の底辺層で生きる人々にとってより大きいことが明らかになった現象といえよう。⁽¹⁾

（2）新型コロナウイルスと子ども

　新型コロナは，子どもの領域にも大きな影響を及ぼしている。2020（令和2）年3月より同年5月に至るまで，日本政府は全国の小中高校に対して一斉休校を要請した。この間，学校ごとの対応には大きな差異が生じた。人との接触が制限され対面での授業ができない中でも，ICT（情報通信技術）を活用してスムーズに遠隔授業に対応することができた私立の中高一貫教育校がある一方で，多くの公立小中学校ではそれができない状況であった。

　多くの公立小中学校が，遠隔授業へ速やかに転換できなかった理由の一つとして挙げられるのは，子どもの属する家族によって，パソコンの保有率やインターネット回線の有無に差があることである。よって，休校中の子どもたちの日々の過ごし方は，オンラインでの勉強を進めたり，塾の宿題を行う子どもがいる一方で，毎日ゲームをしたり，休校によって生活リズムに狂いが生じたりする子どももいた。

　「子どもの貧困」という概念が誕生して，10年以上の年月が流れたこんにちの社会において，子どもたちの間での教育格差は進展した。これはまさに，親⁽²⁾の所得が子ども世代に影響を与え，格差が再生産される状況である。⁽³⁾新型コロナはそれをさらに推し進めているといえよう。

（3）新型コロナウイルスと高等教育

　新型コロナは大学等の高等教育にも大きな影響を与えた。多くの大学では感染症の影響を受けてオンライン授業の実施に踏み切った。当初は短期間での実施を見込んでいたものの，新型コロナの影響が長期化したことによって，1年以上もの間，オンライン授業が継続されている大学もある。オンライン授業は，人との相互のやりとりが希薄であり，オンライン授業であれば出席可能とする不登校ぎみの学生が出席できるなどの利点がある。また，対面授業とは異なり，学生の発言の際には，一人ひとりに対する問いかけが必要であるため，普段は自ら積極的に発言をすること機会が少ない学生の発言を期待できる側面もあ

る。

その一方で，オンライン授業の進展は，学生の中に，授業に必要な ICT 環境が整っていない学生，自身のノートパソコンや印刷機を所有していない学生が少なからず存在していることを明らかにした。この状況の背景要因には，学生本人にはどうすることもできない経済格差や，親の就労状況の不安定さがある。[4]

（4）新型コロナウイルスと生活保護，生活困窮者自立支援制度

これまで述べてきたように，新型コロナは，社会の中で弱い立場にある者に大きな打撃を与えた。この影響は生活保護制度ならびに生活困窮者自立支援制度にも及んでいる。

2020（令和2）年度における生活保護申請件数は，22万8081件（概数）となり，[5] 前年度より2.3％増加した。保護申請件数が前年度より増加するのは，世界金融危機（リーマン・ショック）後の2009（平成21）年度以来であった。新型コロナの終息が見通せない中で，その影響はますます長期化している。

一方，生活困窮者自立支援制度のなかでは，2021（令和3）年5月28日に厚生労働省社会・援護局より「新型コロナウイルス感染症生活困窮者自立支援金」の支給が決定した。[6] これは，緊急小口資金等の特例貸付を利用できない世帯かつ，収入要件を満たすものを対象に特例給付を行うものである。このような制度が創設されることは望ましい面があることは事実であるが，本来の利用者支援に必要不可欠であるソーシャルワークの過程を踏むことなく，潜在化している金銭問題に対する給付を容易に実施できることによって，逆に利用者の生活課題が見えづらいという課題が生まれている。

2　わが国における貧困に対する支援の動向

上記の通り，新型コロナは，社会的に弱い立場にある者に対し，より大きな影響力を及ぼした。新型コロナは，これまで潜在化していた貧困を顕在化したといえよう。

では，この課題に対してどのような支援方策が実施されたのであろうか。

（1）公的機関の対応

新型コロナによって，貧困問題が顕在化するこんにち，厚生労働省では，ホームページ上において「生活保護の申請は国民の権利です。生活保護を必要とする可能性はどなたにもあるものですので，ためらわずにご相談ください。」とのメッセージを発信している。そこには，生活保護の申請について，よくある疑問への回答が次のように列挙されている。(7)

- 扶養義務者の扶養は保護に優先するが，親族に相談した後でないと申請できないわけではないこと。
- 住むところがない者も申請が可能であること。
- 持ち家がある者でも申請ができること。
- 必要書類が揃っていなくとも保護の申請は可能であること。

また，「緊急事態宣言の中で求職している方へ」の中では，以下の点が記載されている。

- 就労可能な者はその能力を活用することが求められるものの，現在の状況において十分に求職活動を行うことが困難であることを認められる場合には，保護を受けることが可能な場合があること。
- 利用し得る資産を活用することが保護の要件であるが，例外があり，自動車の保有や自営業のために必要な店舗について，処分しないまま保護を受けることができる場合があること。

上記の取り組みは，新型コロナによって貧困問題があらためて可視化した今日において，公助の重要性があらためて問われ，国が積極的に国民の生存権を保障するための行動に出たと評価することができよう。

（2）民間の対応——風テラスを題材として

新型コロナによって，世間からバッシングを受けることになった業界の一つに性風俗業界がある。性風俗店で働く女性の無料生活・法律相談事業を実践し

ている「風テラス」では，コロナ禍において，クラウドファンディング等を通じてソーシャルアクションを行ってきた。性風俗業界で働く人々は，感染症が蔓延する中で，職業差別を受けやすく，公助からこぼれ落ちやすい。そうした中で，「風テラス」は，「公助につなぎ直すための共助」を作り上げる努力をしている。「風テラス」が明らかにしたのは，生活保護をはじめとする貧困者支援の現状に対する限界である。「風テラス」の実践は，コロナ禍における貧困者支援の弱点を炙り出した。それを克服していくための視点は，アウトリーチと公助・共助の再構築である。

（3）アウトリーチと公助・共助の再構築

　こんにちにおける貧困者支援の多くは，申請主義をはじめとして，支援を受けたい者が自ら相談に訪れることによってはじめて成立する。しかし，その方式では自ら助けを求めることができない者や，そもそも自身が種々の貧困対策の対象となっていることを知らない者に対して，支援の手を届かせることはできない。

　また，自助を強調する政策は，人々に自己責任論をしみ込ませ，公助や共助といったセクションを忘却させる機能をもたらす。貧困に対する支援を充実させていくためには，アウトリーチの手法が今後よりその重要性を増すことになるだろう。さらに，公助・共助の仕組みつくりを，国をはじめとする行政機関と民間団体が協働しながら，より強固に作り上げていくことが求められている。

注
(1)　山田昌弘（2021）『新型格差社会』朝日新聞出版，23〜28頁。
(2)　田中秀和・塩原達矢・金子充（2019）「子どもの貧困という問題の意味と学習支援の意義」『立正社会福祉研究』20，23〜35頁。
(3)　(1)と同じ，78頁。
(4)　田中秀和（2021）「第16回　日本社会福祉教育学会に参加して」『日本社会福祉教育学会　NEWS LETTER』35，4 〜 5 頁。
(5)　厚生労働省「生活保護の被保護者調査（令和 3 年 3 月分概数）の結果を公表します」（http://www.mhlw.go.jp/toukei/saikin/hw/hihogosha/m2021/dl/03-01.pdf 2021年 7 月 7 日閲覧）。
(6)　厚生労働省「『新型コロナウイルス感染症生活困窮者自立支援金』（仮称）の支給

について」（https://www.mhlw.go.jp/content/12003000/000786268.pdf　2021年11月1日閲覧）。

⑺　厚生労働省「生活保護を申請したい方へ」（https://www.mhlw.go.jp/stf/seisaku nitsuite/bunya/hukushi_kaigo/seikatsuhogo/seikatsuhogopage.html　2021年7月7日閲覧）。

⑻　坂爪真吾（2021）『性風俗サバイバル──夜の世界の緊急事態』筑摩書房。

参考文献

厚生労働省自殺対策推進室・警視庁生活安全局生活安全企画課（2021）「令和2年中における自殺の状況」（https://www.npa.go.jp/safetylife/seianki/jisatsu/R03/R02_jisatuno_joukyou.pdf　2021年7月3日閲覧）。

あとがき

　最後に本書の執筆者のことを記しておきたい。本書の執筆者はすべて若手の研究者でまとめている。公的扶助（論）もしくは「貧困に対する支援」にこだわりをもち，当事者の尊厳・権利・社会正義といった価値を大切に，社会福祉の教育・研究に関わっている研究者である。社会福祉の現場で実践経験のある者，現役でソーシャルワーカーをしている者も複数含まれている。

　また執筆者の多くが，社会福祉学を主専攻とする大学・大学院で学びを重ね，それぞれのキャリアを経て，現在は大学等で公的扶助論等を講義科目として教えているか，もしくは教えた経験のある者である。自分たちが学んできた経験，教えてきた経験を踏まえ，若者・初学者に理解しやすい内容，表現，伝え方の工夫をしている。またこの科目のおもしろさと難しさを知ったうえで，それぞれのこだわりの部分を本書に注入している。

　あえてベテランの研究者を入れないで若手だけでテキストをまとめることは，編者として大きな挑戦であった。結果的にコンパクトな内容で，かつオルタナティブな（先鋭的な）テキストとして仕上げることができたと思っている。

　若手研究者・実践者にこのような機会を与えていただき，かつ監修をしてくださった杉本敏夫先生，ミネルヴァ書房編集部の亀山みのりさんにこの場を借りて感謝申し上げたい。

2021年11月

編者を代表して　金子充

さくいん

（＊は人名）

監修者紹介

杉本　敏夫（すぎもと・としお）

　現　在　関西福祉科学大学名誉教授
　主　著　『新社会福祉方法原論』（共著）ミネルヴァ書房，1996年
　　　　　『高齢者福祉とソーシャルワーク』（監訳）晃洋書房，2012年
　　　　　『社会福祉概論（第3版）』（共編著）勁草書房，2014年

執筆者紹介　（執筆順，＊印は編者，所属等は執筆時点）

＊金子　充（プロローグ，第2章，あとがき）
編著者紹介参照

大岡　華子（第1章）
埼玉県立大学保健医療福祉学部准教授

遠藤　康裕（第3章）
東京医科歯科大学歯学部および立教大学コミュニティ
福祉学部非常勤講師

＊田中　秀和（第4章，エピローグ）
編著者紹介参照

橋本　理子（第5章）
城西国際大学福祉総合学部准教授

村田　隆史（第6章）
京都府立大学公共政策学部准教授

＊中村　健（第7章）
編著者紹介参照

鏑木　奈津子（第8章）
上智大学総合人間科学部准教授

松江　暁子（第9章）
国際医療福祉大学医療福祉学部講師

櫻井　真一（第10章）
武蔵野大学人間科学部講師

畑本　裕介（第11章）
同志社大学政策学部教授

髙木　博史（第12章）
岐阜協立大学経済学部教授

楢府　憲太（第13章）
ふじみ野市福祉事務所査察指導員

松木　宏史（第14章）
大阪国際大学短期大学部教授

＊立花　直樹（第15章）
編著者紹介参照

関屋　光泰（第16章）
東洋大学ライフデザイン学部助教

編著者紹介

金子　充（かねこ・じゅう）
　現　在　明治学院大学社会学部教授
　主　著　『入門 貧困論——ささえあう／たすけあう社会をつくるために』（単著）明石書店，
　　　　　2017年
　　　　　『問いからはじめる社会福祉学』（共著）有斐閣，2016年

田中　秀和（たなか・ひでかず）
　現　在　日本文理大学経営経済学部准教授
　主　著　『進化するソーシャルワーク——事例を通して学ぶアセスメント・プランニング・
　　　　　介入・再検討』（共訳）筒井書房，2008年
　　　　　『現場から福祉の課題を考える　ソーシャル・キャピタルを活かした社会的孤立へ
　　　　　の支援』（共著）ミネルヴァ書房，2017年

中村　健（なかむら・けん）
　現　在　新潟大学歯学部准教授
　主　著　『よくわかる生活保護ガイドブック1　Q&A　生活保護手帳の読み方・使い方
　　　　　第2版』（共著）明石書店，2020年
　　　　　『事例から考える就労支援の基礎——生活保護行政とケースワーク』（共著）萌文社，
　　　　　2016年

立花　直樹（たちばな・なおき）
　現　在　関西学院聖和短期大学准教授
　主　著　『社会福祉——原理と政策』（共編著）ミネルヴァ書房，2021年
　　　　　『保育・幼児教育・子ども家庭福祉辞典』（共編著）ミネルヴァ書房，2021年

最新・はじめて学ぶ社会福祉⑰

貧困に対する支援

2022 年 5 月 1 日　初版第 1 刷発行　　　　　　〈検印省略〉

定価はカバーに
表示しています

監 修 者	杉	本	敏	夫
編 著 者	金	子	秀	充
	田	中		和
	中	村		健
	立	花	直	樹
発 行 者	杉	田	啓	三
印 刷 者	坂	本	喜	杏

発行所　株式会社　ミネルヴァ書房
607-8494　京都市山科区日ノ岡堤谷町1
電話代表　(075)581-5191
振替口座　01020-0-8076

ISBN 978-4-623-09381-6

Printed in Japan

杉本敏夫　監修

──────── 最新・はじめて学ぶ社会福祉 ────────

全23巻予定／Ａ５判　並製

順次刊行，●数字は既刊

──────── ミネルヴァ書房 ────────

https://www.minervashobo.co.jp/